KB168189

보보스

Bobos In Paradise

부르주아이자 보헤미안인 사람들

보보스

데이비드 브룩스 지음 | 이가을 옮김

Bobos In Paradise by David Brooks

데이원

목차

서문

    이 책은 나름의 관찰을 토대로 쓰였다. 나는 외국에서 4년 반쯤 지내다 미국으로 돌아왔는데 새로운 안목이 생긴 것인지, 돌아가는 주변 상황이 묘하게 느껴졌다. 백인 상류층이 사는 부유한 교외 지역에 예술적인 분위기의 카페들이 즐비했고, 거기서 사람들이 유럽 커피를 마시며 실험적인 음악을 들었다. 보헤미안들이 사는 시내에는 수백만 달러짜리 높은 건물들이 들어섰고, 화려한 고급 정원용품 가게에서 사람들은 그럴듯해 보이지만 35.99달러에 달하는 모종삽을 샀다. 마이크로소프트와 갭GAP 같은 대기업이 시장에 얼굴을 내밀며 간디와 잭 케루악의 명언을 광고 문구로 인용했다. 사회적 지위에 대한 통념이 싹 뒤집힌 것 같았다. 유행에 민감한 변호사들은 아주 작고 귀여운 철제 안경테를 쓰기 시작했는데, 이제 폴 뉴먼보다는 프란츠 카프카처럼 보이는 쪽이 훨씬 감각 있고 멋진 사람으로 여겨졌기 때문이다.

사람들을 더는 예전처럼 단순하게 파악할 수 없어서 당황스러웠다. 20세기에는 자본 친화적인 부르주아와 반문화적인 보헤미안을 구분하는 게 매우 쉬운 일이었다. 부르주아는 고지식하고 현실적이었다. 그들은 전통과 중산층의 도덕성을 대변했다. 기업에서 일하고 교외 지역에 살면서 교회를 다녔다. 반면 보헤미안은 관습을 어기는 자유혼이었다. 그들은 예술가이자 지식인이었고 히피족이자 비트족(기성 질서를 거부하고 자유를 주창하며 현대적인 재즈를 좋아했던 1950~1960년대 초의 청년 그룹)이었다. 전처럼 구분해 보자면, 보헤미안은 1960년대의 급진적인 가치를 추구했고, 부르주아는 1980년대의 진취적인 여피족(Yuppies, Young Urban Professionals의 줄임말. 도시에 사는 젊고 세련된 고소득 전문직 종사자)이었다.

하지만 내가 미국에 돌아왔을 때는 보헤미안과 부르주아가 뒤죽박죽으로 섞여 있었다. 누가 에스프레소를 홀짝이는 예술가인지, 누가 카푸치노를 벌컥벌컥 들이켜는 은행가인지 알아내기가 불가능했다. 겉치레에 대한 것뿐만이 아니었다. 사람들의 태도를 연구할수록 성, 도덕, 여가, 일을 비롯해 어떤 주제로 살펴보아도 보수적인 기업인과 반항적인 이단아를 구별하기가 점점 더 어려워졌다. 대학을 졸업한 대다수 사람들이 반항아다운 저항 정신과 출세를 지향하는 야심가다운 면모를 한데 모아 갖춘 듯했다. 사람들은 예상을 깨고, 어쩌면 논리마저 넘어서서 저항의 60년대와 성취의 80년대를 하나의 기풍으로 만들었다.

많은 취재와 연구를 한 뒤에야, 내가 목격한 것들이 정보화 시대의 문화 현상임을 깨달았다. 정보화 시대에는 지식과 정보가 경제적 성공에 매우 중요해져서 금융자본과 천연자원만큼이나 귀중한 대접을 받았다. 무형의 정보는 유형의 자본과 손을 잡고 새 시대를 열었다. '지적 자본'과 '문화 산업'이라는 용어가 언론에 등장했다. 아이디어와 감정을 상품화하며 시대를 이끌어 가는 사람들이 생겨났다. 이들은 상당한 고학력자였으며 보헤미안 세계의 창의성과 부르주아 세계의 야망 사이에서 양다리를 걸치는 데 거리낌이 없었다. 정보화 사회의 새로운 엘리트들은 부르주아Bourgeois이자 보헤미안Bohemians이었다. 하여, 그 둘의 앞 글자를 따서 보보스Bobos라 불렀다.

보보스는 우리 시대를 정의한다. 이들은 새로운 기득권이다. 하이브리드 문화는 이미 공기처럼 퍼져 있다. 보보스의 사회적 지위 개념도 사회 전반에 깔려 있다. 우리 개개인의 삶 속에도 그들의 도덕규범이 녹아들어 있다. '기득권'이라고 하면 왠지 모르게 해로운 엘리트라는 소리로 들린다. 하지만 나도 마찬가지이고 대부분의 독자들 또한 이 시대의 기득권, 즉 보보스다. 우리는 그다지 나쁜 사람들이 아니다. 사회마다 엘리트가 존재하고, 지식을 기반으로 성장한 우리 신세대 엘리트 보보스는 혈연과 재력 또는 군사력에 기대었던 구시대 엘리트들보다 훨씬 깨어 있다. 교육받은 우리 엘리트들은 어디에 정착하든, 삶을 더욱 흥미롭고 다채롭고 풍요롭게 만든다.

이 책은 보보스의 이념, 매너, 윤리를 설명하는 이정표다. 표면적 이야기부터 시작해서 깊이 있는 데까지 파고드는 작업을 해 보려 한다. 이들이 부유한 지식인층으로 떠오른 연유를 추적한 뒤, 이들의 소비 습관, 비즈니스 문화, 지적·사회적·영적 생활까지 묘사해 나갈 것이다. 궁극적으로, 보보스가 무엇을 추구하는지 알아내고자 한다. 과연 우리의 다음 관심사는 무엇일까? 책 전반에 걸쳐 1950년대 중반에 대한 이야기가 자주 나온다는 점을 미리 밝혀 둔다. 1950년대는 산업화 시대의 마지막 10년이기도 하고, 이 시기와 현시대의 상류층 문화가 서로 강렬하게 대비되기 때문이다.

더욱이 내가 보보스를 이해하는 데에 큰 도움을 준 많은 책들이 대부분 1955년부터 1965년 사이에 쓰였는데, 이 시기는 대학에 입학하는 인구가 폭증한 때이자 오늘날까지 이어지는 다양한 트렌드가 시작된 때였다. 『조직인간 The Organization Man』, 『미국 대도시의 죽음과 삶The Death and

Life of Great American Cities』, 『부유한 사회The Affluent Society』, 『지위를 좇는 사람들The Status Seekers』, 『개신교와 기득권The Protestant Establishment』에서 처음으로 새로운 지식인 사회의 기풍이 소개되었는데, 1960년대의 뜨거운 열기가 지나간 뒤에도 1950년대 지식인들의 아이디어는 지금껏 살아남아 계속 퍼져 나가고 있다.

마지막으로 이 책의 분위기에 대해 한마디만 보태겠다. 여러분이 어디를 펼쳐도 통계 자료를 만나기는 힘들다. 딱히 이론이라고 할 만한 것도 없다. 사회학의 아버지, 막스 베버께서는 나에 대해 걱정할 게 하나도 없는 셈이다. 난 그저 집 밖으로 나가서 사람들이 어떻게 살고 있는지 살펴보고 잘 묘사하려 애썼을 뿐이고, 어쩌면 그저 '웃기는 사회학comic sociology'이라 부르는 게 어울릴지도 모르겠다. 꼼꼼히 짚어 내고 정확하게 분석하기보다는 시대를 풍미하는 문화 패턴의 본질을 파악하자는 취지였다.

나는 때때로 내가 자기혐오에서 비롯된 연구 경력을 쌓아 온 게 아닌가 싶다. 종종 내가 속한 보보스 계층의 관습에 대해 빈정거리기도 하지만, 나는 대체로 보보스 문화의 옹호자다. 어쨌든, 이 새로운 기득권은 앞으로 꽤 오랜 기간 우리 사회의 문화와 분위기를 이끄는 주체일 테니 함께 마주하고 이해해 보자.

1

지식인들이 주목받는 세상

The Rise of the Educated Class

내 스스로가 뉴욕타임스 결혼 기사란에 실리고 싶은지는 모르겠지만, 언젠가 내 자녀가 실린다면 기뻐할 것 같다. 한번 상상해 보자. 스탠리 J. 코건 씨는 그의 딸 제이미가 예일대에 합격했을 때 얼마나 행복했을까. 게다가 제이미가 미국 대학 우등생 동아리(파이 베타 카파회)에 가입하고 최우등으로 졸업하기까지 했을 때는 얼마나 자랑스러웠을까. 물론 스탠리 본인도 머리가 좋은 사람이다. 비뇨기과 의사에다 코넬대 의학 센터와 뉴욕대 의대에서 강의도 맡고 있다. 그래도, 그는 딸 제이미가 졸업식에서 학사모를 쓰고 가운을 입은 모습을 봤을 때 함박웃음을 지으며 한껏 기뻐했을 게 분명하다.

계속해서 더 좋은 일만 생겼다. 제이미는 순풍에 돛 단 듯이 스탠퍼드 로스쿨에 합격했다. 남자친구로 토마스 어리나를 사귀었는데 비뇨기과 의사가 바라 마지않는 사윗감이었다. 프린스턴대를 제이미 못지않게 우등생으로 졸업하고 예일대 로스쿨에 진학한 인재였다. 대학원을 마친 두 사람 모두 뉴욕시 남부지검에서 검사보로 같이 일하게 되었다.

두 사람의 짱짱한 이력서는 맨해튼 결혼식장에서 맞대결을 펼친다. 하객으로 참석한 동창생들의 학비만 합쳐도 액수가 어마어마하리라. 식장에 초대받지 못한 우리는 뉴욕타임스 결혼 기사란을 통해서나마 그들의 이야기를 접할 수 있다. 뉴욕타임스의 결혼 기사란은 수십만 구독자들과 야심 찬 작가 지망생들이 매주 학수고대하는 지면이다. 철저하게 엘리트층의 정확한 실상을 다루는 이 지면은 다분히 비밀스럽고도 적나라해서, 인수합병 지면이라고도 불린다. 지난 수년간 엘리트의 기준이 변모해 가는 과정도 충실히 반영해 왔다.

미국이 혈통을 강조하던 시절에는 뉴욕타임스도 출신 가문을 강조했다. 하지만 오늘날 미국에서는 똑똑함과 사교성genius and geniality을 중시한다. 결혼 기사만 보아도, SAT(Scholastic Aptitude Test, 미국의 대학 입학 자격시험) 점수가 비숫한 사람들끼리 연을 맺는 걸 알 수 있다. 명문대인 다트머스와 버클리 출신이 결혼하고, MBA 출신이 박사와 결혼하고, 풀브라이트 장학생이 로즈 장학생과, 라자드 은행가가 CBS 은행가와, 수석과 수석이 서로를 품에 안는다(미국 대학 졸업 성적을 최우등은 숨마 쿰 라우데, 우등은 마그나 쿰 라우데라 부르는데, 숨마와 마그나의 결혼은 극히 드물다. 결혼 생활의 긴장감이나 압박감이 몹시 크기 때문이리라). 신문은 지면에 실리는 인물의 네 가지를 강조한다. 출신 대학, 대학원, 경력, 부모의 직업. 이것이 오늘날 미국 상류층의 징표다.

마치 이력서의 신들 같아서 그들이 얄미워 보이긴 해도 고개를 끄덕일 수밖에 없다. 그들의 솔직한 표현들은 자신감에 차 있고, 그들의 눈부신 치아마저 미국 치과교정술의 위대함을 드러내는 척도가 되며, 와중에 타임스는 신랑 신부의 눈썹 높이를 맞춰 찍은 사진만 싣기 때문에, 부부가 언제나 서로에게 꼭 맞는 한 쌍처럼 보인다. 그들은 16세부터 24세까지 중요한 성장기 동안 웃어른에게 인정받으며 자랐다. 다른 아이들은 대개 반항하거나 소외감을 느끼거나 본능을 탐구하며 보냈을 시기지만 말이다. 하지만 뉴욕타임스 결혼 기사란을 장식한 이들은 성장기 호르몬 충동을 통제하며 교사들을 감탄시키고, 토론대회를 준비하고 각종 교외 활동과 봉사활동을 엄청나게 했고, 우리 사회가 청소년에게 바라는 모든 걸 해 나가며 성장기를 잘 보냈다. 우리가 입학사정관이라 해도 분명 이들에게 밝은 미래를 주고 싶었을 것이다. 실제로 입학사정관들도 그들을 좋은 대학과 대학원에 진학시켜 사회생활을 준비하게끔 해 주었다.

그들은 대부분 중산층 이상 가정에서 태어났다. 결혼 기사란에 실린 결혼의 84%는 신랑과 신부 모두 부모가 기업체 중역이거나 대학교수, 변호사, 혹은 그 밖의 전문직이었다. 예전에는 부모의 돈이 중요했지만 이제는 부모의 머리가 중요해졌다. 그들은 늦게 결혼하는 편이었고, 평균 나이는 신부 29세, 신랑 32세였다(2000년 기준).

그들은 두 가지 그룹으로 나뉜다. '양육자'와 '포식자' 그룹이다. 포식자는 변호사, 주식 중개인, 마케터 등을 말하며 돈을 다루거나 협상과 경쟁을 통해 주로 남들을 잡아먹는 일을 한다. 양육자란 인문 분야 전공자들이다. 졸업 후에 학자, 재단 직원, 언론인, 사회활동가, 예술가가 되어 아이디어를 다루거나 남과 협력하여 일이 잘 풀리게 돕는 일을 한다. 결혼 기사란에 실리는 결혼의 절반은 포식자끼리 하는 결혼이다. 네이션스뱅크에서 일하는 듀크대 MBA 출신이 윈스턴&스트론 법률회사에서 일하는 미시건대 로스쿨 졸업생과 결혼하는 식이다. 다섯 쌍 중 한 쌍은 양육자 간 결혼이다. 스탠퍼드대에서 인문학을 가르치는 풀브라이트 장학생 출신이 로즈대에서 철학을 가르치는 로즈 장학생 출신과 결혼한다. 나머지 결혼은 포식자와 양육자 간 혼합형이다. 이런 경우 대개 신랑이 포식자 유형이다. 시카고대 MBA 출신인 남성 금융 컨설턴트가 컬럼비아대에서 사회사업 석사를 마치고 혁신초등학교에서 교사로 일하는 여성 교사를 만나는 경우처럼.

이러한 능력자들은 헤아릴 수 없이 많은 시간을 경력에 투자하고, 스스로 일군 성공을 매우 자랑스러워하는데, 정작 뉴욕타임스에서는 그들이 야망에 사로잡힌 이들이 아니라고 강조한다. 매주 특별한 결혼을 속속들이 묘사하면서도 은근히 이들 부부의 대단한 성취가 우연의 산물인 양 말한다. 재미없는 노력파가 아니라 유쾌하고 자유로운 영혼임을 표현하기 위해서다. 결혼식 피로연이 어떻게 진행되었는지를 다룬 기사를 통해서는 독특함을 드러낸다. 신랑 신부 들러리들이 러시아식 목욕탕에서 술에 취했다거나, 밴드 디보의 예전 멤버를 섭외해 제퍼디Jeopardy의 주제가를 연주하게 했다든가, 구 듀폰 맨션에서 밀른의 크리스토퍼 로빈 시를 읽었다든가 하는 소소한 사건들로 역설적인 재미 요소를 보여 준다. 매력적인 반전 커플이라고 신랑 신부를 칭찬하는 친구들의 말도 빠지지 않고 실린다. 현실적이지만 때로는 흥분에 휩싸이고, 과감하지만 전통을 고수하며, 성공 가도를 달리지만 구수한 맛이 있고, 부스스한 차림이지만 우아하며, 분별력 있지만 즉흥적인 부부라고 말한다. 요즘은 반전 매력을 가진 사람들만 결혼을 하는 걸까, 아니면 서로 반대되는 사람들이 만나 균형을 맞추는 걸까.

일부 신랑 신부는 기사를 통해 그들의 운명적인 만남을 슬쩍 이야기한다. 놀랍게도 대부분의 커플이 마라톤을 마치고 쉬던 중에 만났다거나 아프리카 에리트레아에서 초기 인류의 흔적을 찾는 고고학 발굴을 하다가 만났다는 식이다. 대부분 오랜 기간 신중한 연애를 즐기며 미얀마나 민스크 같은 다소 모험적이면서도 교육적인 장소에서 휴가를 함께 보내곤 했다. 그러다 각자의 독립성을 잃는 걸 두려워한 나머지 한동안 떨어져 지낸 시기도 있었다. 하지만 외로이 지내는 동안에도 한 사람은 월스트리트 사상 가장 큰 합병을 주도했으며, 다른 사람은 소말리에 학교를 그만두고 신경외과의로 자리 잡았다. 그리고 마침내 재결합하여 같은 아파트에 살기로 결심한다. 성생활에 관한 지면은 아직까지 타임스에 없기 때문에 그것까지는 알 수 없다(분명 적절히 역설적일 것이라고 추측할 뿐이다. 강하지만 부드럽고, 대담하면서도 은밀하겠지. 서로가 동시에 프러포즈하는 일도 심심찮게 일어나지만 관찰한 바로는 주로 신랑이 고전적인 방식으로 주도한다. 나파 밸리가 내려다보이는 열기구 속에서 프러포즈를 하거나, 세이셸 근처 보호종 산호초를 탐험하다 신부에게

스쿠버 마스크 속 다이아몬드 약혼반지를 찾게 하는 식이다).

많은 경우가 양대 리그 간의 결합—아이비리그 졸업생이 빅텐 졸업생과 결혼—이기 때문에 결혼식은 양가에 모두 만족스러운 방식으로 진행되곤 한다. 조용히 자랑하는 것이 원칙이랄까. 당신이 출신부터 엘리트라면 굳이 결혼식에서 자아를 세심하게 표현할 필요가 없다. 대를 이어 내려온 가문의 고귀함은 굳건하니까. 대대로 전해져 오는 똑같은 예식을 반복하기만 해도 충분하다.

하지만 혈통보다 두뇌가 빛나는 엘리트라면, 당신의 영적이고 지적인 정체성—애초에 어떻게 엘리트가 될 수 있었는지를 입증하는—을 은근하게 드러낼 방법을 마련해 보자. 손수 만든 청첩장(하지만 전통적인 활자체로), 팻시 클라인과 멘델스존의 곡을 섞은 노래, 1950년대의 예복(레트로로 감성을 살리되 촌스럽지 않게), 바로크 시대의 교회를 닮은 모양의 웨딩 케이크도 좋고, 실러의 명언 중 자신이 가장 좋아하는 문구를 새긴 스노보드나, 암울했던 대법원 서기보 시절 어루만졌던 애착 오리 인형 같은 추억의 물건을 예물처럼 교환하는 것도 좋다. 너무 과하지 않으면서도 특색 있는 결혼식을 준비하는 과정은 쉽지 않다. 하지만 자아실현은 교육받은 인간이 궁극적으로 지향해야 할 목표 아니겠는가.

지식인 계층에게 삶이란 기나긴 교육과정이다. 이들이 사후에 천국의 계단 앞에서 신을 만나게 되면, 사는 동안 얼마나 자아실현을 했는지 묻는 말에 잘 대답한 뒤, 신성한 졸업장을 받고 천국으로 입장할 것이다.

1950년대

타임스의 웨딩 섹션에 언제나 이력서 끝판왕들의 대단한 업적만 있었던 것은 아니다. 1950년대 후반의 지면은 좀 더 차분하고 정중한 분위기를 풍겼다. 직업이나 학위 같은 것은 강조되지 않았다. 신랑의 직업은 아주 가끔씩 언급되었을 뿐이고 신부의 직업은 거의 찾을 수 없었다(아주 가끔 언급되는 경우가 있었으나 결혼은 여성의 커리어 종말을 의미했으므로 과거형으로 소개될 뿐이었다). 그 대신, 가문과 연줄에 대한 기사를 실었다. 집안과 조상, 부모들이 계속 거론되었고, 들러리들이 부각되었다. 출신 사립학교와 대학은 필연적으로 따라붙었다. 유니온 리그, 코스모폴리탄 클럽 등 신랑이 가입한 클럽을 세심하게 소개했고 주니어 리그와 같이 신부가 어떤 여성 클럽의 회원이고, 어디서 데뷔했는지를 나열했다. 결론만 말하자면, 신문은 특권 계층으로만 이루어진 단체의 세계를 드러냈다. 어떤 예복을 입었는지에 대한 세세한 묘사가 내용의 상당 부분을 차지했고, 꽃장식이 얼마나 대단했는지까지 강조했다.

1950년대의 웨딩 섹션을 읽노라면 현재에는 절대 볼 수 없는 문장들이 시시각각 튀어나온다: "그녀는 1664년에 브룩헤이븐에 온 리처드 워런의 후손이다. 그녀의 남편은 1767년에 올드 웨스트베리에 정착한 벤자민 트레드웰의 후손이며 둘은 모두 더 프레데릭 건 스쿨을 졸업하고 콜게이트대학에 다녔다." 또는 "윌리엄스 여사는 애슐리 홀 사립학교와 스미스대학을 졸업했다. 뉴욕의 주니어 리그 준멤버로 있었고 1952년 사교계와 크리스마스 무도회에서 데뷔했다." 심지어 지금 같으면 상상조차 할 수 없는 구절도 나온다. "낸시 스티븐스였던 피터 J. 벨튼 여사." (오늘날 타임스는 성전환술을 받은 사람을 지칭할 때만 "였던"과 같은 과거 시제를 쓴다.)

과거 언론은 보수적이었으므로 나이를 밝히지 않았지만 그 당시 결혼하는 커플은 분명 요즘보다 젊었다. 대학에 다니면서 결혼하는 신랑도 많았다. 당시에는 젊은 엘리트 남자라면, 특히 동부 연안 기득권 계층이라면 사관학교에 가는 일 또한 중요한 사명이었기에 대다수의 신랑이 웨스트포인트(육군사관학교)나 아나폴리스(해군사관학교) 출신이었다.

이 시기에는 웨딩 섹션 자체가 지면을 차지하는 비중이 매우 컸다. 어느 6월의 일요일에는 자그마치 28쪽에 걸쳐 장장 158쌍의 결혼식이 소개되었다. 식은 필라델피아의 메인 라인 지역에 위치한 브린모어나, 코네티컷의 그리니치, 뉴저지의 프린스턴 또는 시카고, 애틀랜타, 샌프란시스코 등 미국 전역의 부촌과 전통적인 교외 지역에서 행해졌다. 예상했던 대로 지면은 백인 친화적이었다. 50년대 후반에 지면에 등장한 커플의 절반은 교회에서 결혼식을 올렸다. 오늘날 타임스 기사에 올라오는 커플은 20%만이 개신교도이며, 40%는 유대인이고, 아시아계도 꽤 많아졌다. 50년대에 유대인의 결혼은 매주 월요일마다 지면에서 별도로 다루어졌기 때문에 다른 종교 집단의 부상을 직접적으로 수치화하여 계산하기는 어렵지만, 확실히 지난 40년간 개신교도들의 숫자는 줄었고 유대인의 수는 늘었다는 점을 알 수 있다.

1950년대 웨딩 섹션의 글과 그림을 보다 보면 마치 다른 세계를 마주한 듯한 느낌이 들지만, 사실 그리 오래전 일도 아니다. 빛바랜 기사 속 사람들은 대부분 아직 살아 있고, 특히 신부들은 지금도 여전히 젊고 건재하다. 다만 기사를 보면, 그때는 매우 위풍당당했으나 지금은 한물간 것들도 보인다. 남성 클럽의 네트워크, 컨트리클럽, 명망 있던 법률사무소, 고풍스러운 월가의 왕년에 잘나갔던 회사들, 백인 명문가 같은 것들 말이다. '신교도 기득권'이라고 했을 때 우리에게 떠오르는 이미지들이 그렇다. 상류층의 억양, 상류층 인사 인명록, 아이비리그 남학생 사교 클럽의 운동광들, 마티니와 하이볼의 끝없는 세례, 짧은 노동시간, 애버렐 해리먼, 딘 애치슨, 존 J. 매클로이, 또는 존 치버나 존 오하라의 소설에 나오는 지역 거물과 같은 품격 있는 신사 등. 물론 그 시대를 전부 클리셰처럼 파악하는 건 무리다. 일례로 존 J. 매클로이는 전형적인 동부 연안 귀족 같아 보이지만 실은 자수성가한 사람이었다. 하지만 그 시대가 남긴 여러 사회학적 단서들을 조합해 보면 대체로 전형적인 유형, 즉 시대상이 존재했다.

당시에는 유럽식 문화를 계승하는 주류가 있었다. 매클로이의 아버지는 죽는 순간까지 거친 숨을 몰아쉬며 "존은 그리스어를 배워야 해"라고 말했다. 어린 소녀들은 지금은 잊힌 지 오래인 사교계 데뷔 같은 귀족다운 예식에 신경 써야 했다. 크리스마스 시기는 다들 사교계로 진출하느라 가장 바쁜 때였고, 추수감사절 시기는 기간이 짧은 만큼 까다롭고 예민해지는 시기였다. 신교도 종파가 날로 번성하던 시대였다. 연구에 따르면 정치, 경제, 군 엘리트의 4분의 3이 신교도였다.

50년대와 60년대 초기에는 정말로 귀족 지배 계층이란 말이 성립했다. 북동부 명문 사립학교를 나온 남성들이 월가의 유서 깊은 회사를 거쳐 『포춘Fortune』에서 선정하는

500개 기업들의 중역으로 성장한 뒤, 워싱턴의 정계로도 뻗어 나갔다. 그들에게는 나라를 통째로 뒤흔들 힘은 없어도 그에 못지않은 명성이 있었다. 리처드 로베르Richard Rovere가 1962년에 쓴 유명한 에세이 『미국의 기득권층The American Establishments』에 나온 말을 인용하자면, "그들은 이 나라에서 무엇이 존중할 만한 의견인지 아닌지를 결정하는 막강한 권력을 가졌다". 당시 타임지나 뉴스위크의 기사 사진만 봐도 온통 60대 백인 남성투성이다. 이들은 린든 존슨이나 리처드 닉슨처럼 성공에 대한 야망이 들끓지만 출신이 좋지 않은 야심가들을 미치도록 분개하고 낙담하게끔 만들었다.

한편 미국의 모든 부자 동네에는 그들 나름대로의 기득권층이 있었고 이들이 미국의 관습과 태도를 좌우했다. 마을의 연장자들은 로컬 클럽에 모여 앉아 다른 인종을 조롱하는 농담 따먹기를 하며 웃고, 버섯 크림, 아스파라거스 크림, 부추 크림 등 각종 통조림 소스를 듬뿍 찍어 가며 양고기를 먹곤 했다(이때는 오늘날만큼 콜레스테롤을 걱정하는 사람들이 없었다). 와스프(WASP, White Anglo-Saxon Protestant. 앵글로-색슨계 백인 개신교도)의 심미적 감각은 대체로 처참했고 지성과 재치가 번뜩이는 대화는 찾아볼 수 없었다. 헨리 루이스 멩켄(Henry Louis Mencken, 1880년 출생-1956년 사망. 1900년대 초반에 활동한 미국의 저명한 평론가)은 신교도 엘리트들을 '추악함을 탐하는 리비도(Libido, 성충동)'를 갖고 있다고 평할 정도였다. 그들은 딸들에게 승마를 배우게 하고 대회에 나가 승마술을 겨루도록 강요했다. 그 과정에서 익히게 되는 바른 자세, 고상한 매너, 극도의 청결함, 무의미한 규율, 장시간 앉아 있는 능력들이 당시 와스프 엘리트라면 마땅히 지녀야 할 미덕으로 여겨졌다.

1950년대는 사회적으로 만취가 용납되던 마지막 시절이자, 여우 사냥과 폴로 경기가 고리타분하게 여겨지지 않았던 위대한 시대였다. 그러나 오늘날 우리에게 강렬한 인상을 남기는 이 시대의 두 가지 대표적 특징은 바로, 뻔뻔할 만큼 공공연했던 엘리트주의와 차별주의다. 이 시기 엘리트 계층이 이전만큼 꽉 막힌 것은 아니었지만(제2차 세계대전 영향도 있었다), 여전히 반유대주의, 인종차별, 성차별이 있었고 이 외에도 갖가지 장벽을 쌓아 그들 눈에 거슬리는 이들이 특권 사회로 진입하는 것을 철저히 막았다.

부유한 유대인 소년과 개신교 소년은 어려서는 아무리 친하게 지냈어도 17세가 되면 '대분단'을 겪어야 했다. 유대인 사회와 비유대인 사회는 확연히 분리된 두 개의 다른 세상이었고, 서로 다른 데뷔 시즌과 무용학교 등 사교계도 각자의 궤도대로 따로 돌아갔다. 직장에서야 개신교 임원이 유대인 동료와 친밀하게 일할 수 있겠지만, 그를 자신의 클럽에 초대하거나 가입시키는 것은 꿈도 꾸지 못할 일이었다. 한번은 혼혈인 배리 골드워터 상원의원이 골프를 치려고 체비 체이스 클럽에 갔는데, 클럽이 신교도 전용이라며 그의 입장을 거부한 일도 있다. "저는 반만 유대인인데, 9홀도 못 쳐요?" 그는 이렇게 응수했다고 전해진다(골프 코스는 일반적으로 총 18홀로 구성되어 있다).

와스프들은 처음부터 지식인을 적대시했다. 그들은 지식인을 종종 '고지식한 선비highbrow'나 '외골수egghead' 같은 단어로 정중하게 멸시했다. 수십 년 전에 이미 작가 스콧 피츠제럴드가 지적했듯이 그들의 사회적 신분은 '동물적인 매력과 재력'에서 나온다. 요즘과는 달리, 상류층이 부를 대하는 태도도 비교적 단순했다. 그들은 사치를 천박하다고 보고 검소하게 사는 편이었다. 그럼에도 자신들만 누리는 부가 미국의 평등 원칙에 위배된다고 느끼지는 않았다. 높은 지위도 우주의 자연 질서에 따라 자신들에게 당연하게 주어진 것으로 여겼다. 귀족사회는 어느 시대에나 있기 마련이니 귀족으로 태어난 이상 특권에 따르는 의무까지 받아들이면 될 일이라고 생각했다.

그들은 최선을 다해 귀족적 지위에 맞게 살고자 애썼다. 의무, 봉사, 명예를 믿었고 말이 아닌 행동으로 보여 주려고 했다. 그들이 신봉하는 인물, 에드먼드 버크(Edmund Burke,

1729년 출생-1797년 사망. 휘그당의 당원이었던 아일랜드 출신 영국 정치인. '보수주의의 아버지'라 불림)가 『휘그당의 신세대가 기성세대에게 보내는 호소An Appeal from the New to the Old Whigs』에 수록했던 '타고난 귀족들의 윤리 강령'을 지지했다. 여기 나오는 귀족으로서의 이상적인 모습들이 우리 시대의 엘리트에게도 시사하는 바가 크므로 전체 문장을 옮겨 보겠다.

존경받는 지위로 태어나, 어려서부터 천하고 지저분한 것은 보지 않으며, 자기 자신을 존중하도록 교육받고, 대중의 눈으로 검열받는 데 익숙하며, 일찍부터 여론에 주의를 기울이고, 이처럼 높은 위치에 서 있기 때문에 커다란 사회 속에서 마주하는 현안과 인간들의 광범위하고도 다양한 양상을 폭넓게 조망할 수 있고, 읽고 성찰하고 대화를 나눌 여유를 가지며, 세상 도처에 있는 학자와 현인 그리고 법관의 주목을 끌 줄 알고, 군에서는 명령과 복종을 준수하며, 명예와 의무를 따를 때면 위험도 무릅쓸 줄 알고, 파괴적인 결과를 가져올 만한 어떤 사소한 실수도 용납하지 않는 극도의 경계심과 예지력과 신중함을 갖춘다.

이로써 시민들의 최대 관심사를 다룰 지도자로서 수용되고, 신과 인간 사이의 중재자로서 의무를 다하는 마음으로 조심스럽고 절제된 행동을 하도록 스스로를 이끈다. 법과 정의의 집행자로서 인류 최초의 현인들과 어깨를 나란히 하며, 고등 과학이나 인문 또는 순수 예술의 전문가가 됨과 동시에, 실제 성공을 통해 예리한 분별력과 왕성한 이해력을 얻는 부유한 상업가들의 일원이 되며, 근면, 질서, 성실, 균형의 덕목을 갖추며, 공평한 정의를 고려하는 배려가 몸에 배어 있어야 한다. 이러한 것들이 바로 내가 타고난 귀족이라 부르는 사람들의 참모습이며, 이들 없이는 국가도 없다.

유독 군 복무를 강조하는 점이나 고상한 지도자가 되라거나 혹은 신과 인간 사이의 중재자로서 행동해야 한다는 등, 오늘날의 엘리트를 떠올리면 분명 잘 맞지 않는 부분들도 있다. 하지만 이 신교도 윤리 강령은 볼수록 감탄할 수밖에 없다(고대 시칠리안 귀족사회의 몰락을 애도한 주세페 토마시 디 람페두사Giuseppe Tomasi di Lampedusa의 『표범The Leopard』이나 영국 귀족사회를 안타까워한 에벌린 워Evelyn Waugh의 『다시 찾은 브라이즈헤드Brideshead Revisited』처럼 그 누구도 와스프의 쇠락을 아름답고 우아하게 한탄하는 글을 남기지 못했다는 점을 고려하면 더더욱). 신교도 엘리트가 인종차별주의와 반유대주의, 경직성 같은 심각한 단점을 지녔지만 존경할 만한 장점들도 있었음을 인정하게 만든다.

와스프 기득권층의 사회봉사 정신은 아직까지도 타의 추종을 불허한다. 그들은 야망과는 거리가 멀었지만 사회적 의무는 확실히 자각했다. 훌륭한 매너와 자제력을 중시했고 때로는 남다른 희생을 감수하며 헌신했기에, 확실히 현대의 엘리트보다 더 무게감 있는 존재였다. 조지 부시를 비롯한 젊은이들은 망설임 없이 제2차 세계대전에 즉각 참전했고, 특권층인 와스프 가문에서 태어난 정말 많은 젊은이들이 1, 2차 세계대전에서 목숨을 잃었다. 상당히 과묵했던 그들은, 넘치는 반항심으로 무장한 이후 세대와는 달랐다. 상대적으로 그들에게는 자아도취narcissism 같은 약점이 없었달까. "너는 네 자랑을 너무 많이 하는구나, 조지." 1988년 대통령 선거운동 중에 부시의 엄마가 아들에게 이렇게 말했을 정도다. 가장 중요한 점은 바로 이들이 '미국의 세기(20세기 중반 이후 미국이 정치·경제·문화적으로 위세를 떨치던 시기)'를 이끌어 간 주역이며, 교육받은 엘리트들이 오늘날 행복하게 일하고 있는 수많은 기관들을 설립한 장본인이라는 점이다.

전환기

그러나 신교도 신부들—초기 정착민의 후손이자, 무도회에 대한 추억이 있고, 상류층 남편을 둔 여성들—이 1959년도 웨딩 섹션의 지면을 바라보고 있던 그 순간에도 와스프들의 세상은 이미 심각하게 무너져 내린 상태였다. 여러 변화가 있었지만 그중 가장 지축을 뒤흔든 결정은 대학입학 위원회에서 촉발되었다. 별다른 사회적 논의나 공개 토론도 없이, 어느 날 입학사정관들의 손에 의해 와스프 기득권층이 붕괴된 것이다. 『벨 커브The Bell Curve』의 첫 장에서 리처드 헌스타인Richard Herrnstein과 찰스 머레이Charles Murray는 하버드대의 이야기를 예시로 들려준다. 1952년도 하버드의 신입생 대다수는 타임스 웨딩 섹션에 나오는 바로 그 사립학교 출신들이었다. 뉴잉글랜드 지역(앤도버와 엑서터 출신만으로도 이미 신입생의 10%에 달했다)과 맨해튼의 이스트사이드, 필라델피아의 메인 라인, 오하이오의 셰이커하이츠, 시카고의 골드코스트, 디트로이트의 그로스포인트, 샌프란시스코의 노브힐 등에 있는 사립학교들이 와스프들의 견고한 요새로서 수많은 합격자를 배출해 냈다. 지원자의 3분의 2가 입학했다. 아버지가 하버드를 졸업한 경우, 합격률은 90%에 달했다. 합격자들의 SAT 언어 성적 평균은 583점으로 양호했지만 최상위권은 아니었다. 당시 아이비리그의 평균이 500점 수준이었다.

그러다 변화가 일었다. 1960년 하버드 신입생들의 SAT 언어 성적 평균은 678점, 수학 성적 평균은 695점으로 뛰어올랐다. 최상위권 성적이었다. 1952년에 입학한 평균 수준의 신입생이 만약 1960년도에 입학했다면 하위 10%에

머물렀을 것이다. 게다가 학생들의 사회경제적 배경도 훨씬 다양해졌다. 10년 전이었다면 하버드에 지원하는 상상조차 못 했을 퀸스, 아이오와, 캘리포니아 출신의 똑똑한 친구들이 대거 입학했다. 하버드는 북동부 중심 엘리트 학교에서 미국 전역에서 온 똑똑한 아이들을 모두 아우르는 강력한 기관으로 탈바꿈하기 시작했다. 거의 모든 엘리트 학교에서 이와 똑같은 변화가 일어났다. 예컨대, 1962년 프린스턴대학은 풋볼팀 62명 중 단 10명만 사립학교 출신이었다. 30년 전만 해도 전원이 사립학교 출신이었는데 말이다.

왜 이런 일이 벌어진 걸까? 니콜라스 레만은 자신의 책 『빅 테스트The Big Test』에서 감동적인 해석을 내놓았다. 놀랍게도 와스프들이 숭고한 동기를 가지고 스스로를 파멸시키는 길을 택했다는 것이다. 2차 세계대전 이후 하버드의 학장이 된 제임스 브라이언트 코넌트는 당시 신교도 기득권 계층의 정점에 서 있었다. 그럼에도 그는 자신이 케임브리지에서 가르쳤던 학생들처럼 좋은 가문 출신의 청년들 위주로 인재를 양성하여 미국이 세습 귀족사회로 발전하는 데 이바지할까 봐 몸서리쳤다. 코넌트는 능력이 출중한 새로운 엘리트들이 기득권층을 대체하길 바랐다. 그렇지만 그가 구상한 사회는 다양한 교육을 받은 이들이 민주적인 의사 결정을 내리는 사회가 아니었다. 오히려 소수의 영리한 인재들을 선발하여 명문대학에서 공부시키고, 그들이 플라톤이 말하는 수호자처럼 스스로가 아닌 사회를 위해 봉사하는 미래를 꿈꾸었다(고대 그리스 철학자 플라톤의 이상국가론에는 통치자, 수호자, 일반시민이 있으며 수호자는 20세 이후 특별한 교육을 받고 통치자를 보좌하며 막중한 책임감과 규율 속에서 국가를 이끈다).

코넌트는 플라톤의 수호자로 자라날 새싹을 찾기 위해 하버드 출신이자 청교도의 후손이며 신교도인 헨리 촌시 Henry Chauncey를 영입했다. 촌시는 코넌트처럼 원대한 비전은 없었지만, 표준화된 시험과 사회과학의 발전을 위해서라면 나름 진지하게 불타오르던 사람이었다. 촌시의 시험에 대한 열정은 기술자들이 철도나 원자력 발전소, 인터넷을 사랑했던 것 못지않게 뜨거웠다. 그는 시험이야말로 전문가들이 사람들의 능력을 잘 측정하고 사회를 보다 공정하고 합리적으로 관리하도록 해 주는 훌륭한 도구라고 믿었다.

촌시는 ETSEducational Testing Service의 수장이 되어 SAT를 만들어 냈다. 사회과학자로서는 드물게 자신의 열정을 실현한 것이다. 레만이 말했듯이, 우리는 지금 코넌트와 촌시가 만든 세상, 즉 적성검사를 통해 능력에 기반한 새로운 엘리트를 육성하려는 노력이 빚어낸 세상에 살고 있는 셈이다.

코넌트와 촌시는 그들의 생각이 잘 받아들여지는 시기에 활동했다. 미국 지식인들이 그 어느 때보다도 자신감에 차

올라 있던 때였다. 사회학자, 심리학자, 거시경제학자들은 자신들이 개인적, 사회적 문제를 해결할 도구를 찾아냈다고 생각했다. 인간 정신의 내적 작용을 설명하는 프로이트의 저서는 그 인기와 영향력이 최고조에 이르렀고, 매카시 열풍(공산주의자 색출 운동)으로 인해 지식인 계층이 확연하게 분리되었으며, 스푸트니크 위성 발사는 교육이 국가 발전에 얼마나 필수적인지를 보여 주었다. 그리고 마침내 존 F. 케네디가 지식인들을 백악관으로 초대해 그들의 사회적인 지위를 한껏 높여 주었다(최소한 그들은 그렇게 여겼다). 앞으로 4장에서 보게 될 내용이지만, 지식인들은 이 시기에 스스로를 한층 더 중요한 존재로 여기기 시작했다.

코넌트와 촌시뿐 아니라 다른 학자들도 와스프 기득권에 대항하여 지식인의 가치를 주장하기 위해 일어섰다. 1956년 C. 라이트 밀스는 『파워 엘리트The Power Elite』에서 기득권층을 직접적으로 맹비난했다. 1959년 자크 바전은 『지성의 집The House of Intellect』을 썼다. 1963년 리처드 호프스태터는 『미국의 반지성주의Anti-Intellectualism in American Life』를 썼는데, 이 책은 슈퍼스타에 가까운 당대 최고의 학자가 빈부를 막론하고 제 눈앞의 실속만 챙기려는 이들과 자신감만 넘치고 무질서한 사회를 향해 던진 강력한 경고였다. 1964년 펜실베이니아대학교의 딕비 발첼은 그의 저서 『신교도 기득권층The Protestant Establishment』에서 와스프란 명칭을 처음 사용했고 기득권층의 지성과 윤리가 무너진 면면을 낱낱이 비판했다. 그는 와스프가 추구하는 이상에 대체로 공감하면서도 그들이 사회에 필요한 새로운 인재를 배척하고 그들끼리 만족하고 안주하는 신분 계급이 되어 가고 있다고 고발했다. 이러한 학자들은 학교가 더 이상 엘리트 가문 위주의 최종 학력 코스가 아니라 실력 위주의, 지식인의 산실로 거듭나기를 원했다. 그래서 교수들은 입학사정관에게 기존 지원서를 더 비판적으로 보라고 주문했다.

이전까지 와스프들은 그들의 문화적 패권에 도전하는 자들을 그저 무시하거나 단번에 반격하는 정도로도 잘 물리쳐 왔다. 20세기 전반은 역사가인 마이클 녹스 베란이 '부유층의 부흥'이라고 부를 만했다. 루스벨트가와 같은 명문가는 거칠고 강인한 기풍으로 동부 엘리트의 힘과 자신감을 회복하고자 했으며 명실공히 권력의 최정상 자리를 차지했다. 1920년대 아이비리그 행정관계자들은 자기네 정체성에 위협이 된다며 공식·비공식적으로 유대인 쿼터를 줄여 버렸다. 컬럼비아대 총장이던 니컬러스 머리 버틀러는 불과 2년 만에 기존 40%였던 유대인의 비율을 20%로 줄였고, 하버드대 총장 A. 로렌스 로웰은 '유대인 문제'를 검토한 다음 역시 쿼터를 인위적으로 줄여서 해결하려 했다.

하지만 1950년대 말과 1960년대 초에 이르자 와스프 사회는 더 이상 이런 차별 행태를 남들에게도, 본인들에게도 정당화할 수 없게 되었다. 존 F. 케네디의 의전수석이었던 앤지어 비들 듀크는 그가 즐겨 다니던 워싱턴의 메트로폴리탄 남성 클럽에서 탈퇴할 수밖에 없었다. 그곳이 차별적이었기 때문이다(해당 클럽이 1961년 흑인 외교관의 입장을 거부하였다).

일찍이 빌프레도 파레토Vilfredo Pareto가 말했듯 역사는 귀족들의 무덤이다. 1950년대 말과 1960년대 초에 이르러 와스프 기득권층은 자신들이 믿고 따랐던 규율을 더 이상 믿지 않게 된다. 어쩌면 그들은 특권을 위해 싸우기 싫었는지도 모른다. 작가 데이비드 프럼은 막대한 부를 축적했던 시대가 반세기 전에 이미 끝났다고 했다. 위대한 가문들은 3세대가 이끌고 있었다. 그러니 예전처럼 많은 열정이 남아 있지는 않았을 것이다. 아니면 홀로코스트(제2차 세계대전 중 나치 독일이 자행한 유대인 대학살) 이후 신교도 기득권층이 행하는 인종차별과 같은 행태들이 불명예로 치부되면서 상황이 변했을 수도 있다.

어찌 되었든, 1964년에 딕비 발첼은 중요한 사회 변화를 포착했다. 그는 저서인 『신교도 기득권층』에서 "입학위원회가 추구하는 가치를 따르는 학교 공동체의 학문적 계급 구조가 부모들이 이끌던 지역 공동체의 신분 계급 구조를 서서히 대체하는 것 같았다. 마치 중세시대에 교회의 계급 구조가 재능 있고 야망 있는 하층민들이 출세로 향하는 주요 창구가 되었듯이, 또는 19세기(앵글로-색슨계가 미국 인구의 대부분을 차지하던 시기)에 기업체들이 자수성가의 꿈을 이뤄 줬듯이, 이제는 대학 공동체가 우리의 전통적인 기회주의적 이상을 지키는 수문장 역할을 맡게 됐다."라고 썼다.

비로소 핏줄이 아닌 두뇌가 대학 입학의 문을 여는 열쇠가 되었고, 불과 몇 년 만에 대학 풍경이 완전히 달라졌다. 하버드는 이제 연줄이 좋은 이들을 위한 학교에서 머리가 좋은 이들을 위한 학교로 바뀌었다. 다른 유명 대학들도 유대인 쿼터를 없앴고 마침내 여성 차별도 철폐했다. 게다가 교육받은 미국인의 수가 폭발적으로 늘어났다. 20세기 내내 미국 대학진학률은 증가세였지만 1955년에서 1974년 사이에는 특히 그 성장률이 차트 밖을 뚫고 나갈 정도로 치솟았다. 신입생의 상당수가 여성이었다. 1950년에서 1960년 사이 여학생 비율은 47%에 달했다. 그러다가 1960년에서 1970년 사이에는 168%가 더 늘었으며, 그 숫자는 10년마다 꾸준히 늘어났다. 한편, 1960년도에 2천 개였던 고등교육기관의 수는 1980년도가 되자 3천2백 개가 되었다. 1960년도에 교수는 23만 5천 명이었지만 1980년도에는 68만 5천 명이었다.

달리 말해 이전까지는 와스프 엘리트들이 일류 교육을 독차지하고 있었으며 대학 교육을 받은 인구의 대부분을 차지했다는 뜻이다. 하지만 이 시기가 끝날 무렵에는 좋은 가문 출신의 와스프들이 더 이상 명문학교를 독차지할 수 없게 되어, 교육받은 계층에서 차지하는 비중이 아주 미미한 수준으로 낮아졌다. 엘리트 학교들의 위상은 건재했다. 미국의 인명사전(Who's who)에 나오는 유명인들 중 아이비리그 졸업생의 비율은 지난 40년 동안 변함이 없었다. 학교들은 와스프 가문 출신의 평범한 학생들 대신 가문이 좋지 않아도 능력 있는 학생들을 택함으로써 명성을 유지한 셈이다.

교육받은 계층의 폭발적인 증가는 미국에 커다란 영향을 미쳤는데, 급속한 도시화가 역사 속 여러 나라에 영향을 줬던 것에 버금갔다. 1960년대 중반 중년의 와스프들은 재계에서 여전히 지배력을 행사했다. 그들은 변함없이 굉장한 사회적 존경을 받았고 정치적 권위가 있었으며, 재정적 기반은 굳이 말할 필요도 없었다. 다만 대학에서만큼은 추월당했다. 당신이 1960년대 중반에 명문대에 입학한 인재라고 가정해 보자. 부모님 중 한 분은 약사, 한 분은 초등학교 선생님이고 당신은 잘 교육받은 야심가다. 교정에는 아직 와스프 문화의 잔재가 곳곳에 남아 있지만 이제는 사실상 부끄럽게 여겨지는 흔적일 뿐이다. 그런데 막상 바깥세상을 내다보니 1950년대 웨딩 섹션에서나 봤던 이들의 후손들이 사회 요직과 권위를 장악하고 있다. 당신이 바라는 권력과 명성은 전부 그들 손에 있다. 하지만 당신이 보기에 그들은 하나같이 고루하고 답답하고 편파적이다. 더욱이 출신과 연줄을 강조하면서 당신의 출세를 가로막는다. 따로 계획하지 않아도 자연스레 당신과 동료들은 이 오래된 체제를 무너뜨리는 쪽으로 움직이기 마련이다. 사회에 아직 남아 있는 와스프의 사고방식을 싹 걷어 내고 개인의 능력을 중시하는 사고방식을 퍼뜨리고 싶을 것이다.

더 넓게는, 국가의 사회적 특성을 바꾸려 애쓸 것이다. 능력주의 사회가 시작되고 변화를 향한 기대감이 커지면서 예상대로 혁명이 일어났다. 토크빌이 말했던 혁명의 원칙 그대로였다. 새롭게 떠오르는 계층은 사회적 성공에 가까워져 갈수록, 남아 있는 걸림돌이 점점 더 거슬렸던 것이다. 1960년대 후반의 사회 혁명은 좌파와 우파에 의해 기적이나 자연재해로 묘사되기도 했지만 그런 게 아니었다. 단지 1955년에서 1965년 사이 결정적 시기에 일어난 변화에 따른 합리적인 반응이었달까. 엘리트 지위를 구성하는 요소들은 바뀌기 마련이었다. 미국의 상류층 문화가 혁명을 맞이해야만 했던 것이다.

1960년대

"우리 우등상 탄 학자님은 잘 지내나?" 영화 「졸업」에서 배우 더스틴 호프만이 연기한 주인공 벤이 아래층으로 내려오는 장면에서, 무게 잡기 좋아하는 어르신 한 분이 이렇게 묻는다. 마이크 니콜스 감독의 이 영화는 1968년도에 가장 흥행한 영화로, 주인공이 동부 명문대를 수석 졸업하고 부유한 백인들이 사는 캘리포니아의 교외 지역으로 돌아오며 이야기가 시작된다.

내성적인 주인공은 어느새 자신과 부모님 사이에 생겨버린 어마어마한 문화적 격차를 깨닫고 두려움에 휩싸인다 (발첼의 예측대로 대학에서 가르친 가치가 부모님에게 배운 가치를 밀어낸 것이다). 벤은 큰 소리로 떠들며 그를 환대하는 와스프 어른들 사이에서 자랑스러운 트로피처럼 대접받는다. 데일 카네기식 친밀함이 깔린 왁자지껄한 파티 분위기와 들뜬 얼굴들 사이에서 주인공은 홀로 차분한 표정이다. 흥겨운 칵테일 파티가 이어진다. 벤의 엄마는 졸업 앨범을 열고 벤의 학업 성취들을 찾아 읽기 시작한다. 거만한 지역 유지 중 한 사람은 벤을 수영장으로 데려가 장차 석유 산업이 뜰 거라면서 거들먹거린다.

이 영화에는 기성세대의 문화가 쇠락해 가는 것을 적나라하게 보여 주는 장면들이 가득하다. 백만장자인 영화제작

자들은 백만장자인 사업가와 변호사를 묘사할 때 무자비한 편이었고, 「졸업」을 통해서 신교도 엘리트의 삶을 조금도 미화하지 않고 속속들이 들춰내고자 했다. 사치스러운 칵테일바, 자수가 놓인 골프복, 황금시계, 하얀 벽과 하얀 가구, 천박하고 위선적인 면모들 그리고 로빈슨 부인으로 대표되는 술독에 빠진 삶까지. 벤은 아직 무엇을 위해 살아야 할지는 모르겠지만 적어도 결코 저렇게 살지는 않겠다고 다짐한다.

이 영화의 원작은 찰스 웹이 쓴 소설로, 소설에서는 주인공 벤이 키 180cm, 파란 눈, 금발로 묘사되었다. 그래서 처음에 감독은 파란 눈에 금발인 배우 로버트 레드포드를 주인공으로 고려했다고 한다. 하지만 호프만이 아닌 로버트가 주인공 배역을 맡았다면, 로빈슨 부인이 왜 벤에게 끌렸는지는 쉽게 설명되었어도 흥행하긴 어려웠을 것이다. 과연 사람들이 잘생긴 금발 바람둥이에게 잘 이입했을까? 반면 호프만은 섹시함보다 섬세함이 돋보이는 배우였다. 그야말로 그 시절 대학들이 우르르 키워 낸 새로운 엘리트들, 졸업 후 마주한 현실이 따분하고 갑갑했을 지식인층을 대표하기에 제격이었다.

우리가 '60년대'라 부르는 지식인층의 반란은 곳곳에서 일어났는데, 그중에는 시민권 운동 및 베트남과 관련된 중요한 사건들도 있었지만, 성 혁명처럼 완전히 우스꽝스럽고 과장된 사건들도 있었다(실제 성적 행위는 우드스톡 시대보다는 세계대전의 영향을 더 많이 받았다). 그러나 60년대 문화적 진보주의의 핵심은, 전통적인 성공이라는 개념 자체에 도전하는 것이었다. 이는 단순히 기득권층을 권좌에서 끌어내리려는 정치적인 행보에서 그치지 않았고, 문화적 차원에서 와스프의 생활습관과 윤리 강령에 깃든 권위를 무너뜨리고 기존 질서를 영적·지적 소양을 추구하는 새로운 질서로 개편하려는 시도로 이어졌다.

60년대 진보주의자들은 성공에 대한 일반적인 개념, 남들과 같아져야 한다는 욕망, 사회적으로 존경받아야 한다는 인식, 성공적 삶을 소득·매너·재산으로 재단하려는 생각 등을 거부했다. 1960년대에 교육받은 베이비 부머 세대는 신교도 엘리트들이 높이 평가하는 가치들을 폄하하고 싶어 했다. 1950년대에 일어난 인구 구조 변화는 1960년대에 이르러 문화 갈등을 초래했다. 아니면, 『신교도 기득권층』에서 딕비 발첼이 예언했듯이 "한 세대의 경제적 변화는 다음 세대에서 지위 갈등을 초래한다"고도 할 수 있겠다.

60년대 학생 리더들은 1959년도 타임스 웨딩 섹션을 읽으면서 무엇을 가장 싫어했을까? 교육받은 지식인 계층이 어떤 문화적 변화를 초래했는지는 다음에 이어지는 장들에서 다룰 내용이다. 하지만 그들이 싫어했을 목록을 짧게나

마 나열해 보자. (당시 지식인층이 확립한 사고방식은 그들이 패권을 쥔 지금까지도 영향을 미치고 있다는 점을 미루어 보면) 학생 리더들은 아마 순종성, 형식주의, 전통주의, 세세하게 규정된 성적 역할, 조상 숭배, 특권, 공공연한 엘리트주의, 무분별한 생활, 자기만족, 과묵함, 만족스러운 풍요로움, 냉정함을 혐오했을 테다.

상세한 문화적 변화에 대해서는 차차 살펴보기로 하고 여기서는 간결히 정리해 보자. 60년대의 급진주의자들은 보헤미안 방식의 자기표현을 사랑했고 기존 엘리트들의 무미건조한 자기절제를 경멸했다. 그러나 과거의 관습과 예전 엘리트들의 습관을 무너뜨리려는 데에는 사회적 비용이 따랐다. 구권력자들과 그들을 위한 규제는 차례차례 뽑혀 나갔다. 그렇지만 수많은 사람들이 재앙으로 느낄 법한, 사회 질서의 붕괴가 잇따르면서 이혼율, 범죄율, 마약 투약률, 범법률 수치도 급증했다.

60년대 후반과 70년대 초반의 타임스 웨딩 섹션은 이 '대립적인 시절'의 갈등과 대조를 보여 준다. 우선 지면 자체가 축소되었다. 1959년의 일반적인 6월 지면에는 158건의 결혼식이 소개되었지만, 60년대 후반과 70년대 초반의 일반적인 6월 지면에는 겨우 35건 정도만 실렸다. 히피 커플들은 의례와 엘리트주의의 상징인 그 지면에 자신들의 결혼식을 발표하고 싶어 하지 않았다.

반면 결혼을 발표한 커플들은 놀라울 만큼 그 특성이 양분되었다. 어떤 커플들은 주위의 그 모든 소란에 무심했다. 그들의 결혼 발표문에는 여전히 과거의 특성인 명문학교 이름이나 사교 클럽, 혹은 조상들의 이름이 들어 있었다. 그래서 이들의 결혼식은 1950년대의 결혼식과 별반 달라 보이지 않았다. 하지만 지면에 나온 결혼식 중에는 모든 사람들이 맨발로 참석하고 이교도의 봄맞이 의식처럼 진행된 경우도 있었다. 또한 커플이 전통적인 언약 대신 자신들만의 방식으로 결혼 서약을 하고 록 밴드를 동원한 경우도 있었다.

개성 있게 결혼을 서약하는 새로운 관행은 역사적으로 중요한 전환점이었다. 전통적으로 하는 결혼 서약은 이전 세대들과의 연결을 강조하는 것으로서, 오래도록 이어진 관습을 따르겠다는 의미였다. 반면에 자신들의 방식으로 하는 결혼 서약은 자신들의 개성과 개인적 욕구 충족을 위해 사회 제도를 바꾸고자 하는 욕망을 표출하는 것이었다. 후자는 물려받기보다는 창조하는 사람이 되는 데 더 관심이 있었다. 그들은 교육받은 계층의 가장 중요한 계명을 실천하는 중이었다. "너 자신의 정체성을 가꾸라."

그 시절 영화에서 가장 유명한 결혼식 장면은 두말할 것도 없이 「졸업」의 마지막 장면이다. 배우 캐서린 로스가 연기한 엘레인은 산타바바라 지역의 장로교 교회에서 전통적인 혼례를 치르기로 한다. 식상하게도 신랑마저 와스프 출신 금발머리 의사다. "우리는 멋진 팀을 이룰 겁니다." 그의 프러포즈를 듣자마자 우리는 그가 시대에 역행하는 인물임을 감지한다. 그의 대사는 줄곧 경쾌하지만 어딘지 모르게 와스프 특유의 차가움이 묻어난다.

결혼식이 끝나 갈 즈음, 산발을 한 벤이 교회 안으로 질주하듯 들어오더니 본당을 굽어보는 발코니에서 유리창을 두드리며 엘레인의 이름을 목 놓아 부른다. 엘레인이 고개를 들자 그녀의 부모님과 와스프 남편의 악에 받친 얼굴들이 보이지만, 그녀는 벤과 함께 달아나기로 결심한다. 엘레인의 엄마인 로빈슨 부인이 낮게 속삭인다. "이미 너무 늦었어." 하지만 엘레인은 되받아친다. "아니, 늦지 않았어."

마침내 벤과 엘레인은 가족과 군중을 제치고 밖으로 뛰어나와 버스에 올라탄다. 마지막 장면은 버스 안에 나란히 앉아 있는 그들을 오래도록 보여 준다. 엘레인은 찢어진 웨딩드레스 차림이다. 처음에 그들은 마냥 행복해하는데 그러다가 서서히 정신을 차리는가 싶더니 나중에는 마치 두려워 보이기까지 한다. 왜냐하면 그들은 비록 와스프식 성공에서는 탈출했지만 앞으로 어떻게 해야 성공적인 삶을 살아갈 수 있을지 그 방법은 전혀 모르기 때문이다.

돈이 따라온다

1960년대 강경파 중에서도 가장 극단적인 급진주의자들은 정말로 정직하게 사는 유일한 길은 성공의 개념을 완전히 거부하는 것이라고 믿었다. 그러니 무의미한 과당 경쟁에서 벗어나 진정한 인간관계가 꽃피는 작은 공동체로 물러나고자 했다.

하지만 그런 이상주의는—더구나 이들이 대학을 졸업한 세대인 이상—절대 주류가 될 수 없었다. 1960년대에 대학을 졸업한, 교육받은 계층의 구성원들은 인간관계와 사회평등을 중시했다. 하지만 그럼에도 그 이전 세대들과 마찬가지로 '성취'를 그들의 핵심 가치로 꼽았다. 그들 역시 실력자였기 때문에 성취를 기준으로 자신을 규정했다. 그런 그들이 대학을 중퇴한다거나, 꽃향기나 맡으면서 지역 공동체를 지킨다거나, 돼지를 키운다거나, 느긋하게 시를 짓고 있을 리가 없었다. 더욱이 그들은 시간이 지나면서 엄청난 부가 바로 눈앞에 있음을 실감했다.

맨 처음, 베이비 붐 세대의 대학 졸업생들이 노동시장에 대거 유입됐을 때는 대학 졸업장을 갖고 있다고 해서 경제적 보상이나 삶의 극적인 변화를 얻지는 못했다. 그 후 1976년까지도 노동경제학자 리처드 프리먼이 저서인 『과

잉 학력의 미국인The Overeducated American』에서 고등교육은 노동시장에서 보상받지 못하는 것 같다고 말할 정도였다. 그러나 곧 정보화 시대가 시작되면서 교육에 대한 보상이 날로 커져 갔다. 노동시장 전문가인 시카고대 케빈 머피 교수의 말에 따르면, 1980년 대학 졸업자들은 고등학교 졸업자보다 대략 35% 더 많은 소득을 올렸다. 하지만 1990년대 중반이 되자 대학 졸업자의 소득은 고등학교 졸업자보다 70%나 더 많아졌고, 대학원 졸업자의 소득은 90%나 더 많아졌다. 대학 학위의 임금 가치가 15년 동안 2배로 뛴 것이다.

지적 자본에 대한 보상은 늘어난 반면, 육체적 자본에 대한 보상은 그렇지 않았다. 한순간에 인문학 전공자들은 최상위소득 계층에 속하게 되었다. 자본주의의 무한 경쟁을 비판한 예일대의 한 정교수조차 1999년에 11만 3천1백 달러를 벌었고 럿거스대의 다른 교수는 10만 3천7백 달러를 벌었다. 학계에서 영입 경쟁을 벌이는 세계적 석학들은 한 해에 30만 달러가 넘는 돈을 쓸어 담았다. 의회와 대통령 참모진들은 최대 12만 5천 달러까지 받으며(그러다가 민간 부문에 진출하면 보수가 5배로 늘어난다) 전국지에서 일하는 언론인들은 중년이 되면 강연료 수입을 제외하고도 억대 연봉을 받는다. 철학과 수학 전공자들은 월가에 진출해서 계량적 모델을 개발하여 수천만 달러를 벌 수 있다. 미국에 변호사는 늘 넘쳐나고 현재 새싹 변호사들의 중위소득은 7만 2천5백 달러이지만, 대도시에서는 백만에서 수백만 달러에 달하는 수입을 올리기도 한다. 또한 공부 잘하는 학생들은 여전히 의과대학에 밀물처럼 밀려들고 있다. 실제로 개업의의 4분의 3이 10만 달러 이상을 벌어들인다.

한편 실리콘밸리에는 백만장자들이 발에 챈다. 할리우드의 TV 극작가들은 주급이 1만 1천 달러에서 1만 3천 달러이다. 그리고 보그지의 안나 윈투어 같은 뉴욕의 인기 잡지 편집장들은 연봉이 100만 달러인데, 이는 포드 재단 이사장의 수입보다 약간 더 많은 수준이다. 이와 같이 높은 소득은 아직도 이런 변화를 낯설어하는 베이비 붐 세대들만 누리는 것은 아니다. 예술가들의 400만 달러짜리 작업실이나, 하룻밤에 350달러인 고급 호텔, 아방가르드한 여름 별장 등 이러한 반문화적인 부호들의 전유물이 없는 세계도 있다는 사실을 생각해 본 적도 없는 베이비 붐 이후 모든 세대의 대학 졸업생들도 이러한 고소득을 향유한다.

정보화 시대에는 완전히 새로운 직업군이 생겨났다. 일부는 웃긴 이름을 가졌지만 월급만 봐서는 무엇인지 도무지 유추할 수가 없다. 이를테면 창의성 담당자, 최고 지식 관리자, 팀 정신 코디네이터 등이다. 고등학교 시절에는 누구도 생각해 보지 못한 일자리들도 있다. 가령 웹 페이지 디자이너, 특허 에이전트, 콘티 작가, 재단 프로그램 관리자, 토크쇼 예약자 등이다. 이 시기 경제는 올리버 스톤 같은 괴짜들이 억만장자 갑부가 되고 빌 게이츠 같은 대학 중퇴생이 세상을 좌우하는 식이다. (물론 아직도 종신 교수직을 구하면서 근근이 살아가는 비전임 시간강사들도 있고 출판계에서 말도 안 되게 적은 보수에 자신들의 지성을 파는 가련한 영혼들도 있기는 하다.)

정보화 시대가 도래하면서 교육이 보상받은 대신, 교육받은 자들과 그렇지 못한 자들 사이의 소득 격차가 벌어지는 세상이 되었다. 게다가 이제 중상류층은 더 이상 중산층의 작은 일부가 아니라 대개 높은 학위를 가진 사람들로 구성되는 뚜렷한 인구 그룹이 되었다. 앞으로 몇 년간 심각한 경제 불황이 없다면 미국에서 연수입이 십만 달러가 넘는 가구 수는 1982년에 단 200만 가구에서 1,000만 가구까지 늘어날 것이다. 이 거대 그룹의 문화적·금융적 자본을 생각해 본다면 중상류층의 사회적 영향력에 대해 이해할 수 있을 것이다. 교육받은 엘리트들은 돈을 좇지 않았다. 다만 돈이 저절로 따라왔을 뿐이다. 그들의 의지와는 상관없이 돈은 그들의 사고방식에 알게 모르게 스며들었다.

엘리트들은 우선 돈 자체에 대한 전반적인 입장을 바꿔야 한다는 것을 깨달았다. 그들이 가난한 학생이었을 때 돈은 고체에 불과했다. 매번 뭉치로 들어왔다가 청구서와 함께 야금야금 사라지곤 했다. 그래서 우리가 주머니 속 잔돈의 무게감을 느끼는 것처럼 그들은 은행 계좌에 돈이 얼마만큼 들어 있는지를 실감하곤 했다. 그러다가 경제적으로 여유가 생기자 돈은 액체로 변했다. 거대한 물줄기가 되어 은행 계좌에 빠르게 흘러들었다. 소득자는 방관자로 전락한 채 돈이 얼마나 빠르게 오가는지를 보며 막연하게 두려운 마음을 가졌다. 더 많이 저축하고자 한다면 밖으로 새어 나가는 줄기를 막으면 될 일이었다. 다만 어디서부터 댐을 쌓아야 하는지 알기란 어려웠다. 돈은 스스로 생명을 갖고 움직였다.

시간이 조금 더 흐르자 물이 들어오고 나가는 모든 과정에서 가라앉지 않고 떠 있을 수 있는 개인 능력은 그 자체만으로도 성취의 징표가 되었다. 이 대단한 돈의 흐름은 능력 시험의 일종이다. 돈은 부패의 원천이기는커녕 지배력을 입증하는 표식이므로 응당 받아야 하는, 자연스러운 대가처럼 보이기 시작한다. 심지어 예전 과격파 학생들조차 과거의 좌파 슬로건을 비틀어 '각자의 능력만큼 일하고, 각자의 능력만큼 번다'라는 결론을 내린다.

교육받은 엘리트는 전에 생각했던 것보다 훨씬 더 많은 돈을 벌 뿐만 아니라 이제는 엄청난 책임감이 따르는 위치에 올랐다. 한때 SDS(민주사회를 위한 학생연합) 소속이었다가 CEO가 된다거나 LSD(환각제)를 흡입했으나 IPO(기업공개)까지 이룬 근대 경영진의 사례는 이미 잘 알려져 있다. 실제로 우리는 '표현의 자유' 운동이 하버드 경영대학원보다 더 많은 기업 경영진을 키운다는 느낌을 수시로 받는다. 그보다 더 놀라운 것은 교육받은 계층의 일원들로만 구성된 영리 산업의 성장이다. 미국 성인 인구 가운데 고작 20%만 대학 졸업장을 가지고 있다지만, 많은 대도시와 교외의 상업 지구를 걷다 보면 그곳에 있는 거의 태반이 대학 졸업자들이라는 것을 알 수 있다.

교육받은 엘리트들은 차분한 구와스프에 속했던 권력의 많은 부분을 넘겨받았다. IMF의 경제학자들은 거시경제 정책을 조정하러 제트기를 타고 전 세계를 돌아다닌다. 맥킨지앤드컴퍼니의 브레인들은 과거에 대학 쿼터백이었던 사람들이 운영하는 기업들을 찾아가 합병이나 구조조정에 관한 보고서를 써 주고 있다.

교육받은 엘리트들은 종래에는 노동자 계층이 담당했던 직업들도 넘겨받았다. 예를 들어, 말술을 마시는 블루칼라 언론인을 보는 날은 앞으로 영영 없을 것이다. 이제 워싱턴의 기자 회견장에서 볼 수 있는 기자들은 죄다 예일, 스탠퍼드, 에모리, 하버드 대학을 나왔다. 이민자 출신의 일꾼들이

꾸려 나가던 정당들도 이제는 박사 학위를 보유한 커뮤니케이션 분석가들이 장악하고 있다. 오래된 교외 지역을 지나가다 가판대에서 유기농 과일을 팔고 있는 칼라 없는 셔츠 차림의 보헤미안을 만나면 그의 집을 따라가 보라. 그러면 그들이 주식중개인이었던 옛 엘리트가 살던 집에 들어와 살고 있다는 사실을 확인할 수 있다. 그들은 과거 엘리트 계층의 침대에서 자면서 과거 엘리트 계층의 기관들을 집어삼키고 있다. 소설가인 루이스 오친클로스는 "예전 사회는 성취 기반 사회에 자리를 내주었다"라고 요약했다. 즉, 훌륭한 부모를 둔 멍청하고 잘생긴 사람들이 해진 신발을 신은 똑똑하고, 야심차고, 교육받은 반기득권적인 사람들로 바뀌었다는 말이다.

풍요로움이 주는 걱정거리들

간단히 말해서, 지난 30년 동안 지식인들은 승리에 승리를 거듭했다. 그들은 과거 와스프 엘리트의 문화를 박살 냈고, 그들이 지닌 특별한 기술을 두둑하게 보상해 주는 경제구조 속에서 번영을 이뤘다. 그리고 이제는 그들이 한때 욕했던 바로 그 기관들에서 윗선을 차지하고 있다. 하지만 여기서 찜찜한 문제가 생긴다. 그들은 아직도 기존 와스프 엘리트들을 강력하게 비난해 댄다. 그런데 과연 자신들은 (자신들이 그렇게 욕하는) 자기만족에 젖은 기득권층의 복사판이 아니라고 어떻게 확신할 수 있을까?

교육받은 계층으로 인정받고 싶은 사람들은 풍요로움이 주는 걱정거리들과 맞닥뜨릴 수밖에 없다. 그러니까 그들은 사다리의 꼭대기를 향해 올라가는 동안에도 그들이 경멸한다고 계속해서 공언하는 그러한 존재가 되지 않았음을 어떻게 보여 줄 것인지, 풍요로움과 자아존중감 사이를 어떻게 조화롭게 넘나들 것인지, 자신들의 성공과 영성靈性, 엘리트란 지위와 평등주의 이상을 어떻게 조화시킬 것인지를 염려한다.

개중에서도 사회적인 공감 능력이 뛰어난 사람들은 부자와 가난한 사람들 사이에 격차가 벌어지는 상황을 우려하며 본인의 가구 소득이 8만 달러를 넘는다는 사실에 불편함을 느낀다. 그들 가운데 일부는 사회 정의를 꿈꾸면서도 한 학기 등록금이면 르완다의 마을 하나를 1년 동안 먹여 살릴 수 있는 대학을 나왔다. 또 일부는 한때 차량에 "권위를 의심하라"라는 스티커를 붙이고 다녔지만 지금은 200명의 직원들이 보고하는 시스템을 갖춘 신생 소프트웨어 회사의 사장이 되어 있다. 그들이 대학에서 읽은 책에 나온 사회학자들은 소비가 병이라고 가르쳤지만 그들은 이제 3천 달러짜리 냉장고를 사려는 중이다. 『세일즈맨의 죽음Death of a Salesman』에서 얻은 교훈은 마음속 깊이 간직하고 있지만, 이제는 세일즈맨들을 길러 내는 입장이다. 일찍이 영화 「졸업」에 나온 석유 관련 산업을 소개하는 장면에서는 깔깔대고 웃어 댔지만 지금 그들이 일하는 회사가 석유 관련 제품을 만든다. 어느 날 수영장이 딸린 교외의 주택으로 이사하게 된 그들은, 아직 다운타운에 살고 있는 보헤미안 친구들에게 그 소식을 전하기가 어쩐지 껄끄럽다.

그들은 예술과 지성을 숭상하지만, 대개 상업 현장 한복판에 있거나 적어도 창의성과 상거래가 만나는 기묘한 교차지점에 서 있다. 이 계층은 역사상 그 어떤 계층보다도 훨씬 더 크고 넓은 붙박이 책장을 보유하고 있다. 그러나 그들의 책장을 살펴보면 성공도 풍요로움도 헛된 것이라고 주장하는 가죽 장정 책들이 눈에 띈다. 『배빗』, 『위대한 개츠비』, 『파워 엘리트』, 『유한 계급론』과 같은 책들이다. 그들은 엘리트에 반대하며 자란 엘리트다. 그들은 부유하지만 물질주의에 반대한다. 그들은 평생을 무언가를 팔면서 살지만 자신들이 팔리는 것은 싫어한다. 그들은 본능적으로 반기득권적이지만 이제는 자신들이 새로운 기득권 계층이 되었음을 깨닫는다.

이 계층의 구성원들은 현실과 이상 사이의 불일치를 해소하고자 놀라울 정도로 많은 시간을 쏟아 가며 진지하게 씨름하고 스스로 분열되다시피 한다. 그들은 평등과 특권 사이에서("나는 공교육을 지지하지만 내 아이들에게는 사교육이 나은 듯해"), 편의성과 사회적 책임감 사이에서("이 일회용 기저귀는 자원을 심각하게 낭비하지만 쓸 때는 아주 편해"), 반항과 전통 사이에서("나는 고등학교 때 마약을 했지만 내 아이들은 절대 안 돼") 균형점을 찾느라 용쓰며 대접전을 치른다.

하지만 그중에서도 가장 큰 대치 상황은—다소 거창하게 말하면—세속적인 성공과 내적인 덕목 사이의 갈등이다. 야망 때문에 영혼이 병드는 일 없이 출세할 수 있을까? 물질의 노예가 되지 않으면서 필요한 자원들을 얻으려면? 답답한 일상에 얽매이지 않으면서도 가족을 위해 편안하고 안정적인 삶을 꾸려 나갈 방법은? 대체 어떻게 해야 상류층으로 살면서도 빌어먹을 속물이 되지 않을 수 있을까?

조화

이 교육받은 엘리트들은 이러한 도전에 직면했을 때 좌절하지 않는다. 명색이 이력서의 신들이니까. SAT에서 우수한 성적을 거두었고 임신 중에 메를로 와인(프랑스 보르도에서 유래된, 세계적으로 유명한 와인)을 끊는 데 성공한 사람들이다. 그런 사람들이기 때문에 시련을 헤쳐 나갈 준비가 되어 있다. 그들이 아니라면 누구도 이런 문제에 도전할 수 없다. 가치가 상충되는 갈등상황에 직면했을 때 그들은 문화적 자본이 풍부한 영리한 특권층이 할 법한 일을 한다. 즉, 두 가지 모두를 가질 수 있는 길을 찾고 반대되는 가치들을 조화시킨다.

1990년대 지식인 엘리트가 이룬 위대한 업적은 풍요로운 성공과 자유로운 영혼을 모두 누릴 수 있는 길을 찾은 것이다. 그들은 디자인 회사를 차려 예술가로서 자유로이 살아가면서도 스톡옵션을 확보한다. 벤앤제리스나 낸터킷 넥타와 같은 미식 기업을 만들어 인습을 거부하는 히피처럼 지내면서도 다국적 회사의 부유한 자본가로 살아가는 방법을 찾았다. 나이키 운동화 광고에 윌리엄 S. 버로스를 활용하고 마케팅 캠페인에는 롤링 스톤스의 노래를 사용해 기업으로서의 위엄과 반기득권적 태도를 조화시켰다. 혼돈과 무질서를 즐기고 창의적인 잠재력을 발휘하라는 마케팅 전문가의 말을 들어 기본적인 서비스를 바탕으로 상상력의 날개를 펼친다. 프린스턴과 팔로 알토 같은 대학가를 창업 중심지로 만들어 고지식한 선비들highbrow과 고소득자 간 화합을 도모한다. 주주총회에 나가는 빌 게이츠처럼 면바지를 입고, 대학생 패션과 상류층의 지위를 조합한다. 자연으로 여행을 떠나서도, 사회문제에 관심을 둔 귀족다운 감동을 추구한다. 더바디샵이나 베네통에서 쇼핑하며 사회문제에 대한 의식을 높이고 비용도 아낀다.

당신이 교육받은 중산층이라면 이 세상이 히피들의 놀이터인지 주식시장 한복판인지 헷갈릴지도 모르겠다. 당신은 실제로 모든 사람들이 히피 겸 주식중개인인 하이브리드 세계에 들어서 있는 셈이다.

마르크스는 계급 간 갈등은 피할 수 없다고 말했다. 그러나 때로는 그 경계가 모호하다. 부르주아의 주류 문화 가치와 1960년대의 반문화적 가치는 합쳐지고 있다. 적어도 지식인들 입장에서는 문화 전쟁이 끝났다. 전쟁이 끝난 자리에는 앞서 있던 두 가지를 한데 합친 제3의 문화가 남았다. 그들이 처음부터 이런 조합을 의도하진 않았다. 그러나 수백만 명의 사람들이 두 가지 가치를 전부 지키려 애쓴 결과, 결국 우리 시대에 새로운 대세가 생겨났다. 문화와 반문화가 조화를 이루는 상황에서 누가 누구를 끌어들인 건지는 알 수 없다. 실제로 보헤미안과 부르주아는 서로가 서로를 끌어들였으니까. 이런 흐름을 타고 부르주아 보헤미안 bourgeois bohemians, 즉 보보스Bobos가 탄생했다.

새로운 기득권층

오늘날 뉴욕타임스 웨딩 섹션은 다시 한번 비중이 커졌다. 1970년 초반만 해도 젊은 반항아들은 그곳에 자신의 이름을 올리고 싶어 하지 않았지만, 이제는 그들의 자식이 대학에 가고 결혼하는 나이가 되자 일요일마다 발행되는 지면에서 자식들을 찾아보며 자랑스러워한다. 타임스에 돈을 조금 내서 해당 기사를 액자로 만들기도 한다.

젊은이들, 즉 2세대 보보스는 결혼식을 녹화해서 보는 것을 좋아한다. 일요일 아침 타임스에 실린 결혼 소식을 아무거나 한번 살펴보라. 갓 결혼한 커플들이 활짝 웃고 있다. 미소가 참 진실돼 보인다. 그들은 50년대 신문 기사에 나왔던 몇몇 신부들처럼 거만하거나 무섭지 않고, 오히려 멋지고 친근해 보인다. 여러모로 다르지만 여전히 비슷한 구석도 있다. 예를 들어, 1999년 5월 23일에 웨딩 섹션을 읽은 독자는 스튜어트 앤서니 킹슬리가 결혼한다는 소식을 접한다. 킹슬리는 다트머스대학을 우등으로 졸업했고, 하버드에서 MBA를 취득한 후, 맥킨지에 파트너로 입사했다. 그의 아버지는 NTHP(National Trust for Historic Preservation, 유적지 보호재단)의 신탁관리자이며, 어머니는 보스턴 심포니 오케스트라의 감독이자 뉴잉글랜드 유물 보전협회의 신탁관리자이다. 이 정도 배경이라면 1950년대의 와스프라도 충분히 찬동하는 의미로 고갯짓을 했겠다. 하지만 그런 그가 결혼한 상대는 다름 아닌 사라 페리였다. 그녀의 아버지는 서던 코네티컷 주립대학의 유대인연구소 관리자이고, 어머니는 뉴헤이븐 유대인 연맹의 이사보이다. 이는 와스프들이 인정하는 배경과는 거리가 멀다.

그런데 최근엔 이런 커플이 조화를 이룬다. 심지어 미스터 뉴잉글랜드 유물 보전협회가 미스 유대인연구소와 결혼해도 눈썹 하나 까딱하지 않는다. 페리 양은 남편처럼 우등으로 대학을 졸업했는데 단지 다트머스대가 아닌 예일대였다. 그녀도 하버드에서 MBA를 땄고 추가로 행정학 석사 학위까지 취득했다. 또한 그녀는 금융컨설턴트이자, 재단들과 협력하여 일하는 커뮤니티 웰스 벤처스의 상무다. 계급과 인종 간 해묵은 적대감은 빵빵한 능력이라는 공통점에서 오는 유대감으로 극복해 냈다. 그들은 뉴헤이븐의 시장인 존 디스테파노 2세의 주례하에 사라 페리의 외조부인 루실과 아놀드 앨더만의 저택에서 결혼식을 올렸다.

오늘날 기득권층은 설계부터 다르다. 소수가 권력의 지렛대를 움켜쥐고 막강한 영향력을 발휘하는, 좋은 가문 출신의 남자들이 혈연과 학연으로 똘똘 뭉쳐서 움직이던 집단이 아니다. 대신, 유연한 대규모 집단으로서 의식을 공유하고 가치관에 맞게 제도를 재구성하려는 능력주의자들로 구성된다. 이들은 동부 연안의 소수 기관에만 머물지 않는다. 1962년에는 리처드 로베르가 "기득권층은 광고, TV, 영화와 같은 분야에는 잘 나서지 않는다"라고 쓰는 것이 가능했다. 반면 오늘날에는 기득권층이 어디에나 있다. 그들은 아이디어나 개념에 대해서도 은밀한 영향력을 널리 행사한다. 누가 기득권층의 성원인지 구분하는 확실한 인구 특성 기준도 없다. 그들은 유명한 대학을 나왔지만 다 그런 건 아니다. 그들은 캘리포니아의 로스앨터스, 미시간의 블룸필드, 일리노이의 링컨파크처럼 부유한 지역에 살지만 모두가 그렇지는 않다.

그들을 하나로 묶는 건 '보보'라는 일체감이다. 그들은 다음의 정교한 문화적 과업을 완수할 때 보보스가 될 수 있다. 첫째, 탐욕스럽게 보이지 않으면서 잘산다. 둘째, 예스맨처럼 보이지 않으면서도 윗사람들을 만족시킨다. 셋째, 자신보다 못난 사람을 무시하는 태도를 보이지 않으면서 최고가 된다. 넷째, 사회적 평등이라는 이상에 어긋나는 일을 하지 않으면서 성공한다. 다섯째, 과도한 소비라는 과거의 클리셰를 피하면서 풍요롭게 산다(새로운 클리셰를 따르는 일은 괜찮다).

물론 그렇다고 해서 새로운 보보 계층의 모든 사람들이 똑같이 생각한다는 말은 아니다. 어떤 기득권 계층에서도 구성원들이 모두 같은 생각을 하지는 않는다. 어느 보보는 부르주아에 더 가깝다. 단지 예술가의 작업실과 사랑에 빠진 주식중개인일 뿐이다. 다른 보보는 보헤미안에 더 가깝다. 그들은 투자에 눈을 뜬 미대 교수이다. (뿐만 아니라 헨리 루이스 게이츠, 찰리 로즈, 스티브 잡스, 도리스 컨스 굿윈, 데이비드 게펜, 티나 브라운, 모린 다우드, 제리 사인펠드, 스티븐 제이 굴드, 루 리드, 팀 루서트, 스티브 케이스, 켄 번스, 앨 고어, 빌 브래들리, 존 매케인, 조지 W. 부시 등 신기득권층의 전형적인 일부 인사들을 보면 1960년대의 반항과 1980년대의 성취를 뒤섞은 공통적인 기조를 느낄 수 있다.)

보보의 기운은 뉴요커지The New Yorker, 예일대, 미국예술문학아카데미(토니 모리슨, 줄스 파이퍼, 커트 보니것 등이 소속되어 있다), 뉴욕타임스('반문화를 찬양하여'란 칼럼을 기고 중이다) 등 신기득권층이 차지한 구세대의 기관들에서도 느껴진다. 과거의 엘리트에게는 낯설 이러한 기풍은 새로운 기득권층의 기관들에서 특히 강하게 나타난다. 그러니까 NPR, 드림웍스, 마이크로소프트, AOL, 스타벅스, 야후, 반스&노블, 아마존, 보더스 같은 곳들이다.

최근 몇 년 동안 이 새로운 기득권층은 기득권으로서 해야 하는 역할을 떠안기 시작했다. 즉, 사회적 계율을 만들어 삶에 일관된 구조를 제공하기 시작했다는 뜻이다. 오늘날 미국은 다시금 무엇이 존중받을 만한 의견이고 취향인지를 규정하고 사회적 통념을 결정하는 지배 세력을 갖게 되었다. 그들은 어떤 것이 좋은 매너인지 널리 알리고, 사회 유지에 도움이 되는 질서를 확립하고, 규범을 위반하는 자들은 사회에서 배제시키고, 아이들에게 도덕과 예절 규범을 전수하고, 이른바 '삶의 질'을 향상시키기 위한 사회적 규율을 세우는 존재다.

새로운 계층은 이 역할을 마지못해 떠맡았다. 그들은 초창기 능력주의meritocracy 옹호자들이 바랐던 것처럼 사회봉사 정신이 투철한 관료는 아니었다. 권위에 대한 입장이 명확하지 않으니 권위적인 창구를 잘 활용하지도 못했다. 따라서 정치보다는 문화를 통해 수많은 사적 영향력을 행사하고 사회를 혁신하려 했다.

질서를 확립하려는 그들의 노력은 몹시 어설픈 편이었다. 정치적 올바름 규정, 학교 내 언어 규범, 성희롱 규칙 등. 그러다가 차츰 이해와 관행이 퍼져 나가 폭넓게 받아들여지면서 하나의 사회적 규범으로 발전했다. 30년 전, 기존의 특권적 구조를 무너뜨리는 것이 시대적 과제였던 시절에 시민의식civility은 그리 소중한 가치가 아니었다. 특히 캠퍼스 내에서는 더더욱 아니었다. 하지만 이제 새로운 시민 질서가 확립되는 상황에서 시민의식이란 단어는 모든 교육받은 존재가 이구동성으로 외치는 단어가 되었다. 그리고 전보다 더 느슨하기는 해도 나름대로 사회적인 안정이 회복되었다. 변혁기인 1960년대와 1970년대에 하늘 높은 줄 모르고 무섭게 치솟던 범죄율, 낙태율, 십대 임신율, 범법률, 이혼율, 십 대 음주율과 같은 사회적 지표들이 떨어지기 시작했다.

이 책은 주로 이와 같은 새로운 도덕적 규범과 예절을 다룬다. 만일 당신에게 '보보 정신'이 없다면 새로운 기득권층의 기관들에 취직할 수도, 승진할 수도 없다. 예컨대 20세기 초반에는 인종차별주의나 반유대주의, 반동성애주의를 가졌다고 해도 아무런 문제가 없었다. 반면, 오늘날 이러한 사상을 가진 사람은 자동으로 지식인 집단에서 방출된다. 과거의 출세지향주의자들은 유럽 귀족주의의 규범을 모방하면서 그들만의 화려한 성을 쌓곤 했다. 물론 오늘날 마이크로소프트의 부사장도 그처럼 거대한 현대식 집을 지을 수야 있다. 하지만 그렇다고 해서 J. P. 모건처럼 지었다간 거만한 졸부로 인식되기 십상이다. 40년 전, 귀족들은 자신이 직접 사냥한 야생동물의 가죽을 벽에 걸곤 했다. 오늘날 그와 같은 일을 벌이면 야만인 취급을 받는다.

이 시대의 교육받은 엘리트는 폐쇄적인 집단이 아니다. 하지만 여느 기득권 계층처럼 그들에게도 나름의 진입장벽이 있다. 가령 사치스러운 물질주의를 추구하는 사람은 이 그룹에 속할 수 없다. 지나치게 속물적인 사람도 이 그룹에 속할 수 없다. 반지성적인 사람도 속할 수 없다. 다음은 여러 가지 이유로 보보들이 선호하지 않는 사람과 기관이다. 도 널드 트럼프, 팻 로버트슨, 루이스 파라칸, 밥 구치오네, 웨 인 뉴턴, 낸시 레이건, 아드난 카쇼기, 제시 헬름스, 제리 스 프링어, 마이크 타이슨, 러시 림보, 필립 모리스, 개발자들, 채벌꾼들, 홀마크 축하 카드, NRA(National Rifle Association, 전 미총기협회), 후터스(미국의 레스토랑 체인점. 노출이 심한 유니폼을 입은 여성 점원인 '후터스 걸'로 논란이 많다).

새로운 사회 질서

신교도 기득권층이 무너지긴 했지만, 미국이 엘리트도 없 고 계층 구조도 없고 고리타분한 격식과 사회적 차별도 없 는 멋진 나라로 변모한 건 아니었다. 변혁기에는 그랬을지 도 모르겠지만. 1970년대 그리고 1980년대의 일정 시점까 지는 딱히 일관된 사회질서랄 게 없었다. 하지만 이러한 유 동적인 상태는 오래가지 않았고 또 마땅히 그래야만 했다. 국가는 사회적 균형을 갖춘 체계가 필요한 법이고 미국도 마침내 때를 맞이한 것이었다. 과거의 규범과는 다르지만,

사회적 기능은 똑같이 수행하는(삶에 질서와 일관성을 부여한다는 측면에서) 규범들이 연이어 등장했다.

예를 들어 미국의 사회적 삶은 1950년대와 거의 같거나 더 심한 위계 구조에 입각해 있다. 연줄에 근거한 계층 구조는 사라졌다. 실력주의 원칙하에 사람들은 이제 자신들의 사회적 위치로 평가받는다. 르네상스 위크엔드나 아스펜 연구소의 세미나, 에스더 다이슨 주최 기술 컨퍼런스, 혹은 유명 인사의 만찬에 초대받는 일은 당신의 직업이 무엇이냐에 따라 결정된다. 명망이 높은 지위에 있으면 사회적인 삶도 안정적이다. 당신만큼 성공했거나 혹은 더 나은 사람들이 주위에 많아서 지속적으로 인정받는 느낌을 받고 성공한 인생의 단맛을 누리곤 한다. 반대의 삶은 옆자리에 있는 사람이 번번이 "하시는 일이 뭔가요?"라고 민망하게 묻는 순간들로 가득 찬다.

만일 당신이 예일대의 유명 교수로서 초청 강연을 하러 작은 대학에 막 도착했다면, 마을에서 제일가는 식당의 저녁 식사 자리에 초대될 것이다. 하지만 당신이 콜게이트대학의 평범한 교수에 불과하다면 초청자의 집에서 그 집 자녀들과 함께 식사할 것이다. 당신이 법무부 차관일 때는 변호사협회의 각종 회의에서 기조연설을 할 수 있다. 하지만 그 후 영리 법인으로 자리를 옮기고 나면 매일 있는 공개 토론회에 참석할 수만 있어도 다행이다. 『뉴욕 옵서버The New York Observer』에 따르면, 전 뉴요커지 편집장이었던 티나 브라운은 파티를 열면 유명한 작가와 편집자들에게는 8시에 와 달라고 하고 평범한 작가와 편집자들에게는 9시 반에 들르라고 했단다.

그래도 큰 사무실을 가진 사람이 자동적으로 높은 지위를 얻는 건 아니었다. 직업이 보보 정신의 까다로운 요구 사항을 충족해야 지위가 보장됐다. 1950년대에는 유산으로 받은 돈이 가장 바람직한 돈으로 여겨졌다. 그러나 오늘날 보보 계층에서 가장 바람직한 돈은 우연히 얻은 돈이다. 예를 들면, 창의적인 목표를 달성하고 보니 얼결에 쌓인 돈. 그러니 가장 권위 있는 직업은 보수가 많을 뿐만 아니라 예술가다운 자기표현을 수반해야 한다. 1년에 백만 달러를 버는 소설가가 5천만 달러를 버는 은행가보다 더욱 권위가 높다. 수백만 달러의 스톡옵션을 갖고 있는 소프트웨어 개발자는 수천만 달러의 주식을 보유한 부동산 개발자보다 더 선망받는다. 1년에 15만 달러를 버는 신문 칼럼니스트는 그 6배를 더 버는 변호사보다 훨씬 더 인기 있다. 유명 클럽이 딸린 레스토랑 하나를 가진 사람이 여섯 개의 거대 쇼핑몰을 가진 사람보다 칵테일 파티에 더 많이 초대될 것이다.

바야흐로 소득도 재량껏 정하는, 재량소득의 시대가 온

것이다. 사람들은 더 풍요롭게 살고자 소득을 더 올릴 기회를 곧잘 포기한다. 한 번도 소득을 포기한 적이 없는 사람이라면 통장에 돈이 아무리 많아도 사회적 지위는 낮을 확률이 높다. 뉴스 진행자로 나서도 손색없을 만큼 외모가 출중해도 그 직업을 택하지 않은 대학교수는 평범한 교수보다 더 많은 존경과 부러움을 받는다. 의도적으로 반상업적인 독립영화를 만들어 1억 달러를 번 사람은 일반 상업영화로 2억 달러를 번 사람보다 더 권위가 있다. 감성적인 어쿠스틱 음악을 만들어 플래티넘 앨범을 기록한 록 가수는 격렬한 비트의 대중음악을 만들어 더블 플래티넘 앨범을 기록한 록 가수보다 더 많이 존경받는다(그래서 장기적으로는 돈도 더 번다). 크리스티안 아만포나 제임스 루빈 같은 언론인의 결혼식은 뉴욕타임스 웨딩 섹션의 톱 기사로 다루어지고, 일반적인 금융 애널리스트들은 하단에 소개된다. 하버드를 중퇴하고 소프트웨어 회사를 차린 남자는 성대한 모임에서 만찬 연설을 하도록 초청받지만 그 옆에 앉은 밴더빌트의 상속자는 관심을 구걸하면서 저녁 식사 비용을 내야 한다.

개인의 사회적 지위는 순자산과 그의 반물질적 태도를 곱한 값이다. 하나라도 0이 있다면 지위는 0이고, 양쪽 숫자가 모두 높다면 지위가 아주 높은 셈이다. 따라서 좋은 대접을 받으려면 그럴싸한 소득을 보여 주는 동시에 세속적 성공에는 그닥 관심이 없다는 걸 보여 줘야 한다. 당신은 늘 주위 사람들보다 한 단계 더 낮게 옷을 입어야 한다. 문신을 하거나 픽업트럭을 몰거나 혹은 어떤 식으로든 사회에서 반지위적 일탈로 보는 행동을 보여 줄 필요가 있다. 또 본인의 성공은 보잘것없다는 듯이 대화해야 한다. 업적을 드러내면서도 짐짓 감추며 모순적인 행동을 보여야 한다. 계속 여피족을 속속들이 깎아내려야 스스로가 아직 그들처럼 되지 않았음을 보여 줄 수 있다. 유모가 당신의 친한 친구인 양 얘기하고 어쩌다 보니 자신이 우연히 샌타모니카에 있는 90만 달러짜리 저택에서 살게 되는 바람에 그녀가 매일 두 시간씩 버스를 타고 출근하고 있다고 알리자.

학벌은 슬쩍 축소해서 말할 필요가 있다. 누군가 어느 대학을 나왔는지 물어보면 "하버드?"라고 끝을 약간 올려서 마치 "들어 보셨나요?" 하고 반문하는 듯한 느낌을 주자. 로즈 장학생인 사실을 언급할 경우 "영국에서 수강할 적에는 말이에요"라고 말하도록 하자. 워싱턴에 있을 때, 영국에서 이민 온 친구에게 어느 학교를 나왔는지 물어본 적이 있다. 그때 그 친구는 이렇게 대답했다. "슬라우 근처에 있는 작은 학교예요." 참고로 슬라우는 런던 서쪽에 위치한 비교적 작은 마을인데, 그 옆에 있는 동네는 바로 이튼(Eton, 영국의 최고 명문 사립학교로 유명한 이튼 스쿨이 있는 지역)이다.

계급적 특성

와스프의 도덕규범이 쇠락하긴 했지만 곧바로 미국이 도덕적 공백 상태가 되지는 않았다. 일부 사람들은 과거 신교도 기득권층이 붕괴하면서 미국이 많은 걸 잃었다며 슬퍼한다. 이제 기사도도 없고, 잘 벼려진 의무감과 사회봉사 정신도 없고, 권위에 대한 존중과 진지함도 없고, 과묵함과 절제도 없고, 정조와 단정함도 없고, 신사도 숙녀도 없고, 명예와 용기도 없다고 말한다. 그리하여 그들은 사라진 규범과 규칙들을 보면서 우리가 허무주의 시대로 들어섰다고 성급히 결론짓는다.

그러나 사회의 에티켓들과 마찬가지로, 도덕률 역시 부패와 재생을 반복하며 일정한 주기를 착실하게 따라 변한다. 과거 기득권층과 그들의 윤리관이 몰락하고 한동안은 도덕 체계가 잡히지 않았다. 하지만 시간이 흐르며 교육받은 새 기득권층은 자신들의 규칙이 자리 잡게끔 했다. 제5장에서 보게 될 테지만, 더 구속력 있는 도덕률이 와스프 쪽인지 보보스 쪽인지를 한눈에 알아차리기란 쉽지 않다.

이 책에서는 이 모든 주제를 다룰 예정이다. 다만 지금은 그들이 역사상 가장 걱정을 많이 하는 사회적 엘리트 계층 가운데 하나라고만 말해 두겠다. 우리 보보스가 걱정하는 건 그들을 단두대로 보내겠다 위협하는 성난 군중들이 아니다. 교육받은 엘리트가 걱정하는 건 성공하고 싶은 욕망과 속물이 될지도 모른다는 두려움 사이에서 어쩔 줄 모르는 상황이다. 더욱이 안정된 지위를 보장받지 못한다는 점도 걱정스럽다.

예전의 기득권층들이 세운 사회적 기관들은 소속 구성원들에게 안정감을 주었다. 20세기 전반만 해도 한번 상류층으로 편입되고 나면 그 후로도 비교적 쉽게 상류층으로 살아갈 수 있었다. 연줄 덕에 유력한 행사들에 초대되었고, 거의 자동적으로 좋은 학교에 입학하고 좋은 배우자를 만날 수 있었다. 상류층으로서 중요한 질문은 "무슨 일을 하느냐?"가 아니라 "당신은 누구냐?"였다. 일단 비들이나 오친클로스, 밴더립처럼 좋은 가문에서 태어난 후에는 앞으로 나아갈 길이 명확했다.

하지만 오늘날 교육받은 계층의 성원들은 장래를 절대로 확신할 수가 없다. 경력이 무너지는 순간이 언제 올지 모른다. 교육받은 계층에게는 사회에서의 삶조차 능력 시험의 연속이다. 우리 모두는 변화하는 사회적 기준, 계속해서 발전하는 문명의 기준에 맞춰 끊임없이 혁신과 업적을 달성해야 한다. 명성을 공들여 쌓는다 해도 우아하지 못한 문장이나 상스러운 행동, 나쁜 기사, 또는 다보스 경제포럼에서 한 잘못된 연설로 인해 순식간에 무너질 수 있다.

무엇보다도 교육받은 계층의 구성원들은 자기 자식들의 장래조차 결코 안심할 수 없다. 물론 그들은 가정적이고 분명 교육 면에서도 이점이 있다. 아이들에게는 가정교사와 두뇌 개발용 장난감들이 있다. 하지만 그럼에도 그들은 여전히 열심히 공부해야 하고 부모와 동등한 사회적 지위를 갖기 위해서는 SAT에서 좋은 점수를 얻어야 한다. 과거의 엘리트들과 비교할 때 이들에게는 보장된 것이 거의 없다.

그러나 역설적으로, 이렇게 불안정한 지위가 교육받은 계층을 더 강하게 만들고 있다. 구성원들과 그 자녀들은 늘 정신을 바짝 차리고, 일과 공부를 계속하며 성취를 이루어 나가야 한다. 더 나아가, 교육받은 계층은 자급자족하는 신분 계급이 될 위험이 없다. 좋은 학위, 직업, 그리고 문화적 역량이 있는 누구라도 보보가 될 수 있다. 마르크스는 이렇게 경고했다. "지배 계급이 피지배 계급의 가장 뛰어난 사람들을 더 많이 동화시킬수록 그들의 통치는 더 안정적이고 위험해진다."

사실 유능한 인재들의 지배가 종말을 맞는 장면은 상상하기 어렵다. 와스프 기득권층은 1960년대에 아주 쉽게 무너졌다. 그들은 제대로 싸워 보지도 못하고 패배했다. 하지만 실력 위주의 보보스는 자기비판 의식이 강하다. 애초에 대상이 아닌 사람들도 융통성 있고 형태가 정해져 있지 않은 이 계층의 구성원으로 흡수할 수 있다. 몇몇 집단이 들고 일어나 능력주의 엘리트층인 보보들을 무너뜨려야 한다고 주장하더라도, 그들은 쉽게 무너지지 않을 것이다. 그럼 지금부터 오늘날 지배적 사회 계층인 보보들의 예의범절과 관습을 자세히 알아보기로 하자.

2

소비로 자아를 표현하다

Consumption

펜실베이니아에 있는 웨인은 한때 한적한 마을이었다. 필라델피아에서 서쪽으로 20킬로미터쯤 떨어져 있는 이곳은 대도시 인근의 브린모어, 해버포드와 같은 마을들이 골프장 같은 시설로 들썩일 때도 그저 단순하고 평범한 마을에 불과했다. 수년 전 개봉한 「메리 포핀스」가 여름 내내 시내 영화관에서 상영되었다. 도심의 상점가에서는 먼지투성이 약사들이 마을의 남쪽 끝자락에 고급 저택을 소유하고 있는 부유한 미망인들에게 치료제를 배달하기도 했다. 웨인의 이런 풍경은 『필라델피아 스토리The Philadelphia Story』와 『프레피 핸드북The Preppy Handbook』의 배경으로 쓰였다. 웨인은 미국에서 우편번호를 기준으로 명사 인명록에 올라 있는 가문 수가 여덟 번째로 많은 동네다(성 다윗 성공회 교회는 1950년대에 뉴욕타임스의 웨딩 섹션에 빈번하게 등장했다). 이곳 여자들은 서로를 스키미Skimmy나 빙키Binky같이 와스프나 쓸 법한 이상한 별명으로 불렀고 해마다 데번 호스 쇼Devon Horse Show에서 자원봉사를 하려고 경쟁했다. 오후 6시쯤이면 비슷비슷한 차림의 남자들이 기차역에서 나왔다. 가끔씩은 오리가 그려진 넥타이를 맨 사람도 보이고, 메리언 크리켓 클럽에서 저녁이라도 하러 나왔다가 남성복 매장인 타이거 숍에서 초록색 골프 팬츠를 사는 사람도 있었다. 재치 있는 이름이 붙은 지역지『서버번(Suburban, 교외 지역의 잡지 이름이 '교외 지역'인 것)』은 수십 년 동안 웨인에서는 아무 일도 일어나지 않았고 앞으로도 그럴 것이라며 평화로운 분위기 속 통근 독자들을 안심시켰다.

하지만 지난 6년 사이에 모든 게 변했다. 새로운 문화가 마을에 들어와 기존의 전통적인 가게들을 완벽히 대체했다. 한때 에스프레소 커피의 불모지였던 이곳에 고급 커피 전문점이 여섯 곳이나 들어섰다. 그리핀 카페에는 퀭한 눈을 가진 십 대 교양인들이 모여 시 낭송회를 연다. 기차역 맞은편에 있는 카페 프로코피오에는 멋진 중년 부부들이 매주 일요일 오전마다 방문한다. 그들은 여기서 신문 기사에 대해 토론하고 자녀들의 대학 입학 문제를 의논한다. 이 고급 모임 장소들은 활자로 채워져 있다. 프로코피오란 이름이 쓰인 테이크아웃 컵에도, "카페 프로코피오는 파리 센강 남쪽 한 카페의 이름을 따랐습니다. 1689년에 문을 연 그 카페는 수 세기 동안 지식인과 예술가들이 좋은 커피를 마시기 위해 찾는 장소였죠. 다양한 사람들이 만나는 자유로운 공간, 카페 프로코피오는 그 진정성을 물려받았습니다."라고 적혀 있다. 웨인에는 예술가와 지식인들이 많지 않은데 어찌 된 영문인지 그들처럼 커피를 마시자는 사람들이 늘어났다.

약국이 있던 자리에 근사한 독립 서점 리더스 포럼Reader's Forum이 들어섰다(서점 앞 창가에는 문학 전기를 진열해 놓았다). 그리고 근처에는 대형 서점 보더스가 새로 들어섰는데, 여기서 책을 사는 사람들은 독립 서점을 애용하지 않는다는 것에 대해 죄책감을 느낀다. 이와 같은 예술적 분위기는 메이드 바이 유(나만의 머그잔과 접시를 장식하기 위해 쓰는 돈이 다른 사람들이 장식한 식기류를 사는 돈보다 여섯 배는 더 많이 드는 상점)와 스튜디오 비(자존감 높은 아이들이 자존감을 더 채울 수 있도록 창의적인 생일 파티를 열어 주는 대형 선물 가게)로 이어진다. 새로운 음식점들도 몇 군데 생겼다. 스위트 대디스는 고급 젤리빈과 사과즙 셔벗, 그리고 추파 잉글레세(Zuppa Inglese, 커스터드 크림과 초

콜릿 크림을 스펀지케이크 사이에 층으로 겹쳐 만든 디저트)와 맛이 비슷한 젤라또를 판다. 햇볕에 말린 토마토 치즈스틱에 무지방 검은콩 소스를 야외에서 곁들여 먹고 싶다면 이제는 차별화된 피크닉 도시락 전문점도 두 곳이 있다. 점심에는 유어 고메 키친에서 게 파니니와 사워도우에 새싹을 올려 모양을 내고 그릴에 구운 허브 닭가슴살을 판다. 단, 매주 토요일 아침에는 오믈렛을 판다. 마을 중앙에는 테레사 카페(Teresa's Cafe, 테레사네 카페)라는 LA 분위기의 식당이 새로 생겼는데 밤마다 시끌벅적한 게 마치 샌타모니카의 부산스러움을 옮겨 놓은 듯하다.

지금껏 웨인에는 딱히 흥미로운 음식점이 없었다. '로베르주L'Auberge' 같은 거창한 프랑스식 이름은 있었지만 '테레사 카페'처럼 소탈한 이름의 레스토랑은 절대 없었다. 하지만 앞으로는 철옹성 같던 프렌치 레스토랑들이 바뀔 차례다. 레스토랑 '라 푸르셰트'는 '푸르셰트 110'이라는 덜 거만한 상호로 바꿔 달았다. 또, 고급 프랑스 퀴진 대신 일상적인 음식을 제공하기로 했다. 바뀐 메뉴를 보면 마치 프랑스 전 대통령 샤를 드골처럼 오만한 속물 같은 셰프가 아니라 배우 제라르 드빠르디유처럼 푸근한 느낌의 요리사가 운영하는 듯한 느낌마저 든다.

그레이트 하비스트 제과회사The Great Harvest Bread Company가 마을에 프랜차이즈점을 냈다. 개당 4.75불에 살구 아몬드나 시금치 페타 치즈 빵을 파는 이곳 고급 제과점의 주인은 커피우스 부부이다. 남편인 에드는 1987년에 MBA를 땄고 시카고로 넘어가 외환딜러로 일했다. 그러다 그는 피할 수 없는 시대정신에 이끌려 탐욕의 세월을 청산하고 가족을 포함한 공동체와 함께하기로 했다. 그 결과, 에드와 로리는 제과점을 열게 되었다.

문을 열고 들어가면 부부가 따스하게 반기며 두툼한 시식용 빵을 건넨다. 이내 천연재료 및 진심을 담은 베이킹 과정에 대해 짧게 설명해 주는데 바로 앞에서 이 모든 과정을 지켜볼 수 있다. 가게는 넓고 판촉행위는 하지 않는다. 대신에 아이를 위한 곰인형과 동화책이 있고, 어른을 위한 커피를 판다. 커피우스 부부는 지역사회의 예술 활동을 후원하고 있어서 직접 그린 그림을 보내는 아이에게는 빵 한 덩이를 무료로 준다. 그래서 제과점 벽에는 지역 축구 리그에 아낌없이 후원했다는 증표와 함께 아이들이 그린 그림이 걸려 있다. 고객이 빵을 썰어 달라고 부탁하면, 그들은 빵에 대해 드높은 경지에 오르지 못한 이를 안타깝게 바라보듯 동정의 눈길을 보낸다. 하지만 집에 가서 온도를 더 적당하게 맞추어 빵을 썰고 싶어 하는 손님에게는 설명서를 건네준다(빵을 헤링본 무늬로 자를 것). 설명서에는 빵의 밀도가 냉동이나 재가열 과정에서 훼손되지 않는다고 적혀 있다("스키 여행 시에는 빵을 은박지에 싸 두었다가 나중에 자동차 엔진 위에 올려놓으면 됩니다").

마을의 서쪽에는 교육 기관을 자처하는 장난감가게 재니 브레이니Zany Brainy가 있다. 실물과 똑같이 생긴 멸종위기 동물 모형을 파는 이 가게 때문에, 아이들의 발달에 도움이 되지 않는 장난감을 팔던 기존 장난감가게 웨인 토이타운 Wayne Toytown은 사람들의 관심에서 밀려났다.

랭커스터 파이크 거리를 한참 내려가다 보면 새로이 문을 연 프레시 필즈Fresh Fields라는 슈퍼마켓을 발견할 수 있다. 카트를 밀며 입구에 들어서면 고객들은 교외의 고품격 히피 세상 속 중심지에 서게 된다. 웨인의 오랜 주민들에게는 낯설겠지만 새로운 웨인을 대표하는 곳이다. 프레시 필즈에 방문하면 "오늘의 유기농 상품: 130개"라는 큰 표지를 발견한다. 이건 마켓의 당일 서비스 품질을 판단하는 데 쓰인다. 예를 들어, 유기농 상품이 60개밖에 없는 날 오면 흡사 사기당한 기분이 든다. 하지만 품목 수가 십에서 백으로 단위가 바뀔 때 우리는 도덕적 확신이 생기고, 매장 안을 거닐며 케일이나 청경채 등 수많은 종류의 야채들을 구경하곤 한다. 그중 태반이 옛 명문가의 후손들조차 들어 보지 못했을 법한 종류다.

새로운 문화 흐름 속에서 다른 곳들과 마찬가지로 프레시 필즈는 1960년대 캘리포니아의 분위기를 이식해 선택적으로 발전시켰다. 자유연애와 같이 십 대들이 재미있어하고 관심을 가지던 60년대의 것들은 사라지고, 통곡물처럼 중년의 건강염려증 환자들이 관심 가질 만한 것들만 남았다. 정보화 시대의 교외 지역 고객들은 마트에서 여유롭게 무순, 현미와 바스마티 쌀, 하수오 뿌리 가루, 마야 펑거스 사의 비누, 라이트 마운틴 사의 머리카락 염색 재료, 나무오일로 만든 구강 청결제, 채식주의자용 개 비스킷 사이를 누비며 건강한 삶을 누린다.

마지막으로 웨인에 색다른 가구점들이 들어섰다. 랭커스터 파이크가의 불과 몇백 피트 반경 안에는 빈티지한 새 가구를 만드는 가구점이 세 곳이나 되고, 헌 목재로 새 가구를 만드는 가구점도 한 곳 있다. 그들은 누구도 가져 보지 못한, 오래된 제품을 창조한다.

누가누가 제일 헌 가구 느낌을 잘 살려 내는지를 경쟁하다시피 열중하는 바람에 너무 멀리 가기도 했는데, 어떤 가구는 느낌만 오래된 게 아니라 정말 금방이라도 썩어 문드러질 것만 같았다. 서랍은 칠이 벗겨진 채로 떨어질락 말락 매달려 있고, 바닥 페인트도 벗겨지는 식으로 말이다. 페인티드 패스트Painted Past라는 상점은 수공예 TV 장식장과 기름으로 만든 향초, 그리고 움푹 꺼졌지만 바퀴가 달린 철제 침실용 옷장을 판다. 도미사일Domicile이라는 이름의 가구점 또한 수공예 TV 장식장과 기름으로 만든 향초, 그리고 프로방스풍 스파게티 채반을 판다. 한편 금방 망해 버린 소모기 컬렉션이라는 곳에서도 수공예 TV 장식장을 팔았는데, 향초는 없는 대신 주방용 장식장이 많았다. 주방용 장식장은 나뭇결이 고운 고급 목재로 만들었으나 여기저기 흠집이 나 있었다.

낡은 자동차 딜러숍에 플래그십 스토어를 낸 앤트로폴로지Anthropologie는 이런 스타일의 최고봉이다. 웨인에 대학 전공명을 본떠 이름을 낸 상점이 생겼다는 건 신기한 일이었다. 원래 주민들은 프랑스식 철자법을 포함해 소위 인텔리 티를 내는 짓eggheadism을 극도로 의심스럽게 여겼지만, 이 새로운 문화의 전면에 나선 이들은 삶을 하나의 긴 대학원 수업 과정처럼 바꾸어 나갔다. 가까운 승마 클럽의 옛 후손들에게 상점 내부는 그야말로 충격으로 다가왔다. 한때는 앤트로폴로지 매장 내에 커피숍도 있었기 때문에, 장을 보러 나온 웨인 주민이라면 당연하게 카푸치노 한잔을 마시며 프랑스 잡지까지 훑어볼 수 있었다. 그때는 매장 스피커가 고상한 바흐의 음악이 아니라, 루이 암스트롱의 노래 'What a Wonderful World'를 들려줬다. 헤플화이트(영국의 역사적인 가구 공예가. 섬세하고 세련된 디자인으로 널리 알려진 헤플화이트식 가구를 창시하였다) 의자를 찾아볼 수 없게 된 건 가장 큰 충격이었다. 독수리가 움켜쥔 형상의 팔걸이를 가진 긴 안락의자들도 비치되지 않는다니(조지 워싱턴이라면 불편했을 지점이다). 더욱이 프랑스 루이 14세 시대나 제2제국 시대의 가구들도 없다.

예전 웨인에서는 유럽 귀족사회를 모티브로 만들어진 가구들을 받아들였다. 반면 앤트로폴로지 사와 경쟁 업체들로 미루어 볼 때, 새로운 웨인은 유럽 소작농 사회에서나 쓸 법한 가구를 좋아한다. 매장은 들보가 보이는 천장 아래 넓고 탁 트인 공간에 있고, 패션계에서 '멍 톤'이라고 부르는 차분한 파란색, 갈색, 검정색, 초록색으로 조화롭게 꾸며져 있다.

천장을 지탱하기 위해, 틈새가 있는 넓은 바닥판과 날것 그대로 노출된 들보를 사용했다. 한쪽 공간은 프로방스풍으로, 또 다른 공간은 이탈리아 토스카나 지방 양식으로 꾸며져 있다 하지만 실상은 전 세계에 있는 모든 소작농 세계를 옮겨 놓은 것 같다. 구석구석마다 모로코의 공예품, 페루산 직물, 인도풍 장롱이 놓여 있다. 부엌에는 칠이 벗겨지고 낡아 빠진 추수용 탁자가 있는데 돼지를 도축하기 위해 만들어진 컨트리 테이블이 부드러운 호박 라비올리를 담을 25달러짜리 뚝배기를 올려놓는 데 사용되느라 그렇게 낡아 버렸다.

심지어 그림과 조각의 형상도 달라졌다. 과거에는 멧돼지나 사냥개, 오리, 말과 같이 수렵과 밀접한 동물들의 이미지를 선호했으나 새로운 웨인의 고객들은 펭귄, 소, 고양이, 개구리와 같이 평화주의적이거나 이색적인 동물들을 좋아한다. 웨인에 거주하던 옛 주부들은 꽃무늬 옷을 즐겨 입곤 했다. 그래서 그들이 걸을 때면 마치 수국 덤불이 움직이는 것 같았다. 하지만 앤트로폴로지 사에서는 단색과 무채색 톤의 블라우스와 스웨터를 판다. 전체적으로 보면, 가게들 분위기는 '프로방스에서의 1년'을 말하는데 가격표는 '의대에서의 6년'이라고 적혀 있는 수준이다.

옛 엘리트의 침대에서 자는 새 엘리트

예쁜 빵집, 예술적인 카페, 그리고 앤티크 가구점 등은 표면적인 현상처럼 보일 수 있다. 그러나 단순히 패션처럼 유행이 바뀐 게 아니다. 패션계에서는 지난 10년간 꾸준히 상승세였던 패션이 다음 10년간은 하락세로 바뀔 가능성이 높다. 하지만 오히려 웨인을 비롯한 여타 미국의 부유한 동네에서 보이는 종류의 변화는 심오한 문화적 대변혁을 의미한다. 앞 장에서 언급했듯 웨인에서도 인구 변화가 일어났다. 교육받은 인재 계층은 엘리트 대학과 뉴욕타임스 웨딩 섹션에 이어 옛 메인 라인 교외 지역까지 장악했다. 영지들은 잘게 쪼개졌고 주택 개발자들은 복수의 학위를 가진 전문직들을 위한 60만 달러짜리 집들을 시장에 내놓았다.

1990년대에 침실 다섯 개짜리 빅토리아 시대풍 주택을 산 변호사들은 60년대 초에 같은 집을 산 변호사들과는 태도가 달랐다. 물론 과거 와스프 가문의 후손들도 새로운 유행에 적응해야만 했다.

갑자기 PBS(Public Broadcasting Service, 미국 공영 방송)와 NPR(National Public Radio, 미국 공영 라디오방송)을 즐겨 듣는 똑똑한 애청자들이 웨인의 거리들을 점령했다. 포도밭 관광을 즐기는 의사, 소설을 쓰는 변호사, 정원 가꾸기에 진심인 종신 교수, 문학에 몹시 조예가 깊은 부동산업자, 치렁치렁한 귀걸이를 단 심리학자, 그 외 우리 정보화 시대의 시민들. 이들은 컨트리클럽에 나가고 마티니를 마시는 교외 거주자들과는 열망하는 대상이 다르다. 그래서 자연스럽게 자신들이 구매하는 물건과 자신들이 투사하는 이미지에 자신들의 이상이 반영되기를 바란다. 쇼핑이 세상에서 가장 지적인 활동은 아니지만 최소한 문화적인 측면에서는 시사하는 바가 적지 않다. 마르크스는 완벽히 거꾸로 주장한 셈이다. 그는 계급은 생산 수단에 의해 정의된다고 주장했다. 그러나 진실은, (적어도 정보화 시대에는) 계층은 소비 수단을 통해 스스로를 정의한다.

보보 문화의 역사적 뿌리

교육받은 계층의 이야기는 18세기 초반부터 시작한다. 그렇게 먼 과거를 주목해야 하는 이유는, 몇 세기 만에 교육받은 계층의 숫자가 폭발적으로 늘어났지만 그들이 내세우는 가치는 산업화 시대 초창기에 문화적 투쟁을 하고 나서부터 극렬하게 나타났기 때문이다. 그럼 부르주아 생활 양식의 핵심을 파악하기 위해 부르주아 정신의 탄생을 돌이켜 보자. 그리고 다른 한편으로, 보헤미안적 이상의 핵심을 이해하기 위해 초창기 보헤미안의 반항들도 돌아보자. 두 가지 라이벌 문화 운동을 검토해야 이토록 다른 부르주아와 보헤미안 세계관을 보보들이 어떻게 결합했는지 알 수 있다.

이미 상당수의 부유한 미국인들이 '고상함'을 접한 뒤인 1720년경, 최초로 부르주아들의 취향이 꽃을 틔웠다. 수십 년간의 투쟁 끝에 식민지 주민들은 거친 개척자들보다 더 안락한 삶을 살 수 있게 됐고, 미국 사회가 안정화되자 성공한 상인들은 취향과 문화를 반영하는 자신들만의 보금자리를 꾸리고 싶어 했다. 그들은 새집을 짓거나 옛집을 개조하기 시작했다. 거실의 천장을 높였고 밖으로 노출된 들보를 가리려고 했다. 그들은 개척자 시대의 넓고 튼튼한 바닥이 아닌 좁고 앙증맞은 바닥을 선호했다. 벽에는 우아하게 코니스(처마 돌림띠), 패널(벽판), 회반죽, 그리고 페디먼트(건물 입구 위의 삼각형 박공벽)를 더해 세련되고 고상한 분위기를 연출했다. 그들은 부엌과 편의 공간을 집의 후면부로 배치해서 방문객들이 볼 수 없게 했다. 거실에 떡하니 있던 벽난로는 크기를 줄여, 불을 때는 용광로 같던 장소를 아담하고 따뜻한 공간으로 변신시켰다.

가장 중요한 것은 집에 응접실을 두기 시작했다는 점이다. 응접실은 집의 기능적 사용과는 거리가 먼 공간으로 중요한 손님을 접대하거나 독서나 뜨개질, 혹은 음악 감상과 같은 고상한 활동에 사용되었다. 가족들은 응접실에 가장 좋은 가구와 귀중한 물건들을 내놓았다. 바로 황동으로 만든 장작 받침대, 금박을 입힌 거울과 시계, 고급 양탄자, 수직으로 세워진 등받이에 갈고리 모양의 다리가 달린 체리목 의자 등이다. 우아한 도자기, 멋진 다기, 그 밖에 식민지 시대의 부자들이 살롱에 전시하던 많은 물건들을 만들기 위해 수많은 기술자들이 동원되었다. 그렇게 해서 응접실은 사람들이 세련된 감각과 고상한 취미를 개발하는 장소로 활용되었다. 우아한 매너를 뽐내고 엘리트의 지위를 과시함은 덤이었다. 컬럼비아대학의 역사학자 리처드 부시먼은 문화의 이동을 주제로 한 탁월한 연구서인 『세련된 미국』에서 이렇게 말한다. "응접실을 갖추고 나자 사람들은 자신들이 저속하고 상스러운 일반 대중보다 생활 수준이 높으며 기본 소양이 천양지차라고 생각했다."

대부분의 미국인은 거칠고 삭막했다고 부시먼은 강조한다. "극소수의 특권층만이 풍요로운 삶을 사는 여유 속에서 우아함과 고상함으로 치장할 수 있었다." 이들 새로운 중상류층은 자신들과 상스러운 대중들을 차별화하는 사회적 계층 구조를 만들고 있었다. 응접실 사회에서 여자들은 손과 발이 작고 양탄자 위에서 나비처럼 사뿐히 걸을 때 칭찬받았다. 18세기에 남자들은 단정한 조끼를 입는 것이 일반적이었는데 그런 옷을 입고 있으면 행동을 제약받아 뻣뻣한 자세를 취할 수밖에 없었다. 그들을 제외한 모두가 널빤지를 식탁으로 사용하고 두꺼운 스툴 의자에 앉을 때에도 응접실 사회의 사람들만은 멋과 매끄러움에 눈을 떴다. 이러한 그들의 심미안을 훗날 에드먼드 버크는 이렇게 기술한다. "나는 아름다운 것치고 매끄럽지 않은 것을 보지 못했다. 아름다운 물건에 거칠고 부서진 표면이 있다면 그걸 제외한 다른 모든 면이 아무리 완벽할지라도 실망스러울 따름이다."

미국 엘리트들은 유럽의 스타일과 매너에 뿌리 깊이 영향받았지만 그들 자신이 유럽 귀족일 수는 없었다. 그들은 대서양 너머에 있는 중산층과 마찬가지로 귀족이 아닌 상인 태생이었다. 그래서 상인 계층이 궁정 에티켓 소양을 도입할 때 일부 귀족적인 특성이 빠지고 건전한 매너가 부각되었다(상인 계층의 사회 윤리는 벤저민 프랭클린의 저서 속 핵심적인 표현들에서 드러난다).

프랭클린은 건전한 야망을 예찬했다. 그가 말하는 삶의 목표란 먼저 스스로를 개선하고 그럼으로써 삶에서 자신의 지위를 높이자는 것이었다. 그는 부르주아의 전형적인 덕목을 예찬했다. 절약, 정직, 질서, 중용, 신중, 근면, 인내, 절제, 순결, 청결, 평정, 정확성, 그리고 겸손과 같은 덕목들은 상상력을 지피거나 귀족들이 추구하던 명예와 같은 열정을 불러일으키지 않기 때문에 영웅적이라고는 말할 수 없다. 또한 특별히 영적인 덕목도 아니다. 다만 실용적이며 민주적이라서 근로 윤리가 바로 선 사람이라면 누구라도 취할 수 있다. "행복, 미덕, 그리고 위대함을 논하기에 셋은 다르지 않다"고 그는 생각했다.

프랭클린의 에토스는 지적인 곡예를 예찬하지 않는다. "잔꾀는 능력 부족에서 비롯된다." 그의 에토스는 오랜 자기성찰이나 형이상학적인 사유를 용납하지 않는다. 그는 "내가 보기에 이따금 시를 즐기며 표현법을 다듬는 정도는 괜찮지만 그 이상은 아니다"라고 썼으며 초월과 일상을 잇는 식의 종교적인 발언들을 했다. "신은 스스로 돕는 자를 돕는다"고 말함으로써 그는 청교도 사상에서 말하는 사람이라면 갖고 있는 두 가지 소명, 즉 이 세상과 다음 세상에서의 소명 의식을 희석시켰다. 그는 세속적인 성공을 비난하면서 수도원에 들어가 영생을 사색할 인물이 절대로 아니었다. 오히려 그는 낮지만 튼튼한 도덕적 체계하에 세속적인 야망을 편입시켰다. "정직하라. 열심히 일하라. 솔직하라. 추상적이고 유토피아적인 이상보다 구체적으로 당면한 이익에 집중하라." 그는 속담처럼 쉬운 말로 지혜를 설파했다. 가령 "생선과 손님은 사흘이면 냄새가 난다"는 그가 한 다른 많은 말들처럼 하나의 격언이 되었다.

인간 프랭클린은 어느 대집단에 소속된 그 누구보다도 화려하게 살았던 인물이지만 그가 쓴 책들은 응접실 사회의 부르주아적 가치를 담았다. 이 계층의 사람들은 적어도 사회적으로나 상업적으로 유용한 범위 안에서는 자기정진과 자기발전의 중요성을 믿고 있었다. 그들은 화려한 바로크 양식이 아니라 반듯한 고전 양식을 추구했다. 그들은 난잡하지 않고, 사치스럽지 않은, 존경받을 만한 매너를 갖췄다. 그들은 똑똑했지만 지나치게 지적으로 행동하지는 않았다. 그들은 고급스러운 옷을 입었지만 겸손한 색조를 선호하는 편이었다. 그들은 돈 버는 걸 중요하다고 생각했지만 자기만족이 아닌 자기발전을 위해 돈을 사용해야 한다고도 생각했다. 그들은 세련됨을 좋아했지만 거창하거나 과시적인 제스처는 좋아하지 않았다. 그들은 노동자 계층보다 더 세련된 모습으로 보이길 지향했지만 낭비벽 심한 사람들이나 비도덕적인 유럽의 귀족들처럼 호사스럽기는 바라지 않았다. 이들이 괜히 중산층middle class이라 불렸겠는가. 그들은 신중한 중용을 가까이했고 극단을 혐오하였다.

보헤미안의 반란

1790년에 프랭클린이 세상을 떠나고, 그로부터 반세기가 채 지나지 않아 작가, 예술가, 지식인, 그리고 급진주의자들은 대세로 굳어진 부르주아의 지배와 취향에 공개적으로 반기를 들었다. 이 반항아들은 불과 수십 년 전에 프랭클린이 정복했던 바로 그 도시, 파리에 모여들었다. 상인 계층이 지배하는 세상에서 예술가들은 더 이상 비위를 맞출 귀족 후원자들이 없었고 그로 인해 해방감을 느꼈다. 하지만 홀로서기를 하면서 나름대로 상처를 입기도 했다. 예술가들은 성공하려면 특정 개인이 아닌 일반 대중에게 호소해야 했으며, 천재성을 향한 존경심도 없고 실체가 막연한 중산층 사람들에게 기대야 하는 현실에 분개했다. 작가와 예술가들은 사회에서 점점 더 소외될수록 자신들의 중요성을 영웅적으로 그려 나갔다.

상인 계층을 향한 예술가들의 반란을 멋지게 포착한 책 중 하나는 세사르 그라냐가 1964년에 발표한 『보헤미안 대 부르주아』다. 그에 따르면 1830년대에 공식적으로 거의 모든 작가와 지식인들은 부르주아를 뼛속 깊이 혐오했다. 반항아들 가운데 가장 신랄했던 사람은 플로베르(프랑스 사실주의 문학의 대표작가)인데, 그는 편지에 자신을 '부르주아 혐오자'라고 서명했고 '멍청한 상인들과 그 부류'를 욕했다. 그는 부르주아에 대한 증오가 '모든 미덕의 시작'이라고 결론지었다. 스탕달은 '필라델피아의 장인' 벤자민 프랭클린을 독실하고 지겨운 인간이라고 일축했다. 시인이자 극작가인 알프레드 드 뮈세는 응접실 패거리가 속한 성스러운 단체들에 비난을 퍼부어 댔다. "빌어먹을 가족과 사회, 저주받을 가정과 도시, 조국 따위는 지옥에나 떨어져라."

프랑스 지식인들은 정확히 중산층의 무엇을 꼴 보기 싫어한 걸까? 한마디로 하면, 그들의 '물질주의'다. 부르주아 세계에서 통용되는 성공은 돈, 생산성과 한 몸이다. 반대로 예술가들은 창의성, 상상력, 정신을 존중했다. 지식인들은 부르주아를 무신경하고 한심한 계층이라고 생각했다. 그들은 부르주아가 지루하고 재미없고 상상력이 없으며 기회주의적이라며 비난했다. 무엇보다도 부르주아는 영웅다운 면모가 없었다. 과거 귀족들은 적어도 원대함을 품고 있었다.

농노들에게조차 그리스도적인 성스러움이 있었다. 그러나 중산층에게서는 초월적인 가치가 전혀 느껴지지 않았다. 그들은 지루하고 평범했다. 그들은 상상력을 자극하지도 않았고, 실용성, 정확성, 회계적 문제, 진부함, 전형성뿐인 데다 속물주의가 전부였다. 스탕달은 부르주아들이 '자신의 작은 계획을 실현하는 데만 주의를 기울이는' 자들이라서 '울고 싶은 동시에 토하고 싶게끔' 만든다고 말했다. 플로베르는 부르주아가 '따분하고 탐욕스러운 사람들'이라고 생각했다. 에밀 졸라는 나중에 이렇게 덧붙였다. "프랑스의 부르주아는 타고난 장사꾼이다. 온통 이윤에만 관심을 쏟는다."

가장 참을 수 없는 사실은 부르주아가 손에 쥔 막대한 세속적 성공이 바로 그들의 한계성에서 비롯되었다는 점이다. 상인다운 꽉 막힌 효율 중심의 사고 덕분에 그들은 회사를 성공적으로 운영하고 재산을 모았다. 피도 눈물도 없이 냉철하게 계산하며 이윤을 내기 위해 최선을 다했다. 기계 중심의 접근 방식을 택했고 수공업자와 장인들을 대신할 기계와 공장을 만들었다. 돈을 좇다 보니 권력과 지위도 차지하기에 이르렀다. 오늘날 우리는 일평생을 비누나 신발을 파는 데 열중한 사람들이 때로는 엄청난 재산을 모으고, 큰 집에 살고, 멋진 파티를 연다는 사실을 잘 알고 있다. 하지만

이는 1830년대만 해도 상당히 놀랍고 새로운 일이었다. 부르주아는 이러한 진부함 덕에 권력을 잡을 수 있었다.

지식인들은 이 꼴 보기 싫은 세상을 뒤집고자 했다. 그래서 경제적인 면에서는 약할지라도 적어도 정신과 상상력 면에서는 강한, 독자적인 세계를 창조하려 했다. 그라냐의 글을 보면 그들은 부유한 기생충이 되기보다는 제왕의 품격을 지닌 외톨이가 되는 게 더 낫다고 여겼다. '보헤미안 라이프la vie bohème'란 말은 이렇게 탄생했다. 엄밀히 말하면, 보헤미안은 낭만적 정신의 사회적 표현일 뿐이다. 다만, 낭만주의라는 단어가 여러 분야에서 많이 쓰이다 보니 이해가 쉽도록 이 책에서 말하는 보헤미안이란 정신과 사회적 관습만을 지칭하겠다.

프랑스 지식인들의 생활 방식은 이제 우리 모두에게 친숙하다. 감수성이 풍부한 사람들은 도시의 황폐한 동네로 몰려들어 예술 운동을 시작했다. 이곳에서 시인과 화가는 은행가와 사장보다 지위가 높았고, 예술가들은 팽창하는 부르주아의 힘을 누르기에는 역부족이었지만 부르주아를 놀라게 할 수는 있었다. 플로베르가 카르타고에 관한 소설 『살람보』를 집필한 후 이렇게 말했다. "이 책으로 인해 1)부르주아들은 짜증이 나고 2)감수성이 풍부한 사람들은 놀라거나 불안해지고 3)고고학자들은 화가 나고 4)숙녀들은 이해하지 못하며 5)내가 남색자이며 식인종이란 평판이 생길 것이다. 그러길 바란다." 그리하여 부르주아 보헤미안 간 분쟁을 상징적으로 나타내는 구호가 생겨났다. "부르주아를 놀라게 하자Epater les bourgeois!"

보헤미안 남성들은 머리를 길게 기르고 수염을 길렀다. 그들은 붉은 조끼, 스페인 망토처럼 튀는 옷을 입어서 다른 사람들과 쉽게 구별됐고, 청년 문화를 예찬하며 도발행위, 기발한 유머, 장난질을 즐겼다. 화가 에밀 펠레티에는 애완 자칼을 데리고 산책에 나섰다. 시인 제라르 드 네르발은 가재를 줄에 매고 튈르리 정원을 산책했다. 그는 "가재는 짖지도 않고, 아주 깊은 곳의 비밀도 알고 있죠"라고 말했다. 그들은 신비함과 기괴함에 강렬하게 매혹되었다. 그들은 종종 자살에 관해 쓰고 때로는 실제로 자살하기도 했다. 그들은 새로움을 포용하고 오직 보수적인 중산층을 향한 경멸을 드러내기 위해 가끔은 실험적인 시도도 옹호했다.

보헤미안은 가난한 사람들, 범죄자들, 그리고 인종을 이유로 소외된 사람들을 부르주아 사회 질서의 희생자라고 판단하며 연대감을 느낀다. 그들은 부르주아 관습에 때 묻지 않은 이국적인 문화를 추종한다. 많은 파리 시민들은 중세 시대 느낌이 남아 있는 스페인을 동경한다. 플로베르는 브르타뉴 지방에서 발견한 원시적 생활 방식에 감탄했다. 그들은 자신들이 생각하는 고귀한 야만을 이상으로 여기면서 아프리카의 이상한 공예품들을 침실에 두었다. 그들은 중국을 비롯한 먼 곳에 있는 사회가 영적으로 순수해 보인다는 이유로 동경했다. 그들은 섹스를 예술 행위로 승화시켰고 부르주아들의 내숭에 치를 떨었다(사실 그들은 삶의 모든 측면을 예술로 치환했다. 당신이 파리에 사는 보헤미안들에 관해 읽으면 읽을수록 그들이 생각해 보지 않은 문제가 없다는 걸 깨달을 것이다). 그 후로부터 150년 동안 반란자들, 지식인들, 히피들은 그들 나름의 반란을 계속 일으켰다.

물론 현실에서 부르주아와 보헤미안 간 대립은 그들의 논쟁처럼 완전히 극단으로 치우치진 않았다. 부르주아는 플로베르 무리들의 예상보다 훨씬 더 교양이 있었다. 독일인들은 재산을 가진 부르주아를 일컬어 '가진 자Besitzbuergertum', 그리고 교양 있는 부르주아를 일컬어 '배운 자Bildungsbuergertum'라고 구분해서 불렀다. 반란자들은 그들의 겉모습만큼 반물질적이지 않았다. 그럼에도 이 문화 전쟁에서 구현된 정신적 구분은 사람들의 사고를 지배했다. 부르주아는 물질주의, 질서, 규칙성, 관습, 이성적 사고, 자기절제, 그리고 생산성을 중시한다. 보헤미안은 창의성, 반항, 새로움, 자기표현, 반물질주의, 그리고 생생한 경험을 찬양한다. 부르주아들은 만물에 자연적 질서가 있다고 믿었고 규칙과 전통을 받아들였다. 보헤미안은 우주에 유기적인 구조 따위는 없다고 생각했고 반항과 혁신을 숭배했다. 그들에게 현실은 단편과 환상, 모방 속에서만 이해될 따름이었다.

부르주아는 사업과 시장을 관장했고 보헤미안은 예술 분야를 담당했다. 부르주아는 수적·기계적 사고방식을 선호한 반면, 보헤미안은 직관적이고 유기적인 사고방식을 선호했다. 부르주아는 조직을 좋아했다. 보헤미안은 무정부를 중시하고 부르주아를 순응적이고 무리를 짓는 동물이라고 생각했다. 부르주아는 기계를 사랑했지만, 보헤미안은 산업화 시대 이전 장인들의 휴머니즘(일종의 장인정신)을 선호했다. 매너와 소비에 있어서 부르주아는 형식과 사회성을 중요시했고, 보헤미안은 19세기에 출현하여 시대를 풍미한 당디(Dandies, 18세기 말~19세기 초 외모와 말투, 취미, 여유로운 생활을 티 나지 않게 추구하며 살았던 사람들)들을 제외하면 진정성과 자연스러움을 중요시했다. 부르주아는 성공을 숭배한 반면, 보헤미안은 성공주의를 배격하는 것으로 일련의 상징적인 지위에 올랐다. 부르주아는 눈에 띄는 개선을 추구했지만 보헤미안의 궁극적 목표는 자아 확장에 있었다. 다음은 그라냐의 요약이다. "낭만주의 문학은 강렬한 열정, 독특한 감정, 특별한 행위를 찬양한다. 그리고 중산층이 일상적으로 대변하는 평범성, 예측성, 관습, 가시적 목표를 경멸한다."

초월주의자

파리 센강 좌측과 우측 지역의 갈등은 머지않아 미국에서도 재현되었다. 하지만 보헤미안 마을의 전성기(화려한 차림을 한 예술가가 가재와 함께 공원을 산책하는 것까지 상상할 수 있을 정도)는 60년 뒤에야 온다. 19세기 중반에 부르주아의 산업주의를 비판했던 미국 예술가와 지식인들은 유럽과는 달리 해학적인 유머와 반항적인 부도덕함이 부족했다. 미국 반물질주의자들은 도시 반란군의 반문화를 굳이 구축하지 않았다. 그들은 보다 단순한 삶 속에서, 또는 자연에서 산업 경제에 대한 대안을 찾았다. 그들의 심미안은 예술적이라기보다는 자연주의적이었다.

리처드 호프스태터는 초월주의를 '지식계급의 복음'이라고 부른다. 왜냐면 초월주의자들은 언제나 교육받은 계층에 막대한 영향력을 미치기 때문이다. 대개 그들은 랄프 왈도 에머슨, 헨리 데이비드 소로, 브론슨 알코트, 마거릿 풀러 등 뉴잉글랜드의 사상가, 작가, 개혁가들로 구성되어 있다. 그들은 물질주의와 합리주의를 초월해 각자의 중추에 있는 내면의 영적인 것에 침투함을 목표하므로 초월주의자로 불리게 되었다. 윌리엄 채닝의 표현에 따르면, "개개인에게는 물질적 창조물 그 자체를 뛰어넘는 무언가가 존재하며 그건 우리의 눈과 귀를 자극하는, 세상에 존재하는 어떤 것보다도 위대하다. 따라서 내면의 발달은 본질적으로 가치와 존엄성을 품고 있다."

이 철학은 '돈과 물질에 몰두하기에는 인생이 너무도 아깝다'고 결론짓는다. 물질적인 의무는 단지 영적 탐구를 위한 초석으로만 고려되어야 한다는 말이다. 다만 초월주의자들이 전적으로 세상을 배척한 건 아니었다. 에머슨은 '점진적 윤리'를 도입하면서 인간은 물질적 필요에서 시작하여 점차 더 높은 경지로 '상승'해야 한다고 했다. 그는 『미국 젊은이』라는 책에 "거래는 일시적인 것이며, 이미 하늘에서 그 조짐이 보이고 있으니 더 넓고 더 좋은 것들에 자리를 내주어야 한다"라고 썼다. 소로는 식량을 사고팔면서도 '단순하고 현명하게' 사는 삶을 믿었다. "나는 생을 깊게 살아 내며 삶의 모든 정수를 흡수하고 싶었고, 억세기 짝이 없는 스파르타식의 인생을 살고 싶지 않았다."

초월주의자들은 부르주아 문화 속에서 살면서 진보에 따르는 기술과 '개선'의 가능성에 심취했다. 여기서 '개선'이라 함은 당시 유행하던 표현이었다. 증기 기관, 철도, 공장,

과학적 경영은 물리적 간극을 메우고, 거래를 촉진하고, 부를 창출해 냈다. 인간은 자연을 정복하기 직전이었으며 버려진 땅 또한 개척하여 그들의 영역으로 삼으려던 참이었다. 1964년에 발표한 『정원 안의 기계』에서 문학 평론가 레오 마르크스는 1840년대에 활동한 저널리스트 조지 리플리가 '기술적 숭고함'의 예시로 든 문장을 인용한다.

"철도가 세계 통합의 장엄한 물질적 전형으로서 대서양과 태평양 사이를 연결하는 모습을 목격하게 될 시대에는, 도덕적·영적 결과를 낳는 사회 조직 또한 목도하게 될 것이다. 조직의 정신은 너무도 숭고하고 유익하여 불의 전령을 산꼭대기까지 보내고 바다와 바다를 철과 화강암으로 잇는 위업의 영광조차 가릴 정도다."

심지어 에머슨도 처음에는 흥분을 감추지 못했다. 하지만 시간이 지나면서 초월주의자들은 과학 기술이 물질적인 이득을 가져올지는 모르지만 인간이 자연에 가지는 영적 연결을 해친다는 결론을 내렸다.

"물질들이 안장에 올라 인류를 탄다"라고 개탄한 에머슨의 말은 널리 알려져 있다. "우리가 철도를 타는 게 아니라 철도가 우리를 타고 있다"라고 소로는 덩달아 외쳤다. 그들은 기계, 재산, 돈이 '인간'과 '진정으로 중요한 경험' 사이를 가로막는다고 믿었다. 초월주의자들은 친애하는 미국 국민 대다수가 너무 열심히 노예처럼 일하고 있다고 생각했다. 그들은 계산하고 치수를 재는 능력을 가졌지만 감각을 느끼고 감정을 느낄 시간은 거의 없었다. 그들, 즉 중산층 이웃들은 생활 수준에는 과할 정도로 관심을 기울였지만 인생의 이유에는 그만큼 관심이 없었다.

초월주의자들은 숲에서 생생하고 심오한 경험을 했다. 소로는 월든 호수 근처에서 잠시 살았는데, 동쪽으로는 도시 생활의 문명사회가 있고 서쪽으로는 변방의 원시주의가 있는 '경계의 삶'이었다. 에머슨은 이렇게 썼다. "땅은 우리네 문화에 있는 거짓과 환상을 치료한다. 우리가 사는 이 대륙은 우리의 몸뿐 아니라 마음을 위한 약과 음식이 된다. 이처럼 안정과 치유의 효과를 가진 땅은 전통적인 교육의 잘못을 고치고 인간과 물질을 다시 이어 줄 것이다." 응접실 사회의 상류층 문화와 반대로 소로는 "삶은 야생이다. 가장 야생적인 것이 가장 활기찬 것이다"라고 덧붙였다. 인간과 자연 사이를 막아서는 문명은 소외와 불행으로 이어질 뿐이다.

우리는 이들에게 큰 영향을 받아서, 19세기 기술론자들의 과장된 미사여구는 한심하게 바라보면서도 숲속의 괴짜들이 하는 생각은 대단하다고 받아들인다. 초월주의자들은 미국 문화사에 진한 발자국을 남겼다. 그들의 영향력에 힘

입어 미국 보헤미안들은 자연주의에 더 가깝고 간소한 삶에 전념하며, 유럽 보헤미안들보다 덜 냉소적이다.

문화 전쟁

산업화 시대를 지나며 보헤미안과 부르주아 사이의 문화 전쟁은 격렬해졌다. 세월에 따라 전쟁 양상과 전쟁터는 바뀌었지만, 싸움 주제는 그대로였다. 미국에는 부르주아 계열인 물질주의자나 합리주의자, 기술주의자가 항상 있었다. 그들은 세련된 취향과 고상한 매너를 사랑했다. 한편 보헤미안 계열로 예술주의자나 반합리주의자, 종교주의자도 늘 존재했다. 그들은 진정성이 느껴지는 가구, 모험적인 방식, 자연스러운 매너를 사랑했다.

도금 시대(Gilded Age, 남북전쟁이 끝나고 미국의 자본주의가 급속히 발전한 대호황 시대)의 부르주아 어린이라면, 으레 성공 지향적인 아동을 위한 교훈집을 읽곤 했다(『맥거피 리더스』나 『노력과 성공』, 『행운과 용기』, 『느리지만 확실하게』, 『부와 명예』 같은 허레이쇼 앨저의 소설들). '열심히 일하라, 부지런해라, 기회를 잡아라, 정직하되 지나치게 지식만을 추구하지는 말아라, 사람들의 기분을 좋게 하라, 낭비하지 말고 욕심부리지 말아라'라는 벤저민 프랭클린의 조언을 다시 소환한 책들이었다. 장차 성공하면 마을을 내려다보는 언덕 위나 새로운 교외 지역의 대저택에 살게 될 이들이었고, 아마 당시 유명했던 앤드루 카네기 자서전 『부Wealth』를 읽으면서 돈을 쓰고 주고받는 법도 공부했을 것이다.

하지만 같은 시기 다른 지역에서는 존 뮤어 같은 작가들이 '게걸스러운' 부르주아적 자본주의 학교를 거부했다. 구스타프 스티클리 같은 가구 제조업자들은 편리하고 아름다운 생활방식을 고안하려 하면서도 주류 취향의 물질만능주의는 지양했다. 그는 영국에서 존 러스킨과 윌리엄 모리스가 주도했던 미술 공예 운동에 영향을 받았는데 이들은 산업화 시대 이전에 수공예 길드 공동체가 구현한 단순한 미를 찬양했다.

스티클리는 잡지 『장인craftsman』에서 그러한 아이디어를 선도했다. 그가 말하기를, "우리는 기준을 바로잡을 필요가 있다. 우리의 부와 상권을 쌓으면서 함께 쌓아 올린 쓰레기 더미를 내다 버리자. 이는 우리가 에너지 넘치는 활기찬 활동을 해서가 아니라, 여러 가지 방법으로 우리의 훌륭한 천연자원을 낭비하고 오용하면서 에너지를 잘못 사용해 왔기 때문이다." 그래서 스티클리가 디자인한 집과 가구는 야심만만한 부르주아를 위한 작은 궁전이 아니었다. 그는 단순하고 자연에 가까운 삶을 살기를 촉구하면서 사람들이 조화로운 영적 생활을 누릴 수 있도록, '상업적 압제의 사슬'을 피할 '탈출구'를 제공했다. 그는 자기만의 장인정신이 깃든 미술 공예와 미션Mission 가구 양식을 도입해 부르주아 상인들의 거창하게 화려하기만 한 양식을 대체하려 했다. 그런데 웬걸, 부르주아 상인 계층은 여전히 부르주아다움을 간직하면서도 재빨리 그의 작품들을 두 팔 벌려 끌어안았다. 애스터 가문과 록펠러 가문은 스티클리를 고용해 자신들의 별장을 꾸미더니, 헨리 포드는 그의 맨해튼 아파트를 미션 양식 가구로 채웠다.

1920년대 부르주아와 보헤미안의 문화 지표는 서로 양상이 달랐다. 고전적인 부르주아 출신 대통령으로는 하딩, 쿨리지, 후버 등이 있었고, 고급스러운 교외 지역들이 대대적으로 들어섰다. 필라델피아 교외의 메인 라인과 뉴욕 근교의 웨스트체스터에 저택들이 우후죽순으로 생겨났고 시카고, LA 등에서는 자신의 작은 방갈로에 응접실을 갖춘 쁘띠 부르주아 계층(소시민)이 늘어났다. 이 새로운 응접실 사회의 구성원들은 집이 너무 좁아서 사실 응접실이라고 따로 내줄 여유 공간이 없었고, 설사 응접실이 있더라도 거의 사용하지 않았다. 그럼에도 불구하고 응접실은 (약간 구식이긴 했지만) 새로 얻은 '고상함'의 상징으로 여겨지며 그곳에 자리 잡았다. 야심찬 수백만 명의 부르주아들이 브루스 바튼의 『아무도 모르는 인간The Man Nobody Knows』 같은 책을 샀다. 그는 예수를 훌륭한 사업가이자 성공적인 네트워커로 소개했다. "흥을 깨는 자! 그는 예루살렘에서 가장 인기 있는 만찬 초대 손님이었다!" 바튼이 부르짖었다. "실패자! 그는 사업의 하위 계층 12명으로 만든 단체로 세상을 정복하도록 몰아붙였다." 이 책은 1926년에 논픽션 장르에서 가장 많이 팔린 책이었다.

반면, 그리니치 빌리지와 다른 지역에서는 부르주아적 가치에 대한 문학적 공격과 그 대안으로서 보헤미안 문화가 대두되었다. 이 시기에 싱클레어 루이스, 소스타인 베블런, 존 오하라, 존 더스 패서스, 어니스트 헤밍웨이, 그리고 거트루드 스타인 같은 작가들은 부르주아적 가치를 거부하면서 파리나 모스크바로 건너가 진보적인 정치에 관여하거나 촌스럽고 저속한 상업주의를 비난했다. 그리니치 빌리지에 거주하던 작가이자 편집자인 말콤 카울리는 1934년에 발표한 『망명자의 귀환』에서 20세기 초반 미국의 보헤미안이 최우선으로 추구하는 가치를 다음과 같이 요약했다. (보헤미안은 그의 말을 옹호한다.) "아이들에 의한 구원을." 우리는 각자 특별한 가능성을 품고 태어나지만, 사회는 그걸 조금씩 말살한다. "자기표현의 관념을." 삶의 목적은 내적인 자아의 개성을 완벽하게 표현하는 데 있다. "이교도의 관념을." 육체는 사원이며 나체와 섹스는 불결하지 않다. "현재를 사는 관념을." "자유의 관념을." 모든 법률과 관습은 철폐되어야 한다. "여성 평등의 관념을." "심리적 적응의 관념을." 사람들이 불행한 이유는 억압받거나 부적응했기 때문이다. "장소 전환의 관념을." 자리를 박차고 나가서 새롭거나 활력 넘치는 곳으로 갈 때 비로소 진실을 마주한다.

이어서 1950년대가 왔고 부르주아의 시대는 전성기를 맞이하는 동시에 약화되기 시작했다. 이 시기는 아이젠하워 대통령, 조직인간, 주니어 리그 클럽, 그리고 「비버는 해결사」로 대표되는 TV 문화의 시대였다. 반항적인 보헤미안들은 몰려다니며 길바닥에서 마리화나를 피웠다. 구시대의 보헤미안들처럼 이들 비트족은 자발성과 감수성을 예찬했다. 그들은 부르주아를 공격하는 것을 즐겼다. 그들은 해방과 자유를 위해 돈과 편안함을 거부했다. 그리고 그들은 앨런 긴즈버그가 명명한 "마음이 기계덩어리인 몰록(Moloch, 성경에 나오는 이교도 신으로 사람들은 몰록에게 어린아이를 제물로 바쳤다)"을 경멸했다.

그러던 중 비트족의 삶에서 사회 혁명의 불씨를 포착한 작가들과 지식인들이 나타났다. 폴 굿맨은 1960년에 쓴 『바보 어른으로 성장하기』에서 비트족에 대해 격정적으로 쏟아냈다. "그들의 주요 테마는 협조를 거부하는 '시스템'이다. 그들은 '좋은' 일자리란 기만과 사기이고, 삶의 방식을 인사팀이 쥐고 휘두르는 일은 참을 수 없으며, 아내를 위해 구입한 거지 같은 냉장고 할부금을 갚으려고 일하는 자는 어리석다고 설명한다." 그는 주로 관료주의와 구조가 서로 맞물려 있는 거대한 시스템으로서의 '조직'을 공격했다. 그와 비트족은 자율성과 창의성이 억압된다고 여겼다. 그러니 사회는 해체되고 분리될 필요가 있었다. 하지만 굿맨은 비트족에 대해서 무언가 다른 측면도 발견했다. 이토록 반체제적이고 부유함을 거스르는 자들임에도 불구하고 사실 그들이 상당히 잘 살았다는 점이다. 본질적으로 즐거움을 추구하는 그들은 매력적이었다. 오늘날의 보보 소비주의를 탁월하게 예견한 대목에서 굿맨은 이렇게 설명했다.

"비트족의 문화는 단순히 중산층이나 조직화된 시스템에 대응해 형성된 것이 아니다. 오히려 자연적인 현상으로 볼 수 있다. 그들은 하층민들과 섞이지만 그들처럼 가난하게 살지는 않는다. 그들의 집은 종종 중산층 가정보다 더 살기 좋다. 그들은 종종 더 잘 먹고, 사회적으로도 좋은 내력을 유지한다. 무계획으로 살기, 게으르게 살기, 공동체 구성하기, 성적으로 자유분방하게 행동하기, 그리고 명성을 신경 쓰지 않기 등 그들에겐 중산층에게 없는 습관이 있다. 다만 분노가 아닌 분별이 동기부여로 작용한다는 점에 있어서는 같다. 스스로 깨어 있는 사람이라면 마땅히 선택하는 방식이다."

보헤미안의 생활 방식이 대부분의 사람들도 더 자각 있게 행동한다면 선택하게 될 방식이라는 관념은 매우 신선했다. 당신이 1960년에 이 아이디어를 토대로 투자에 나섰다면, 지금쯤 억만장자가 되었을지 모른다.

1960년대에는 보헤미안의 하위문화가 『라이프』나 『룩』 잡지의 표지를 장식하기에 적합한 대중적인 운동으로 발전했다. 부르주아의 생활 방식에 대한 히피들의 공격은 이미 유명하므로 여기서 길게 설명할 필요는 없다. 민권 운동과 베트남 전쟁 또는 당시의 복잡하고 무거운 정치적 논란은 제외한 반문화적 흐름의 조짐을 간단히 살펴보자. 대중 연극의 영역에서 애비 호프먼은 뉴욕 증권거래소의 트레이더들을 향해 달러를 뿌려 댔다. 샌프란시스코의 행위 예술가 집단인 디거스는 "돈은 죽고 자유가 태어났다"고 선언했다. 문학의 영역에서 노먼 메일러는 힙스터로 사는 법에 대해 탐구했다. 『나 자신을 위한 광고』 에세이집에서 그는 마치 패션잡지처럼 '힙'한(히피스러운) 것과 지루한 대상을 구별해 나열한다. 보헤미안과 부르주아에 대한 전통적 구분과 상당히 일치하는 지점이다. 밤은 힙하고 낮은 지루하다. 사기꾼은 힙하고 경찰은 지루하다. 육체적인 것은 힙하고 정신적인 것은 지루하다. 질문은 힙하고 대답은 지루하다. 직관적 사고인 귀납법은 힙하고 더 합리적 사고인 연역법은 지루하다.

60년대의 반항을 기록한 시어도어 로작은 부르주아에 대한 히피의 비판을 '반문화의 형성'으로 요약했다. "부르주아는 탐욕에 사로잡혀 있다. 그들의 성생활은 무미건조하고 점잖으며 가족 관계는 통속적이다. 옷매무새에서 보이는 노예스러운 복종성은 저속하고, 돈만 좇는 판에 박힌 삶은 참아주기 어렵다." 부르주아는 풍요로움을 구가하고 있었고 학생 지도자들은 물질주의를 배격했다. 부르주아는 정중함과 우아함, 그리고 단정함을 추구했고 학생 지도자들은 날것 그대로를 추구했다. 부르주아는 품위를 지키며 살았고 학생 지도자들은 막살았다. 부르주아는 머리가 짧았기 때문에 학생 지도자들은 머리를 길렀다. 부르주아는 기술주의자였기 때문에 학생 지도자들은 반기술주의자였다. 부르주아는 사회 경력을 중요시했고 학생 지도자들은 실제 경험을 중요하게 여겼다. 부르주아는 정숙한 척했고 학생 지도자들은 음란한 척했다. 부르주아는 과시적인 소비를 했고 학생 지도자들은 과시적인 비소비를 했다. 부르주아는 일을 예찬했고 학생 지도자들은 쾌락을 예찬했다. 부르주아는 고기와 가공품을 먹었고 학생 지도자들은 콩 같은 유기농 음식을 먹었다.

60년대에는 수백만의 사람들이 허술하게 살고 허름하게 옷을 입으면 동료들의 높은 평가를 받을 수 있다고 생각했다. 그리고 점점 더 많은 사람들이 이러한 시류에 가담하면서 낭만적인 반문화는 부르주아의 주류 문화를 압도했다. 플로베르와 그의 파리지앵 동지들이 처음으로 "부르주아를 놀래키자"라는 구호를 외친 지 한 세기 이상이 지난 후에 보헤미안은 그저 그런 계파에서 군중을 아우르는 문화로 발전해 있었다. 한동안은 보헤미안 문화가 벤저민 프랭클린식 부르주아 정신의 유물을 압도하는 듯했다.

부르주아의 반격

1970년대와 1980년대에 놀라운 일이 일어났다. 부르주아 정신이 반격을 시작한 것이다. 이전 세기에 있던 부르주아와 보헤미안 사이의 다툼은 일방적이었다. 보헤미안들이 적극적으로 공격을 퍼붓든 말든 부르주아들은 그저 잘 사는 게 최고의 복수라는 조언대로 행동했을 뿐, 그냥 부르주아다운 삶을 살면서 반문화의 공격에 무심한 듯 보였다. 이

따금 과격파나 인텔리들을 비웃기도 했지만, 보헤미안 문화 자체를 싸잡아 비판하지는 않았다. 그러나 60년대와 70년대를 거치면서 결국 부르주아들도 보헤미안들의 존재를 무시할 수 없게 되었다. 그들의 반문화는 어디에나 있었다. 게다가 정치적인 힘을 갖기 시작했다. 부르주아들이 답할 차례였다.

대응에 나선 사람들 중 신보수주의자들이 있었다. 어빙 크리스톨, 제임스 Q. 윌슨, 거트루드 힘멜파브, 노먼 포도레츠, 미지 덱터 같은 작가와 학자들이었다. 그들은 1970년대에도 여전히 뉴딜과 위대한 사회의 이상을 옹호하는 입장에 서 있었다. 신보수주의는 사회과학자들이 주도한 운동으로 시작되었다. 1965년 어빙 크리스톨과 대니얼 벨은 『퍼블릭 인터레스트』 저널을 창간하여 공공 정책에 대한 냉철하고 기술적인 분석을 게재했다. 그들은 이념 전쟁은 끝났으며, 이제는 엄격한 사회과학적 정밀검사를 통해 정책 논쟁을 잠재울 수 있다고 판단했다. 대니얼 패트릭 모이니한은 이 잡지의 창간호에 기고한 「개혁파의 전문화」라는 글에서 지식인 계층의 지배를 천명했다. "인간은 산업 경제를 어떻게 성공시킬 수 있는지 배우는 중이다. 사건을 예견하는 능력은 통제하는 능력에 비해 한층 더 인상적인 발전을 이뤘다." 그러나 성공한 잡지들이 많이들 그러하듯이, 『퍼블릭 인터레스트』와 신보수주의 자매지인 『코멘터리』는 그들이 창출해 낸 관점과 완전히 정반대의 이론을 개진하게 되었다. 대부분 중하위층 출신이었던 신보수주의자들은 반문화적 지식인과 학생 진보주의자들의 반부르주아적 태도에 크게 놀랐다. 그리하여 그들은 이러한 논쟁의 역사에서 찾아보기 힘든 무언가를, 즉 부르주아에 대한 옹호와 보헤미안에 대한 비판을 만들어 냈다.

신보수주의자들은 논쟁을 개진하면서 일단 인정부터 했다. 부르주아의 생활 방식은 영웅적이지도 고무적이지도 않다고 동의했다. "부르주아 사회는 가능한 모든 사회 중에서 가장 단조로운 사회이다. 부르주아 사회는 평범한 남자들과 여자들이 편리하고 편안하게 살도록 조직된 사회이다." 어빙 크리스톨은 『지식인들의 반대 문화』라는 글을 썼는데, 부르주아 사회의 목표는 물질적인 상황을 개선하는 데 있으며 힘들여 초월성과 고전적인 덕목, 그리고 영적인 변화를 추구하지 않는다고 했다. 부르주아 사회가 만드는 문명은 행복하지만, 원대하지도, 영원하지도 않다. 더욱이 크리스톨은 부르주아 사회에 내재적으로 '상냥한 속물근성'이 있다고 적었다. 고급예술은 별로 존경받지 못하지만 대중문화는 성공한다(그리고 모든 영화는 해피 엔딩으로 끝난다). 부르주아 사회는 대체로 자유로운 사회이지만, 언제나 정의롭지는 않다. 그래서 결국 떼돈을 벌고 성공을 움켜쥐는 자들은 대체로 편협하고 인정사정없는 자들이며, 진정으로 현명한 이들은 보상받지 못한 채 힘을 잃는다.

그럼에도 부르주아 사회에 한 가지 중요한 역사적 업적이 있다고 신보수주의자들은 주장한다. 부르주아 사회는 자본주의에 효율적인 도덕적 맥락을 제시한다. 부르주아 사회가 분별력, 검소, 정확성, 절약, 경건함, 사교성, 책임감, 그리고 근면을 강조한 덕에 시장 경제의 탐욕적인 열정에 제약이 걸리고 야만적인 시장 경제로 치닫지 않는다. 게다가 부르주아 문화는 가족 같은 사회 제도, 조직화된 종교, 예절, 의식, 그리고 로터리 클럽이나 PTA(Parent-Teacher Association, 일종의 학부모회) 같은 공동체 집단을 숭배하기 때문에 무도덕의 위험으로부터 자유로운 사회를 수호하는 제도들을 함양한다. 나아가 신보수주의자들은 물질적인 발전의 중요성을 과소평가하지 말자고 덧붙인다. 부를 창출하는 부르주아의 능력은 전 세계의 수십억 인구에게 더 오랜 수명과 더 유쾌한 생활을 가능하게 했다. 기술은 모든 사람들의 삶을 크게 개선시켰으며, 세심한 창업가들은 화려함은 잘 몰라도 상거래로 현실을 개선하고 혜택을 제공했다. 예컨대 부르주아 자본주의는 전례 없는 사회 이동을 가능하게 했다.

신보수주의자들은 원대한 영적 초월성을 추구하는 보헤미안들이 종종 자기만족적인 냉소주의에 빠진다고 주장했다. 신보수주의자들은 반문화의 영구적인 반항성을 멸시했다. 그들은 중산층을 경멸하는 신좌파 보헤미안의 속물근성에 화가 났다. 권위와 관습의 배격은 즐거운 해방으로 이어지지 않는다고, 그 결과는 고작 자기파괴적인 행동으로 이어질 뿐이라고 일갈했다. 낭만에 빠진 자들은 전통적인 도덕마저 거부하지만 결국 그런 태도는 모든 도덕성과 시민적 의무를 회피하는 일일 뿐, 이기주의가 만연해진다. 아버지는 가족을 저버리고 부모 중심의 성스러운 가정이 해체된다. 분명한 도덕적 지침 없이 자란 아이들은 범죄와 마약의 유혹에 빠지기 십상이다. 대중문화는 더 저속한 문화로 타락한다. 사람들은 사회의 희생자로서 버림받으며 자신에 대한 책임감을 요구받지 않는다.

거트루드 힘멜파브 같은 신보수주의자들은 구체적으로 사실을 지적했다. 1860년부터 1970년까지는(산업화 시대의 갖가지 무시무시한 사건들에도 불구하고) 미국과 영국의 이혼율이 일정한 수준을 유지했다. 하지만 1970년부터 보헤미안 문화가 대중운동으로 번지고 부르주아 문화가 후퇴하면서 이혼율과 혼전 임신이 급증했다. 범죄와 마약 복용, 이 밖에도 많은 사회적 병리 현상이 늘어났다. 신보수주의자들은 부르주아적 가치에 대한 공격이 사회적 재앙을 불러왔다고 주장했다. 그들 대다수가 앞으로 부르주아적 가치를 예전의 영향력 수준으로 회복시켜야 한다고 믿었다.

조화의 소망

부르주아와 보헤미안의 갈등이 절정에 올라 있는 동안에도 사람들은 양측 사이에서 무언가 균형을 찾으려고 했다. 반 위크 브룩스는 1915년에 발표한 저서 『미국의 성년식』에서 자기보존의 장치와 삶의 신비를 명확히 구분 짓는 사회에 대해 불평을 토로했다. 그에 따르면 "미국에는 두 부류의 대중이 있다. 문화적인 대중과 사업적인 대중, 이론의 대중과 활동의 대중, 메테를링크를 읽는 대중과 돈 버는 데만 골몰하는 대중이다. 전자는 대체로 여성적이고 후자는 남성적이다." 그는 이러한 두 문화 사이에서 '호혜적인 중간 지대'를 찾으려고 했다. 그는 '이상을 현실 속으로 넣고자' 했으며 좋은 것과 좋게 만드는 것을 일치시키고자 했다. 그러나 몇몇 사색가들과 작가들은 조화를 갈구했을지 모르지만, 세상은 아직(적어도 산업화 시대에는) 준비가 되어 있지 않았다. 정보화 시대가 되면서 비로소 신념의 세상과 비즈니스 세상은 합쳐졌으며 오랫동안 갈구하던 부르주아와 보헤미안 사이의 균형은 현실로 나타났다.

펜실베이니아의 웨인 같은 미국의 중상류층 동네를 한번 살펴보자. 그런 동네에는 분명히 나름대로 부르주아 요소가 있다. 교외 지역이고, 풍요롭고, 가족이나 종교 같은 전통적인 부르주아적 제도를 분명히 존경한다. 하지만 새로운 웨인의 주민들은 보헤미안의 생활 방식도 채택했다. 강력한 커피, 곡물, 캐주얼한 예절 같은 것들이다. 1954년에 발표한 저서 『유행의 창조자들』에서 러셀 라인스는 구스타프 스티클리에 대해 "이제 그의 이름과 책은 거의 잊었다"라고 썼다. 하지만 오늘날 웨인 같은 동네에서는 눈길이 닿는 곳곳에 반물질주의자 장인이 디자인한 가구가 있다.

그런 동네들의 가장 흥미로운 특징들 가운데 하나는 새로운 교육을 받은 계층의 소비자들이 고상한 응접실 사회의 과거 방식을 뒤집고 있다는 것이다. 과거의 상류층은 모든 것을 매끄럽게 만들려 했지만, 오늘날 우리 교육받은 계층은 반대로 모든 것을 거칠게 만들려 한다. 과거의 그들은 천장의 들보를 덮었지만, 오늘날 우리는 들보를 노출시킨다. 그들은 회반죽과 페인트로 육중한 석재 굴뚝을 덮었지만, 우리는 석재 굴뚝을 드러내며 거대한 벽난로를 좋아한다. 그들은 섬세하고 좁은 바닥 지지대를 좋아했지만, 우리는 튼튼하고 넓은 바닥 지지대를 좋아한다. 그들은 대리석을 더 좋아했지만, 우리는 슬레이트를 더 좋아한다. 그들은 유명 예술 작품의 복제품으로 집을 꾸몄지만, 우리는 수공예품을 좋아한다. 그들은 비단으로 가구를 덮었지만, 우리는 거친 콜롬비아산 융단으로 소파를 덮는다. 때로는 융단에 오래전 죽은 당나귀 털이 조금 붙어 있기도 한다.

더 넓은 관점에서 보면, 그들은 세련되고 고상한 문명 생활을 좋아했지만 우리는 토착 정신을 좋아한다. 그들은 자제력을 과시하는 절제된 매너를 좋아했지만, 우리는 정직을 과시하는 부담 없는(나사 풀린) 매너를 좋아한다. 그들은 손님 대접을 공연으로 만들었다. 그러니까 집 뒤편의 어딘가 으슥한 곳에서 하인들이 무대에 올릴 공연을 준비했다. 반면 우리는 손님들을 무대 뒤 부엌으로 초대하고 야채를 건네주며 썰라고 시킨다. 과거의 고상한 생활 방식은 인류가 거친 야만 상태에서 우아한 문명 상태로 발전해 간다는 믿음에서 비롯되었다. 오늘날의 풍요로운 계층은 세련됨과 고상한 예절이 과연 존재할 수 있는지부터 의심한다. 그래서 새로운 엘리트 계층은 과거의 상류층이 칭찬의 수단으로 사용한 그 모든 단어들, '섬세한, 점잖은, 존경스러운, 단정한, 풍족한, 호사스러운, 우아한, 화려한, 넉넉한, 호화로운, 웅장한, 장엄한'과 같은 단어를 경멸한다. 대신에 새로운 엘리트 계층은 다른 기질과 정신을 나타내는 다른 종류의 단어들, '진정한, 순수한, 자연적인, 따뜻한, 고풍스러운, 정직한, 단순한, 유기적인, 편안한, 장인다운, 독특한, 진실한, 신실한'과 같은 단어를 좋아한다.

보보스는 부르주아의 소굴에 보헤미안의 감성을 풀어놓

았다. 동시에 부르주아의 제도를 모조리 뒤엎지는 못하도록 보헤미안의 태도도 희석시켰다. 덕분에 오늘날 건강을 중요시하는 에어로빅 강사가 '분노의 날(Days of Rage, 1969년 10월 시카고에서 3일 동안 일어난 시위. 287명이 체포되고 많은 이들이 다쳤다. SDS를 중심으로 사회에 반감을 가진 중산층 백인 학생들이 시위의 주축이 되었으나, 그들은 이내 자본주의 사회의 일원이 되었다)'이 적힌 티셔츠를 입고 있어도 아무렇지 않다. 주말 콘도의 객실 목욕탕에서 사람들은 커다란 월풀에 몸을 담근 채 벽에 걸려 있는 로버트 메이플소프의 초월적인 작품 사진을 무심히 바라보기도 한다. (다음 장에서는 반대로 보보스가 보헤미안의 영역에 부르주아의 특성을 주입하는 것도 볼 수 있다.)

이제는 문화 전쟁의 전선을 따라 동네를 구분하기가 어렵다. 과거 보헤미안의 중심지였던 버클리나 그리니치 빌리지에 가면, 흠집투성이 가구를 취급하는 상점에서 열리는 가구 제작 워크숍을 볼 수 있다. 음반점에서는 프로그레시브 록 레코드나 테이프를 잔뜩 볼 수 있고, 동네 게시판에서는 요가 포스터를 볼 수 있다. 하지만 이와 같은 상점들을 펜실베이니아의 웨인이나 일리노이의 위네카 등 과거 부르주아 엘리트의 중심지들에서도 얼마든지 볼 수 있다. 교육받은 계층은 모든 것을 정복했고 전국에 걸쳐 자신들의 보보 문화를 부자 동네들에 심어 놓았다. 돈만 추종하던 사람들도 이제는 비트족과 함께 교육받은 부자들을 위한 시대정신이 강하게 녹아 있는 곳에서 어울린다(포터리반, 스미스 앤 호켄, 뮤지엄 숍, 레스토레이션 하드웨어, 네이처 컴퍼니, 스타벅스 등). 이제 문화 전쟁은 적어도 부자들의 세상에서는 끝이 났다. 수 세기 동안 이어져 온 해묵은 갈등은 마침내 균형점을 찾았다.

재정 관리의 규칙

이제 제3의 문화가 등장했고, 사치를 규제하는 새로운 규칙들이 보헤미안과 부르주아의 상충하는 규범을 대체했다. 교육받은 계층은 고유한 소비 패턴을 확립했는데, 고결한 지출은 권장하는 한편, 저속해 보이거나 엘리트로 보이는 지출은 억제하는 방향이었다. 교양 있는 사람의 의미가 무엇인지를 재정립한 것이다.

새로운 규칙들로 미루어 보아 소스타인 베블런(그의 첫 저서 『유한계급론』에서 "상층계급의 두드러진 소비는 사회적 지위를 과시하기 위하여 자각 없이 행해진다"라며 소비자의 비합리적이고 과시적인 소비 행태, 즉 '베블런 효과'를 언급했다)의 시대가 끝났음은 분명하다. 라스베이거스라면 아직 대형 리무진과 고급 요트를 사들이고 값비싼 물건들을 쌓아 두는 등 무분별한 과소비로 부를 과시하는 졸부들이 있을 수도 있다. 하지만 보보 엘리트라면 재물의 축적 대신에 내적 소양을 중시한다. 그들은 돈을 쓰는 방식을 통해 스스로가 속물이 아니라 의식 있는 사람임을 보여 주고자 한다. 재정 관리의 새로운 규칙은 보보들로 하여금 그들이 경멸하는 저속한 여피처럼 보이지 않으면서 돈을 쓸 수 있게 해 준다. 그리고 그들이 정신적으로 지적으로 더 높은 경험을 얻기 위해 재물을 쓰도록 돕는다. 이 규칙을 따르면, 1년에 4백만~5백만 달러를 쓰면서도 물질에 얼마나 관심이 없는지를 과시할 수 있다.

규칙 1

사치품에 돈을 물 쓰듯이 쓰는 건 속물들이다. 교양인은 필수품에만 돈을 아낌없이 쓴다.

일찍이 아리스토텔레스는 필요와 욕구를 구별했다. 전자는 의식주와 연관된 생필품 같은 것들로, 생존을 위해 꼭 있어야 한다. 반면 후자는 우리가 남들보다 우월함을 뽐내기 위한 것들이다. 보보 엘리트는 이에 입각하여 스스로를 과거의 경쟁적인 엘리트들과 차별화했다. 특히 교육받은 계층의 구성원들은 필요한 물건에 엄청난 돈을 아낌없이 투자하지만 단순히 욕망하는 대상에는 많은 돈을 쓰지 않는다. 예를 들어, 만일 욕실에 2만 5천 달러를 쓴다면 잘하는 일이다. 그러나 오디오 시스템과 와이드 스크린 TV에 1만 5천 달러를 쓰는 건 저속한 짓이다. 야외 자쿠지(물에서 기포가 나오는 욕조)를 만들려고 1만 달러를 쓰는 건 타락한 행위지만, 오버사이즈 샤워 부스를 설치하는 데 2천 달러도 쓰지 않는 건 아직 삶의 단순한 조화를 깨닫지 못한 사람이라고 자랑하는 꼴이다.

마찬가지로 최고급 등산화에 수백 달러를 쓰는 건 이해할 수 있는 일이지만, 정장에 어울리는 최고급 라인의 특허받은 가죽 구두를 사는 건 저속한 짓이다. 멀린 XLM 산악자전거에 4천4백 달러를 쓰는 건 운동을 해야 하기 때문에 괜찮지만, 크고 폼 나는 요트를 사는 건 과시적인 천성이다. 속이 얕은 사람은 철갑상어 요리에 수백 달러를 지출하지만, 속이 깊은 사람은 정원을 가꾸는 도구를 사들이는 데에 기꺼이 수백 달러를 지출한다.

차고가 넉넉한 레인지 로버 지프차를 사려고 6만 5천 달러를 쓰는 것처럼 도구로 분류되는 물건에는 얼마든지 지출해도 된다. 하지만 가령 빈티지 콜벳 스포츠카를 사는 데 쓰는 6만 달러처럼 도구가 아닌 것에 많은 돈을 지출하는 건 저속한 짓이다. (일전에 나는 한 역사학 교수가 포르쉐를 사고 나서 겪은 사회적 트라우마에 대해 영화 시나리오를 쓰려고 한 적도 있다.) 사실 '스포츠 유틸리티 카sports utility car'라는 이름 자체는 이제 와서 보보들이 도구를 어떻게 생각하는지를 잘 보여 준다. 얼마 전까지만 해도 스포츠는 유틸리티(효용, 실용)의 반대말이었다. 스포츠는 놀이, 유틸리티는 일이라는 의미였다. 하지만 하루 종일 개념과 이미지를 다루는 정보화 시대의 키보드 자키keyboard jockey들은 여가 시간에 몸을 쓰는 일을 좋아한다. 요컨대 그들에게는 바퀴가 넷 달린 큰 지프차에 물건을 넣고 돌아다니는 게 일이 아닌 스포츠로 치부된다.

그러니 부엌처럼 (그들에게 있어) 실용적인 공간은 쓰는 비용에 한계가 없다. 보보들이 나타나기 전까지만 해도, 부엌은 집에서 가장 지저분하고 드나들기 꺼려지는 공간이었다. 예를 들어 19세기의 건축가 칼베르 보는 부엌에서 음식을 먹는 사람들을 보고 깜짝 놀랐다. 그는 "이런 습관은 현재 문명이 천박한 단계임을 보여 준다"라고 발언했다. 찰스 메릴 스미스는 1972년 저서 『즉각적인 지위: 혹은 어떻게 중상류층의 기둥이 되는가』에서 이렇게 말하고 있다. "상류층 여자들은 절대로 부엌에 가지 않는다. 중상류층 여자들은 때때로 어쩔 수 없이 부엌에 가지만 늘 그러지는 않는다는 인상을 주고 싶어 한다. 그리고 진정한 중상류층 가정은 집 안의 편리성을 일부러 강조하지 않는다." 그와 동시에, (하지만 문화적으로는 정반대의 측면에서) 베티 프리단과 페미니스트들도 세상의 자매들에게 부엌에서 나오라고 촉구했다. 하지만 오늘날 조화로운 보보 시대에는 제각각 이유는 다를지라도 모두가 다시 부엌에 들어가고 있다. 사실 오늘날 교육받은 계층의 가정에서는 부엌이 행복한 가정의 상징이 되었다. 예전에 벽난로가 부르주아들에게 그랬듯이 말이다.

때문에 당신은 온순하고 다정한 이웃들이 새로 개조한 고급 주택에 들어가면 비행기 격납고가 떠오를 만큼 커다란 부엌을 발견하게 된다. 옛날식 부엌의 외벽은 싹 사라졌으며 새 부엌은 마치 구소련이 이웃 나라들을 집어삼켰던 것처럼 인접한 방들을 집어삼키고 있다. 오늘날의 초거대형 부엌들은 어디가 끝인지 도무지 알 수가 없다. 멀리서 빛을 발하는 커다란 벽을 봤다고 착각할 수도 있는데, 그건 최고급 주방용 조리대가 빛을 받아 반사하는 신기루다. 또, 눈을 돌리면 대학원에 다닐 때 집주인이 살았던 아파트 전체를 합친 크기보다 큰 팬트리(식기나 식료품을 저장하는 장소)도 볼 수 있다.

이만큼 큰 부엌을 꾸미려면 전략이 필요하다. 건축가들은 자신들이 어떻게 부엌을 '작업 삼각형(work triangle, 가장 효율적인 주방 구조를 결정하는 데 사용되는 개념)'으로 만들어 스토브와 냉장고, 싱크대 등을 오갈 때의 걸음 수를 최소화했는지 자랑한다. 옛날 부엌에는 작업 삼각형이라는 게 필요하지 않았다. 왜냐하면 그때는 부엌에서 많이 걸을 필요가 없었기 때문이다. 그때는 그냥 몸만 돌렸다 하면 원하는 걸 바로 찾을 수 있었다. 하지만 오늘날의 광대한 부엌에는 간이식탁, 의자, 빌트인 TV, 책장, 컴퓨터 공간, 심지어는 물을 마시러 가다가 길을 잃는 손님들을 위한 작은 지도까지 있다.

부엌 장비와 관련해서 오늘날 보보 스타일의 부엌은 주인에게 최신식의, 최상의 경험을 제공하는 요리 운동장과도 같다. 맨 먼저 한쪽 벽을 완전히 덮고 있는, 겉보기에는 니켈을 입힌 원자로 같지만 사실은 스토브인 물체가 눈에 들어온다. 오늘날의 요리 애호가들은 더 이상 왕년의 분젠 가스 버너와 조악한 요리 기구들을 사용하지 않는다. 오늘날의 미식가 보보들은 우주 왕복선 발사대를 뒤집어 놓은 것처럼 열을 쏘아 올리는, 너비 48인치, 가열기 6개짜리, 최고급 버너를 사용한다. 이뿐만이 아니다. 그들은 용암석으로 만든 그릴이나, 출력이 1킬로와트에 가까운 빌트인 버너, 동으로 만든 버너 점화기, 0.5인치 두께의 쇠철판처럼(속물들이나 알루미늄 재질을 쓴다) 핫한 요리 기구들을 쓰고 싶어 한다. 그들이 원하는 오븐 용량은 적어도 8평방피트로서, 손님들에게 자신이 언제든지 물소 한 마리쯤은 거뜬히 요리할 수 있음을 보여 줄 수 있어야 한다. 모든 주방 도구는 스테인리스이되 자석이 붙지 않도록 니켈과 크롬 함량이 높게 도금돼 있어야 한다. 이 정도는 되어야 자신의 가족들이 써도 좋을 만큼 가치 있고 실용적인 도구를 구비했다고 안심한다. 라 꼬르뉴는 가스와 전기 구이판이 붙어 있는 스토브를 2만 3천5백 달러가량에 판다. 1922년에 특허를 받은 AGA의 59인치짜리 쿠커는 말 한 마리를 그 자리에서 삶아 아교로 만들 만큼 튼튼하면서도 매끄럽고, 예열 플레이트, 시머링 플레이트, 베이킹 오븐, 로스팅 오븐 등 편리한 구성품이 특징이며 무한대로 점화하는 기능을 제공한다. 이 제품은 대상을 직접적으로 가열하지 않고 복사판에 열을 전달하는 방식을 사용해 삶의 고상한 철학을 드러낸다. 가격은 '고작' 1만 달러다.

부엌의 한쪽 면 4분의 1은 냉장 설비가 차지한다. 단순한 냉장 기능을 넘어 모든 분자 운동이 정지되는 절대 온도 영(0)의 상태에 도달할 수 있어야 한다. 냉장고 자체의 크기만도 미니밴 하나를 수직으로 세워 놓은 것만 하다. 큼직한 문도 최소 2개가 달려 있는데, 하나는 당연히 냉장고 문이고, 다른 하나는 집 안의 다른 방들을 세입자에게 내어 줄 경우에 대비해 겸용으로 쓰는 문 아닐까. 그 밖에도 (탄소 필터로 정수된) 물과 (큐브 조각 혹은 어린아이들이 글자를 익히게 돕는 알파벳 모양의) 얼음, 다양한 수제 맥주도 제공되어야 한다. 1갤런 크기의 도어 바스켓, 밀폐식 분할 선반 및 수납칸, 끝까지 펼쳐지는 슬라이딩 선반, 흠집 방지 도어 창문이 있고, 전면 도어는 시어스에서 파는 냉장고처럼 하얀색이 아닌 남성적인 스테인리스 스틸 색상이어야 한다.

탁월한 내구성을 자랑하는 집기들과 드넓은 부엌은 당신이 스스로 요리를 함으로써 일상의 까다로운 현실을 마주하고 제 몫을 다한다는 상징이다. 간디와 마르크스가 권하던 대로다. 미국이 나토NATO 회원국 중 6개국을 제외한 어떤 나토국보다 더 강력한 장비를 갖고 있다는 뜻이다. 오븐에 생선을 집어넣으면 골고루 익혀져 나오고, 불을 최대로 높이면 마카로니와 치즈를 요리하는 데 적당한 물이 8초 만에 끓여진다. 당신은 정말로 중요한 곳, 당신과 가족들이 매일매일 사용하는 일상적인 장소에 당신의 지출 역량을 집중하고 있다. 과시하려는 목적으로 소비하는 것은 죄악이지만, 필요에 따라 집 안 곳곳에 돈을 쓰는 것은 예전 같으면 하인들이나 하던 일이니 단연코 평등주의의 발로다.

규칙 2
'전문가급' 물건이라면, 설사 직업과 아무런 연관이 없다 해도, 많은 돈을 써도 용납된다.

에베레스트산 원정대를 이끄는 전문가나 셰르파(네팔의 산악 지대에 거주하는 민족으로, 히말라야 등산대의 짐을 나르고 길을 안내하는 인부로 유명하다)는 아닐지라도 그들처럼 세 겹짜리 고어텍스 알펜글로우 재킷을 사는 일이 비합리적이라고 말할 순 없다. 아침에 먹을 빵을 23세기까지 오래도록 잘 구워 줄 튼튼한 300달러짜리 다용도 산업용 토스터를 살 수 있는데도 불구하고, 당신이 빵집 주인이 아니라고 해서 굳이 허술한 29달러짜리 가정용 토스터를 사야 한단 말인가. 마찬가지로 당신이 파트타임 정원사라고 해서 고급 정원 용품점에서 파는 55달러짜리 괭이가 아닌 6달러짜리 괭이를 굳이 골라야 한다는 법은 없다. 교양인이라면 절대 보석에 들인 돈으로 서로를 판단하지는 않지만 장비에 들인 돈으로는 서로를 판단한다. 그러니 장비를 살 때는, 내구성과 장인정신이 무엇인지를 충분히 진지하게 이해하고 있음을 입증할 필요가 있다. 즉, 가치 있는 물건이라면 아낌없이 돈을 쓸 줄 아는 똑똑한 사람임을 보여 주어야 한다.

이러한 흐름에 올라탄 고급 상점들은 영리한 위장 전술을 채택하고 있다. 그들은 옷 같은 부드럽고 뻔한 물건을 팔면서도 견고하고 대단한 기능성 물건을 팔고 있는 듯이 위장한다. REI 아웃도어 용품점은 스웨터 코너에서 얼음 도끼를 광고하는데, 당신이 스웨터를 사러 가던 중에 얼음 도끼(적설기 등산에 사용하는 곡괭이 형태의 도구)를 발견하면 기분이 고결해진다는 사실을 알기에 그러는 것이다. 레스토레이션 하드웨어는 하드웨어를 판다고 선전하지만 사실은 소파와 의자로 더 많은 매출을 올리고 있다. 랜즈 엔드 사는 양말을 엄청 많이 팔지만 카탈로그 표지에는 에베레스트산의 능선을 걷는 산악인들의 사진이 실려 있다.

이런 추세가 이어진 결과, 교육받은 계층과 그들의 소지품 사이에 모험 격차가 생기고 있다. 그들이 소지한 물건들은 그들이 실제로 하는 일보다 더 위험한 활동을 위해 만들어졌으니 말이다. 안데스산맥 등반용으로 만들어진 등산화는 주로 농산물 시장을 활보한다. 혹한기도 견딜 최고급 양모 외투는 편의점의 시원한 복도를 걸을 때 걸친다. 사륜구동 자동차들은 기껏해야 진흙탕길을 좀 지나는 정도의 험한 여행길을 달린다. 다만 귀족 시대의 위선이 정중함을 가장한 무례함이었던 것처럼 오늘날 보보들의 거친 장비는 모험으로 위장한 편안함이라 하겠다.

규칙 3
작은 것들에서부터 완벽주의를 실천한다.

만약 당신이 깔끔하게 관리된 웅장한 정원이 딸린 대저택을 짓는다면 사람들은 허세가 지나치다고 할 것이다. 하지만 당신이 자그마한 가정용 소품들에 빠져 산다면 당신을 거만하다 욕할 사람은 아무도 없다(당신이 쓰기에 딱 좋은 파스타 여과기, 독특한 문손잡이, 혹은 기발한 모양의 코르크 따개 등등). 보보들은 언론인 리처드 스타가 얘기한 '작은 것들의 완벽주의'를 실천한다.

예컨대, 테라코타로 빚은 빵 보관함을 사용하는 것은 작은 일 같지만 통기성을 증진시키는 중요한 일이다. 그들은 자동차 타이어 흙받이 하나를 찾아내기 위해 몇 시간씩 숙고하기도 하는데, 성능이 우수하면서도 너무 튀지 않는 걸 찾고자 굉장히 집중해서 심사숙고하는 것이다. 또한 단열재 전문가가 되기 위해 며칠 밤을 투자하기도 한다. 그들은 카탈로그를 샅샅이 뒤져 많은 사람들이 세계에서 가장 좋은 제품이라고 믿고 있는 스위스제 KWC 수도꼭지를 마침내 찾아내고야 만다. 이 모든 정성의 이면은 무엇일까. 이렇게 수도꼭지를 찾는 일에도 세심한 노력을 쏟을 만큼, 풍부한 사고력과 정신적 여유가 있음을 보여 주는 것이다.

한때 유기화학 기말시험과 물리학 리포트 작성에 쏟아붓던 사고력을 이제 좋은 차고를 고르는 데 쓴다. 보보들은 남들에게 감명을 주려 한다는 인상을 풍기고 싶지 않아서 사치스러운 느낌을 주는 현란한 물건들을 마다한다. 그들은 대중이 아직 발견하지 못한, 삶을 더 편리하게 혹은 더 특별하게 만들도록 설계된 희귀한 물건들을 좋아한다. 그릇을 꺼낼 때 몸을 수그리지 않으려고 키가 큰 식기세척기를 들였다면 삶의 예술을 마스터했다는 표시이다. 내용물이 한눈에 보이면서 아이들은 열지 못하게 만든 플라스틱 의약용기가 욕실 선반에 있다면, 이는 아이들을 세심하게 배려한다는 증거다(영미권은 보통 건식 욕실 선반 한쪽에 의약품을 보관하는 것이 일반적이다). 특이한 따개로 수프 깡통을 열 때 삶의 풍요로움을 느낄 줄 안다면 감각이 고상한 사람이다. 당신의 크리스마스트리 전구들이 요즘 것보다 크기가 약간 더 큰 1933년의 명품일 때, 당신의 수준 높은 손님들은 옛 장인정신에 대한 당신의 취향을 칭찬할 것이다. 그 누구도 저녁 식사 자리에서 다이아몬드 목걸이에 대해 이야기하는 것을 원하지는 않지만, 아프리카에서 영감을 얻어 제작된 집주인의 샐러드 포크에 관해 대화하는 일은 매력적이라고 느낄 것이다. 아이템이 더 작을수록 작은 것까지 세심하게 생각해 구매한 것이기 때문에 더 칭찬받을 일이니까.

규칙 4

질감은 아무리 강조해도 모자라다.

매끄러움은 아마 에드먼드 버크에게 즐거움이었을 것이

다. 매끄러운 표면의 매트한 검정색 가구, 래커로 칠해 광택을 낸 바닥, 그리고 인조 대리석으로 만든 매끈한 벽까지. 성취 지향적이며 욕심 많은 1980년대 여피들의 주변은 온통 표면이 매끄러운 것들로 둘러싸여 있었다. 하지만 교육받은 엘리트는 그들보다 우월함을 보여 주기 위해 자연적 불규칙성이 가득한 환경을 만들고 싶어 한다. 보보들에게 거친 것 roughness은 진정성이고 미덕이다.

그래서 교육받은 엘리트는 질감texture과 사랑에 빠졌다. 그들은 바닥을 모조리 덮을 정도로 크고 반들반들한 양탄자보다는 무언가 이름 모를 풀로 엮은 거칠고 작은 양탄자를, 매끄러운 플라스틱 장난감보다는 울퉁불퉁한 나무 장난감을, 매끄럽고 화려한 도자기보다는 까끌까끌하고 투박한 도자기를, 매끈한 튤립보다는 거칠고 특이한 야생화를 더 좋아한다. 임파스토(물감을 두껍게 칠하여 질감 효과를 내는) 기법을 동경하는 지식인답게 그들은 고풍스러운 문손잡이, 이끼로 덮인 돌벽, 거친 색조의 들보, 색이 바랜 슬레이트, 티베트산 천연 직물, 그리고 독특한 모양의 실내장식을 좋아한다.

부유한 보보들은 해머를 든 인부들을 고용해서라도 넓은 마룻바닥에 무언가 시골스러운 분위기를 때려 박으려고 한다. 그들은 필요하다면 이탈리아 움브리아 지방의 장인들이라도 불러다가 오래되어 바스라질 듯한 프레스코화를 현관 벽에 그리게 한다. 그들은 투석 공격에도 끄떡없을 것 같은 우락부락한 바위들로 주춧돌을 세우고 나무꾼 폴 버니언(Paul Bunyan, 미국 민담에 등장하는 나무꾼)이 쪼갠 듯한 통나무들로 인테리어 기둥을 만들려고 한다.

무지한 외환 딜러조차 패턴을 기준으로 옷을 고를 수야 있다. 하지만 특이한 질감이 섞인 옷들로 옷장을 채우려면 나름대로 고상한 감각이 있어야 한다. 그래서 보보들의 셔츠 원단은 비단이 아닌 무명이다. 옷깃은 빳빳하거나 금속성이 아니고 느슨하게 접혀 있다. 보보들은 하얀 리넨 바지를 기본으로 하고, 색깔이 다른 실을 섞어서 짠 블라우스, 엘살바도르의 민속 의상인 양털 스웨터, 삼베로 만든 야구 모자, 그리고 곧 시장에 나올 사이잘 속옷을 부수적으로 소화한다. 그래서 보보들이 한데 모여 서 있으면 사람들은 질감 있는 직물들의 은은한 조화로움에 놀라움을 금치 못한다. 아마도 입을 다물지 못하고 속으로 이렇게 생각할지 모른다. '우와, 올록볼록한 사람들이 많이 지나가네. 저 사람들은 신선한 누에콩을 어디서 사야 할지 분명 알고 있겠군.'

질감의 원칙은 음식물에도 적용된다. 교육받은 사람들이 마시는 모든 음료는 유리잔 바닥에 침전물을 남긴다. 이를테면 효모로 발효시킨 술, 껍질이나 과육을 거르지 않은 과일 주스, 유기농 커피 등이 있다. 보보들이 먹는 빵은 건강한 농부들이 좋아하는 것과 같은 두껍고 거친 빵이지 예전의 천박한 교외 사람들이 좋아하던 얇고 부드러운 빵이 아니다. 심지어 양념조차도 질감이 아주 거칠다. 많은 보보들은 정제되지 않은 굵고 깔깔한 설탕을 가장 훌륭하다고 생각한다.

규칙 5

교육받은 엘리트는 스스로를 더 낮춰야 한다.

교양 있는 사람들은 남에게 뒤처지지 않으려고 애쓰는 것을 싫어한다. 본인보다 상류층인 계급의 스타일을 더 잘 흉내 내기 위해 이웃과 경쟁하는 일만큼 어리석은 짓은 없다. 대신에 교육받은 계층의 구성원인 당신은 당신처럼 교양 있는 동료들과 함께 자신의 지위를 드높이고자 지위 상징을 거부한다. 당신은 무엇이든 간에 이웃보다 약간 더 캐주얼해야, 즉 가벼워야 한다. 당신이 사용하는 가구는 보다 더 하층민의 물건에 가까워야 하고, 당신의 삶에는 더 전원적이고 소박한 멋이 담겨야 한다. 그러므로 당신은 버킹엄 궁전에서 귀족들이 사용하는 화려한 식기류를 사용해서는 안 된다. 그냥 포터리반에서 파는 간소한 하얀색 그릇을 써야 한다. 신발도 맵시 있는 펌프스여서는 안 되고 프라다에서 만든 단순하지만 비싼 페니 로퍼여야 한다. 과시는 불명예스럽지만 간소함은 정직을 다른 말로 포장한 표현이다. 당신은 일반적인 다른 사람들보다 뒤처지는 법을 배워야 한다.

교육받은 엘리트가 이와 같이 자신들의 지위를 뒤집는 현상을 선도한 시기는 1960년대다. 그때 이름 모를 천재가 빛바랜 청바지를 새 청바지보다 더 비싼 가격에 팔 수 있음을 발견했다. 새것을 추구하던 기존의 소비주의 기본 방식을 거부하려는 소비자 계층이 갑자기 생겨났고, 빈티지를 좋아하는 취향이 고급 소비자들에게로 번져 갔다. 그래서 이제는 고급 가구점들이 새것이지만 낡아 보이는 가구들을 팔기 시작했다. 전 세계 개발도상국들의 공장 근로자들이 미국 소비자들을 만족시키기 위해 금방 만든 상품들에 흠집을 내느라 바빠졌다. 그들이 그런 일을 하면서 미국 사람들을 어떻게 생각했을지 상상하기란 어렵지 않다. 하지만 미국에 있는 사람들에게는 의미가 있었다. "내가 사용하는 가구는 못생기고 낡아 보일지 몰라도 우리의 양심만큼은 그렇지 않다."

50년대와 60년대 유행을 선도한 최첨단의 사람들은 무조건 모던해 보이고 싶어 했다. 그래서 1958년에 위스콘신의 인빈서블 가구점도 "모던 스타일 책상, 모던 스타일 모듈러, 모던 스타일 의자"라는 구호로 광고를 냈다. 오늘날도 똑같이 모던한 스타일이 다시 유행한다. 하지만 이번엔 고풍스럽다는 이유로 유행하게 됐다. 그저 모던한 것은 시대에 뒤진 것이다. 대신에 식당들은 바닥에 페인트를 흩뿌리고 망치로 탁자를 부수어 일부러 시대를 고스란히 겪어온 느낌을 주려고 한다. 수동으로 힘껏 밀어야 하는 구식 잔디 깎이의 경우, 레트로 스타일을 좋아하는 소비력 있는 전문직들의 취향을 충족시키면서 판매량이 매년 20~30%씩 크게 늘고 있다. 한편 롤러스케이트 부활론자들은 인라인스케이트를 멀리하고, 앞뒤로 둘씩 네 바퀴가 달린 쿼드 롤러스케이트를 다시 유행시키고자 노력 중이다.

이러한 지위 전도顚倒의 방식은 복고적이면서 동시에 하향적이다. 그냥 낡은 물건을 사는 행위만으로는 충분하지가 않다. 추가적으로, 사회적 계층 사다리 밑으로 내려가 더 가난한 사람들이 쓰던 소지품을 사야 한다. 그렇게 해서 이전 소유자들이 너무도 소박하고 순수해서 물건의 대단한 가치를 몰랐기 때문에 사회적 지위의 의미가 전혀 담겨 있지 않은, 그런 물건들로 주위를 장식해야 한다. 그래서 보보들은 더 부유해질수록 더 셰이커(Shaker, 자급자족하며 검소한 삶을 추구한 개신교의 한 종파) 교도처럼 산다.

보보의 집에 한번 들어가 보면 셰이커풍의 스테레오 장

식장과 작업대를 금방 볼 수 있다. 보보들은 그 옛날 집 안에 차린 인쇄소에서 쓰던 진열장을 가져와 개조했다. 오래된 소시지 공장에서 낡은 벽장 문을 발굴했고 계단에 설치한 아기 안전문은 원래 19세기 토끼장 문이었다. 벽에는 옛날 농사 도구들을 장식용 소품처럼 걸어 놓았다. 탁자에는 잡화점에서 파는 예술품, 바르는 연고가 든 오래된 캔이나 비스킷 깡통, 조리용 기구, 그리고 낡아빠진 양념통들을 진열해 놓았다. 구제도의 계층 구조를 뒤집어엎는 한편, 다른 사람들로 하여금 우리가 그런 물건들을 구입하는 데 실제로 들인 액수보다 돈을 덜 썼다고 생각하게 하고 싶은 것이다.

우리는 그 고풍스러운 특성 때문에 세월이 흘러도 변치 않는 가치를 지닌 오래된 물건들을 좋아한다. 세기말의 목공 도구들, 고래잡이 장비, 버터 만드는 도구, 활자 보관대 typesetting trays, 가스등, 그리고 수동 커피 그라인더 같은 것들이다. 등나무로 만들고 바닥은 참나무를 쓴 등대선 모양의 바구니는 일자무식 뱃사람의 숨겨진 슬기로움을 감상할 수 있어서 현재 1천 달러에서 11만 8천 달러 사이에 팔리고 있다. 그 뱃사람은 자기가 그저 작업도구를 만들었다고 생각하겠지만 우리는 예술 작품이라고 평가한다.

이러한 지위 뒤집기의 또 다른 필수 요소는 억압받던 문화를 수용하는 것이다. 과거의 엘리트는 유럽의 귀족들이나 식민지 노예 주인의 스타일을 모방했을 수도 있다. 하지만 보보들은 식민지 시대의 피지배자들을 더 좋아한다. 그래서 정말로 품격 높은 가정을 방문하면, 피식민자들이 만든 물건이라는 점을 제외하곤 공통점이 없는 특이한 공예품들을 볼 수 있다. 사모아, 브라질, 모로코, 혹은 티베트에서 만든 천으로 짠 식탁보 위에는 아프리카의 전통 가면이 잉카의 조각품과 함께 놓여 있다. 켈트 문화 같은 일부 유럽의 문화도 보보들이 자신의 지위를 낮춰 보이는 데에 부합한다(그들도 억압을 받은 민족이기 때문에 교육받은 사람은 그들의 그림을 찬미하면서 동시에 자비로움을 느낀다). 교육받은 엘리트의 가정에는 때때로 아마존의 인물상, 미국 원주민의 장승, 이집트의 신이나 동물 모양의 관, 일본 신사 조각품 같은 억압받은 문화의 종교적인 물건들이 전시되기도 한다. 단, 집주인이나 손님이 신성한 물건이라고 실토하지 않아야만 전시가 가능하다.

교육받은 엘리트인 우리들은 우리가 선택하지 않은 삶의 표현물들로 우리 주위를 채우는 경향이 있다. 우리는 바쁘게 사는 인재들이지만 우리가 선택한 물건들은 우리 시대 이전의 한가로움을 나타낸다. 우리는 노트북 컴퓨터와 휴대전화를 사용하며 미래로 전진하지만, 우리 주위를 장식하는 물건들은 고풍스럽고 반동적이며 역사적이다. 우리는 양심의 가책을 느끼며 우리의 특권을 향유하지만 우리 주위를 장식하는 물건들은 특권이 없는 계층의 물건들이다. 그렇다고 우리가 위선자는 아니다. 다만 우리는 균형을 추구할 뿐이다. 우리는 풍요롭지만 물질주의자가 되지 않으려 한다. 우리는 바쁜 와중에도 시공을 초월하는 필수품들을 잊지 않으려 한다. 그래서 우리는 고요함과 한가로움을 상징하는 물건들을 찾아 미친 듯이 헤맨다. 우리는 마침내 조용히 앉아 쉴 수 있는 집, 우리의 야망이 미치지 못하는 장소를 짓고 싶어 한다.

때때로 우리는 과거 와스프들의 생활 방식조차 다시 받아들이곤 한다. 와스프들은 인종주의적이고 엘리트주의적이었을 수도 있다. 그리고 어쩌면 우리 보보들이 파괴한 기득권 계층이었을 수도 있다. 하지만 적어도 그들은 야망에 불타지는 않았다. 그래서 우리는 랄프 로렌 광고에 나오는 차분하고 아름다운 얼굴들을 볼 때면 그들에게 우리가 갈망하는 무언가가 있음을 부정할 수 없다. 그래서 우리의 다문화적 장식 안에는 뉴욕의 요트 클럽에서 바로 가져온 듯한, 이를테면 색이 바랜 가죽 의자나 짙은 목재 책상 같은 소품들이 한두 가지 섞여 있을 수도 있다. 와스프 기득권층은 죽었지만 역설적이게도 그들은 우리가 파괴한 그 문화 특성의 일부를 우리의 문화 속에 남겼다.

규칙 6

교육받은 엘리트는 거액을 주고 한때 저렴했던 물건들을 산다.

우리는 돈의 부패성에서 해방되기 위한 노력의 일환으로 돈 많은 엘리트, 그러니까 우리보다 부자이지만 교육은 덜 받은 사람들과 거리를 유지하는 데 많은 시간을 들인다. 돈 많은 엘리트는 요트나 보석 등과 같은 거창한 사치품에 자원을 쏟아붓는다. 그들은 지위가 낮은 계층이 절대로 구입할 수 없는 물건들, 예를 들어 푸아그라, 캐비어, 트러플을 산다.

하지만 우리들 교육받은 엘리트는 돈 많은 계층이 절대로 살 수 없는 물건들을 산다. 우리는 프롤레타리아가 산 바로 그 품목을 사려 한다. 교육받은 엘리트들은 노동자 계층의 구성원들이라면 터무니없다고 생각할 수 있는 그런 희귀한 아이템을 더 좋아할 뿐이다. 가령 우리도 다른 모든 사람들처럼 닭다리를 사지만, 우리가 사 먹는 닭은 방목되어 살아가는 동안 엘리자베스 테일러보다 훨씬 좋은 대우를 받았을 가능성이 높을 뿐이다. 우리도 감자를 사 먹지만, 우리가 사는 감자는 아이다호산이 아니라 프랑스 북부의 특정 지방에서만 자라는 작고 귀여운 특산 감자일 뿐이다. 우리는 상추를 살 때 샌드위치에 넣어 먹으면 너무도 맛이 없는 특이한 상추만 산다. 이런 전략은 평등주의와 허영심을 동시에 보여 줄 수 있다는 묘미가 있다.

따라서 우리는 예전에는 값이 쌌던 온갖 것에 매우 높은 비용을 지불한다. 커피 한 잔에 3.75달러를, 물 한 병에 5달 러를, 비누 한 개에 12달러를, 이탈리아산 비스킷에 1.5달 러를, 특별한 파스타면 한 상자에 9.95달러를, 주스 한 병에 1.75달러를 지불한다. 흰 티셔츠조차도 50달러를 넘길 수 있다. 우리는 농부들의 물건이면서 고품격인 물건들에 많은 돈을 쓴다. 우리는 많은 단순한 것들을 통해 더욱 세련된 취 향을 보여 줄 수 있다.

규칙 7

더 다양한 종류의 제품을 제공하는 상점을 선호하되, 가격은 고려 하지 않는다.

교육받은 계층의 구성원들은 그들이 구입하는 품목뿐 아 니라 구입하는 방식으로도 차별화된다. 고급 카페에서 커 피 한 잔만 주문하는 사람은 거의 없다. 누군가는 더블 에스 프레소에 카페인을 반쯤 뺀 모카와 우유를 섞은 커피를 주 문한다. 다른 누군가는 블렌딩한 앙골라 지역의 원두와 정제되지 않은 당으로 만든 벤티 사이즈 아몬드 프라푸치노에 계피 가루를 살짝 뿌린 메뉴를 주문한다. 우리 보보들은 맥주도 그냥 달라고 하지 않는다. 대신에 1,600가지에 달하는 온갖 종류의 맥주를 주문하면서 윈터에일과 블렌디드 맥아와 벨기에산 라거 사이에서 고심한다. 시장에 대한 우리의 영향력 덕분에, 쌀, 우유, 토마토, 버섯, 핫소스, 빵, 콩, 아이스티에 이르기까지 전에는 몇 종류 없던 것들도 이제는 적어도 10여 가지 이상으로 다양해졌다(병에 든 아이스티 음료인 스내플은 50가지 이상의 맛이 있다).

이는 단지 교육받은 계층인 우리가 대량 소비 사회에서 쉽게 버려지는 체스판의 말이 되기를 거부하기 때문이다. 다른 사람들은 기계로 찍어낸 제품을 사며 똑같은 모양의 교외 주택 단지나 예전의 저속한 저택을 모방한 집에서 살고 누구나 먹는 사과를 먹을지 모른다. 하지만 교육받은 엘리트들은 평범한 부속품이 되기를 원하지 않는다. 남을 모방하여 구매하지도 않는다. 우리에게 쇼핑은 단순히 가게에서 무언가를 골라잡는 행위가 아니다. 오히려 우리 보보는 우리가 원하는 물건과 도구들을 구매함으로써 우리 자신의 취향을 섬세하게 개발한다(그릇 하나를 사도 웨지우드가 아닌 시에나를, 연약하지 않고 튼튼한 걸로, 근사하기보다는 수수한 색상을 고른다).

보보 세상을 살아가는 우리는 우리가 가진 물건들의 큐

레이터다. 예를 들어, 거실 장식을 위해 벽난로 위쪽의 선반을 고를 때 우리는 평론가 버나드 베런슨에 빙의해 예리하게 판단한다. 독특하고 반체제적인 촛대와 사진 액자를 고르기도 하고, 대담하고 자연스러우면서도 고상한 사상이 시종일관 묻어나는 작은 장식품과 시계들의 집합을 완성한다. 새로운 장작 받침대를 시도해 보기도 하고 장작을 다르게 배열하기도 하면서 벽난로에 관한 담론의 지평을 넓힐 수도 있다.

당신이 전시하는 모든 물품은 희귀한 '발견'으로 치환된다. 비록 벼룩시장 같은 곳에서 찾아냈지만 우리는 이전에 이곳을 지나친 수천 명의 세련되지 못한 고객들과 달리 분별력 있게 물품에 깃든 모순적인 색깔을 읽어냈다. 그래서 약간의 엉뚱함이 가미된 개인의 취향에 대한 증표로서 벽난로 위에 자리하게 됐다. 만일 T. S. 엘리엇(Thomas Stearns Eliot, 미국계 영국 시인으로 극작가이자 문학 비평가)이 오늘날 살아 있고 우리와 한마음이라면 그는 홈퍼니싱 가게 체인점들을 열고 '객관적 상관물Objective Correlatives'이라고 이름 붙였을 테다. 그 상점에서 파는 모든 물품들은 형이상학적 감정을 표현하니까.

우리 보보들은 무언가를 사는 것에 그치지 않고 그에 관해 얼마든지 이야기할 수 있어야 한다. 예를 들어 랜즈 엔드

(Lands' End, 미국의 캐주얼 의류 및 가정용품 소매업체)의 상품 카탈로 그는 멋진 트위드 재킷을 그냥 보여 주지 않는다. 켈트족에서 유래된 옷감과 관련한 14세기의 재미있는 전설을 깨알같이 소개하면서, 왜 6개월 된 양의 털을 깎아 짠 양모를 최고로 치는지 설명한다. 주름진 얼굴을 한 사랑스러운 노인이 재킷을 만들었다고도 알려 준다. 랜즈 엔드 사는 광고를 할 때마다 개리슨 케일러 같은 작가들의 재밌는 글을 원용해 우리가 손에 들고 있는 이 종이는 단순한 카탈로그가 아니라 손해를 감수하면서도 발행하는 럭셔리 매거진에 가깝다는 느낌을 받게 한다.

이 같은 방식으로 우리에게 물건을 파는 회사들은 마케팅을 혐오하는 사람들을 대상으로 세심한 마케팅 전략을 개발했다. 그들은 쇼핑이 베닝턴대학의 수강 과정처럼 느껴지게 하고 있다. 치약만 하더라도 우리는 단순한 치약을 찾지 않는다. 우리는 치약을 살 때 치약학 강좌를 찾아 들으며 치약 대신 쓸 수 있는 수많은 대안들을 공부한다. 미백(허영심과 죄책감을 느낀다)과 잇몸 보강(합리적인 대안이다)과 베이킹소다(치아의 에나멜은 다소 상하겠지만 유기농이니 괜찮을지도)가 생각할 수 있는 대안들이다. 이어서 우리는 상표들에 대해 연구하며 콜게이트나 크레스트 같은 대기업 상표에 대해 생각해 보고 새로 출시된 톰스 오브 메인Tom's of Maine이라는 산뜻하면서도 사회적 의식이 있어 보이는 브랜드에 대해서도 생각해 본다. 그 제품은 착하고 겸손한 사람들이 만들어 우리 취향에 더 맞는 것 같다. 그러니 잔뜩 지친 채 공항 내 매점에 들러 아무 치약이나 빨리 사야 하는 경우가 아니라면 우리가 포장만 보고 무조건 구매하는 일은 없다.

교육받은 소비자들에게 어필하는 회사들은 우리에게 제품 정보만을 제공하지 않으며, 제품의 철학적인 배경도 함께 제시한다. 스타벅스 같은 카페들은 에머슨의 금언이나 나폴레옹의 명언으로 벽을 장식한다. 식료품점들은 공동체에 대한 자신들의 생각을 소개하는 브로슈어를 제공한다. 아이스크림 회사들은 이제 그들만의 독자적인 대외 방침을 고수하고 있다.

만일 이들 회사나 상점들이 실용적인 측면에 지나치게 관심을 두고 있다면(이를테면 얼마나 싼 제품인지를 강조한다면) 우리 보보 소비자들을 무시하는 처사다. 하지만 그들이 우리의 이상주의적인 희망에 호소한다면 우리는 충성스러운 구매자가 될 것이다. 볼보 자동차는 "당신의 생명만이 아니라 당신의 영혼까지 구해 주는 자동차"를 광고하고 도요타 자동차는 "콘크리트를 나르자. 잡동사니를 치우자. 세상을 구하자"라는 트럭 광고 슬로건으로 대항한다. 조니워커 위스키는 이렇게 선언한다. "저속하고 진실되지 못한 세상에서 그렇지 않은 단 하나." 뉴욕의 19번가와 브로드웨이 교차로에 있는 ABC 카펫 앤 홈 매장은 존 키츠의 시구를 홍보에 사용하고 있다. "우리는 우리 마음속 깊은 애정으로부터 오는 신성함과 상상력의 진실만을 믿을 뿐이다." 무슨 뜻인지 잘 모르겠지만 그럴듯하게 들린다. 다리미 회사인 로벤타는 자사 다리미가 주름을 펼 수 있는지 없는지로 왈가왈부하지 않는다. 그들은 "다리미질의 풍수"라는 제목의 작은 카탈로그를 제공하면서 "풍수의 관점에서 주름은 사실 옷감의 긴장이다. 주름을 펴서 긴장을 풀어 주면 기의 흐름이 원활해진다."라고 전한다.

비슷한 사례로, 똑똑한 윌리엄스 소노마(Williams-Sonoma, 미국의 주방도구 및 종합 가구 전문 업체) 사의 카탈로그는 윤리적으로 중립적인 소시지만을 팔지 않는다. 카탈로그의 주장에 따르면 그들이 홍보하는 소시지는 미국 원주민들이 버지니아에서 최초의 유럽인 정착민들에게 가르쳤던 바로 그 치료 비법에서 시작했다. ('미국 원주민', 이 한마디만으로도 이미 점수를 따고 들어간다.) "이 소시지 제품들은 100% 돼지고기와 천연 양념을 원재료로 가족 대대로 내려오는 요리법에 따라 만들어졌습니다." 이 소시지는 업튼 싱클레어가 쓴 『정글The Jungle』에 나오는 도살업자들이 아닌, 고귀한 계보를 이어온 소시지 장인들이 만든 소시지다. 그래서 우리 교육받은 엘리트들은 그와 같은 문화적 유산을 맛보기 위해 24개짜리 작은 소시지 세트에 29.5달러를 기꺼이 지불한다. 이처럼 쇼핑은 자기탐구와 자기표현의 수단으로 자리매김했다. 월리스 스티븐스는 이렇게 말했다. "행복은 '구입한 것'이다."

나아가 우리는 쇼핑을 하면서 우리 자신의 개인적인 취향만을 생각하지 않는다. 우리는 물질적인 소유를 통해 긍정적인 사회 변화에도 이바지하는 가교가 되고 싶다. 우리는 평범한 모델들이 편해 보이는 옷을 입고 있는 카탈로그에서 옷을 고른다. 완벽한 흙갈색의 오가닉 셔츠(동물 실험을 하지 않은 제품)를 고르는 우리의 구매력을 통해 이타적으로 세상을 개선하려 한다. 우리는 꽃상추 협동조합을 지원하는 식당에서 식사를 하며, 다양한 신체 치수를 가질 권리를 주장하는 활동가들이 인정하는 백화점에서 물건을 산다. 우리는 환경 보호 목적으로 비자 카드를 사용하거나 정지함으로써 청정 소비주의를 창출한다. 어떤 교육받은 엘리트들은 참치를 거부하는 이유가 무엇인지에 따라 친구들을 구분하기도 한다.

우리는 십계명의 다섯 가지 계율보다도 먹을거리의 순수성이 더 영적으로 대단하다고 여긴다. 때문에, 우리는 지구를 생각하고 지역을 위해 행동하고 살충제를 혐오하는 농부들이 재배한 천연 원료를 고집한다.

거꾸로 가는 미다스

마르크스는 부르주아가 신성한 모든 것을 불경하게 바꾼다고 썼다. 그러나 보보스는 불경한 모든 것을 신성하게 바꾼다. 우리는 추잡하고 물질주의적일 수도 있는 것들을 고상하고 가치 있는 것들로 승격시켰다. 우리는 전형적인 부르주아 활동인 쇼핑을 예술, 철학, 사회운동이라는 보헤미안의 핵심적 행위들로 바꾼다. 보보스의 손은 미다스(Midas, 손으로 만지는 모든 것을 황금으로 변하게 할 수 있었던 그리스 신화 속 왕. 그의 손이 닿자 사랑하는 딸까지 황금으로 변해 버리고 만다)의 손과 정반대의 힘을 갖고 있다. 우리가 손대는 모든 것에 영혼이 깃든다.

3

비즈니스로 삶의 가치를 높이다
Business Life

나는 교통 정체를 일으키는 중이다. 나는 버몬트주 벌링턴시에서 거리를 걷다가 모퉁이에 이르러 다가오는 차를 보고 멈춘다. 자동차도 멈춘다. 그사이 내가 공원에서 원반던지기를 하며 노는 히피들을 보느라 정신이 팔리는 바람에, 그 자리에서 그대로 15초에서 20초가량 멍 때린다. 자동차는 기다린다.

평범한 도시에서라면 이런 경우 자동차들은 기다리지 않고, 비집고 들어갈 틈만 보이면 그리로 지나가겠지. 하지만 이곳은 벌링턴이다. 미국에서 사회적으로 가장 깨어 있는 도시들 가운데 하나이며, 벌링턴 운전자들은 미국이 자동차에 중독된 문화 때문에 타락했음을 인지하고 있다. 자동차 운전은 보행의 자연적인 리듬을 파괴하고, 얼굴을 맞대며 사는 지역 공동체를 위협하고 있고, 화석 연료를 태우는 기계들은 대기를 질식시키고 인간의 운동능력을 활용한 재생 에너지의 원천을 잠식한다고 알고 있다. 운전자들은 운전석에 앉아 있는 한, 나 같은 보행자보다 윤리적으로 열등함을 알고 있다. 그래서 자신의 시민적 이상을 입증하기 위해 그는 내가 길을 건널 때까지 무조건 기다리기로 결심한다. 얼마나 오래 걸리든 간에 말이다.

마침내 그가 정중하게 경적을 울리자 나는 몽상에서 깨어나 뒤늦게 거리를 건넌다. 하지만 다음 모퉁이에 도착했을 때 나는 다시 멍을 때리며 자동차가 오는 것을 보고도 멈춘다. 그 자동차도 멈춘다. 그리고 기다린다. 나는 이 당혹스러운 의식을 몇 번이나 반복하고 나서야 마침내 이 지역의 관습에 적응해 곧바로 교차로를 건넌다. 벌링턴에서는 우리 보행자들이 대지를 물려받았다. 이곳은 사회적 계몽주의가 지배하는 곳이다.

벌링턴은 라떼 타운Latte Town이다.

라떼 타운이란 웅장한 자연 속에 있거나 대학을 기반으로 하는 품격 높은 자유 공동체로서, 미국의 새로운 고급 문화를 잉태한 중심지가 되었다. 이 라떼 타운에서 고급 소매점, 고급 제과점, 수공예 가구 아웃렛, 오가닉 식품점, 그 밖에도 보보들의 소비문화를 구성하는 여타 고급 사업체들이 탄생하였다. 유명한 라떼 타운으로는 콜로라도의 볼더, 위스콘신의 매디슨, 매사추세츠의 노샘프턴, 몬태나의 미줄라, 노스캐롤라이나의 윌밍턴 등이 있으며 캘리포니아 북부, 오리건주, 그리고 워싱턴주의 소도시들 가운데 절반이 라떼 타운이다. 미국에는 총 수백여 곳의 라떼 타운이 있으며 라떼 타운까지는 아니어도 라떼 타운과 비슷한 분위기를 띤 동네가 많다. 라떼 타운에 있다면 자전거를 타고 가다 뛰어내려 주인이 애를 써도 줄어들지 않는 마르크스 책이 가득한 헌책방을 둘러보고, 창의적인 이름을 가진 장소에서 커피를 마시다가 아프리카 타악기 가게나 페미니스트 취향의 란제리 가게를 산책할 수 있다.

이상적인 라떼 타운에는 스웨덴식 정부와 독일식 보행자 전용 쇼핑몰, 빅토리아풍 주택, 미국 원주민 공예품, 이탈리아산 커피, 버클리 인권 그룹이 있고 베벌리힐스에 버금가는 소득 수준이 갖춰져 있다. 이제는 버려진 산업화 시대의 공장들도 있어서 로프트나 소프트웨어 작업공간, 유기농 브라우니 공장으로 개조할 수도 있다. 유토피아처럼 그려지는 라떼 타운은 서쪽으로 로키산맥의 전경이 보이고 마을 중심가에는 삼나무 숲이 있고, 해안가를 따라 뉴잉글랜드의 호수가 펼쳐져 있으며, 근교에는 자동차로 두세 시간만 가면 주말에 즐거운 시간을 보낼 수 있는 주요 도시가 있다.

대체로 20세기 문인들은 소도시들이 속물근성과 보수주의에 갇힌 답답한 곳이라고 묘사했다. 하지만 오늘날 이 작은 도시들은 대중 사회에서 벗어난 신선한 오아시스이자 공동체와 지역적 행동주의의 잠재적 중심지로 여겨진다. 만약 벌링턴의 보행자 전용 쇼핑몰을 따라 산책에 나선다면 맨 처음 로이니히 레스토랑에서 출발하게 된다. 이 옥내외 겸용 식당에서는 지역 비즈니스맨들이 모여 매일 아침 식사를 하는데, 그들은 칼라 없는 셔츠와 청바지를 입고 맨발에 팀버랜드 신발을 신고 있다. 흘러넘치는 은발의 회사 중역은 제리 가르시아처럼 턱수염을 기른 또 다른 중역과 즐겁게 담소를 나누고 있다. 그들의 검정색 캔버스 서류가방에는 휴대전화가 들어 있다. 건물 모퉁이에 있는 버켄스탁 샌들 가게는 자기네 멋진 제품들을 사업용으로 선물하라는 내용의 광고 문구를 창문에 걸어 놓고 있다.

거리를 따라 걷다 보면 젊은 부모들이 야외용으로 인기를 얻은 전천후 유모차를 끌고 가는 모습을 볼 수 있다. 고급 패션 체인점인 앤 테일러의 벌링턴 지점이 피스 앤 저스티스 상점과 나란히 자리 잡고 있어, 품격 높은 고급 문화가 히피들의 중고품 판매점과 무리 없이 공존하고 있음을 잘 보여 준다. 고급 캔디 가게와 케이크 가게, 아이스크림 가게가 연이어 있는 이 보행자 전용 쇼핑몰에는 매드해터(Madhatter, 『이상한 나라의 앨리스』에 나오는 미친 모자장수)나 머디 워터스(Muddy Waters, '블루스의 거장'이라 불리는 미국의 기타 연주자이자 가수) 같은 장난기 섞인 이름의 상점들이 무척 많다. 이중적이거나 역설적인 의미를 띠는 이런 식의 말장난은 주민들이 자신들의 문화적 소양을 주저 없이 과시하는 라떼 타운식 감수성의 핵심이다(버몬트대학이 벌링턴의 언덕 위에 소재하고 있어 상업 지구와 그 너머의 챔플레인 호수를 내려다보고 있다). 물론 벌링턴에도 몇몇 좋은 서점들이 있다. 뉴 리퍼블릭이나 그 외 우파 성향의 잡지들은 구할 수 없지만, 헤드폰으로 월드뮤직이나 뉴에이지 음악을 들으며 커브Curve라는 멋진 제목의 레즈비언 잡지나 프랑스에서 발행된 여성지들은 뒤적여 볼 수 있다. 물론 정치에 관한 책들도 구비되어 있긴 하지만 시사 현안 서적은 대개 뒤쪽 코너에 숨겨져 있다. 서점 앞 좋은 자리에 비치되어 가장 많은 매출을 올리는 도서는 섹스, 심리학, 요리, 인종학 관련 연구(대개는 여성에 관한 책이다) 그리고 대안적인 생활 방식에 관한 책(이 코너의 책은 80%가량이 동성애 관련 내용이다)이다. 그러고 보니 이 지역의 관심사와 대체로 일치한다.

벌링턴이 자랑하는 또 한 가지는 경이로울 정도로 분주한 공공 광장이다. 이곳에서는 연날리기 대회, 요가 대회, 먹기 대회가 열린다. 또한 예술가협회, 산학 공동체, 환경 단체, 자원보호협회, 공동체가 지원하는 농업 단체, 개발 반대 단체, 그리고 수시로 구성되는 활동가 단체들이 있다. 결과적으로 자유주의적인 사회활동과 옛날 방식의 자원보호 활동이 흥미롭게 뒤섞여 현대주의의 침범, 특히 개발을 막는다. 이러한 공공 광장은 사람들을 라떼 타운으로 끌어들이는 요인 중 하나로 작용하고 있다. 여기 사는 사람들은 자신들의 집과 좁은 마당에서 사적인 시간을 보내기보다 대중적인 장소에서 공공 활동을 하는 데 더 많은 시간을 보내려고 한다.

웨인 같은 기존 교외 지역들이 부르주아의 핵심 지역이었다면 벌링턴과 버클리 같은 라떼 타운들은 보헤미안 문화의 중심지였다. 전에는 두 지역이 문화적으로 상극이었다. 하지만 이제는 웨인이나 벌링턴이나 상황이 다르다. 라떼 타운 지역에서 가장 놀랄 만한 변화를 하나 꼽자면 이들 지역이 여전히 '대안'이라는 이름이 붙는 모든 것들(대안 음악, 대안 매체, 대안적인 생활 방식 등)의 근거지인 동시에 환상적인 비즈니스 중심지가 되었다는 점이다. 나파 지역은 포도주 산업의 중심지이며 샌타모니카와 소호 지역은 문화와 산업의 복합 단지다. 대학가 타운에는 생명공학에서부터 집짓기에 이르기까지 무엇이든 다 있고 벌링턴 역시 번창하는 상업적 요충지다. 이 도시에서 가장 유명한 회사인 벤앤제리스는 고용 순위로 따지면 상위 20위권 안에 들지도 못한다. 벌링턴의 분위기에 익숙한 사람들도 이제는 이곳에 진출해 있는 IBM, 제너럴 다이내믹스, GE, 버몬트 은행, 그리고 블로젯 홀딩스에서 편히 일한다. 벌링턴에서 비즈니스는 '멋진' 일로 인식된다. 이곳에는 4종의 지역 비즈니스 간행물이 지역 정보를 상세하게 다루고 있으며, 기업 임원이 사회적으로 책임감 있는 투자를 해야 한다는 견해를 입 밖에 내기도 전에 사람들은 똑같은 말을 이미 여러 번 간행물에서 미리 접한다.

벌링턴의 서점들에서 손꼽히는 책으로 『부부의 비즈니스 가이드』란 책이 있다. 뉴욕이나 보스턴 같은 대도시에서의 경력을 뒤로한 채 버몬트로 이사 와서 복숭아 소스, 식초, 파스타 등을 팔게 된 열 쌍의 부부들에 관한 이야기다. 이야기는 고등교육을 받은 부부가 빠르게 움직이는 도시의 생활 방식에 염증을 느끼는 데서부터 시작된다. 그들에게는 세상에서 가장 맛있는 재스민 빵을 만들겠다는 꿈이 있다. 그래서 그들은 전원 지역으로 이사 와서 그들만의 레시피를 완성하기 위해 사력을 다한다. 이내 그들은 제품을 시장에서 파는 일이 얼마나 힘든지를 깨닫고 만다. 하지만 다시금 5년 동안 피와 땀을 쏟아 열심히 일한 후에 그들은 연간 5백만 달러의 매출을 올리게 되고, 이제는 사랑하는 아이들과 함께 빅토리아 시대풍으로 개조한 전원주택에 살면서 계절의 변화를 음미하고 있다.

조지 맥거번은 정치판을 떠나며 뉴잉글랜드 민박집을 샀다. 지금껏 회색 플란넬 슈트를 입었던 남자는 이제 어쩔 도리 없이 비바람을 쫄딱 맞은 차림이 되고 말았다. 벤앤제리스 아이스크림 회사는 라떼 타운의 물질주의를 상징하며, 벌링턴에서 그 두 사람의 얼굴은 사방에서 우리를 쳐다본다. 덥수룩한 빅브라더처럼(1978년 벌링턴에서 창업한 벤앤제리스는 로고에 창업자 두 사람의 얼굴을 넣기도 했다).

하루는 내가 로이니히 레스토랑의 야외 테이블에 앉아 점심을 먹고 있을 때였다. 내게 서비스 중이던 여종업원의 귀와 코, 입술과 복부에 달린 귀걸이의 숫자를 세고 나서(아마도 19개 같았다) 소로의 『월든』을 읽으려던 참이었는데, 옆자리에 앉은 한 중년 히피 때문에 책에 집중할 수가 없었다. 그는 제로베이스 예산에 대해, 그리고 우선주와 보통주의 차이에 대해 쉴 새 없이 지껄이고 있었다. 은발머리를 포니테일로 묶은 캐주얼 차림의 그는 마치 하버드 경영대학원의 교수처럼 강의를 하고 있었다. 우드스톡을 동경하는 것처럼 보이는 젊은 여성은 할머니가 쓰는 것 같은 금테 안경에 빈티 나는 옷차림을 하고 노란색 리갈패드에 그 히피의 말을 열심히 받아 적었다. 이따금 그들은 주제에서 벗어나 회사에서 사용할 수 있는 장부 기장법이나 경영 기법에 대해 얘기했다. 여기서 주목할 점은 그 중년 히피가 모든 내용을 정확히 알고 말했다는 사실이다. 자본 시장에 대한 그의 설명은 정확하고 명쾌하며 이해하기 쉬웠다.

소로의 책과 그들의 대화를 번갈아 가며 읽고 듣고 있자니, 갑자기 『월든』이야말로 비즈니스 책에 가깝다는 생각이 들었다. 소로는 끊임없이 쓴 돈을 기록하고, 절약을 통해 이익을 얻게 되자 성과를 당당히 자랑한다. 그런 만큼 한때 '월든'이란 이름의 공동체에서 살던 1960년대의 반항아들이 시간이 흘러 비즈니스가 정신적으로 만족스러운 생활 방식으로 변모할 수 있음을 발견한 것은 놀랍지 않다. 하지만 월든 호수의 철학자도 자연을 사랑하던 그들이 얼마나 열렬하게 비즈니스를 탐닉하게 되었는지를 안다면 적잖이 놀랄 것이다.

오늘날의 라떼 타운 사업가들은 사업이 꼭 돈벌이 수단만은 아님을 잘 알고 있다. 비즈니스란 자신이 사랑하는 일을 하는 것이다. 삶은 취미의 확장된 형태다. 비즈니스는 한때 영혼을 파괴한다고 간주되었지만 실제로는 매우 풍요로운 삶을 약속할 수 있다. 그러기 위해서는 당신의 직업을 기술직으로 전환해야 한다. 예를 들어, 장인의 손을 거친 전통적인 방식으로 사과 같은 천연물을 가공해 사과즙 같은 건강식품으로 바꿔 보자. 제품을 포장할 때도 심미안과 판단력을 동원해 유행하는 예술적 디자인을 채택하여 이국적인 분위기를 자아낼 수 있다. 레스토랑이나 숙박시설이나 카페를 운영한다면 사업체를 시민 사회의 연결점, 책과 잡지와 장난감이 있는 만남의 장소로 만들어 사람들이 공동체를 형성하도록 도울 수 있다. 이런 식으로 사업하다 보면 건강한 시민을 육성할 수 있다.

건강한 세상도 이룰 수 있다. 계몽적 자본주의(이러한 자본주의는 이미 널리 퍼져 있으므로 새삼스럽게 설명하지는 않겠다)에서 가장 잘 알려진 특징은 이윤과 진보적인 명분의 결합이다. 당신은 열대우림을 구할 수 있고, 지구 온난화를 완화할 수 있고, 원주민들을 보호할 수 있고, 가족 영농을 지원할 수 있고, 세계평화를 확대할 수 있고, 소득 격차를 줄일 수 있다. 이 모든 일을 슈퍼마켓의 냉장코너 앞을 지키면서도 할 수 있다. 예전엔 이윤 추구가 어쩔 수 없이 가치 파괴로 이어진다고 믿었다. 하지만 이제는 많은 기업들이, 좋은 가치가 높은 이윤을 불러온다고 믿는다. 다만 그러기 위해서는 사회 발전을 위해 약간의 돈을 더 지불할 교육받은 인구가 많아야 한다. "비즈니스와 사회적 목표는 분리될 수 없다." 필라델피아의 좌익계 화이트 독 카페를 창업한 주디 윅스의 말이다. 지나친 명분 자본주의를 비웃는 사람들도 있다. 명분 자본주의에서 맥아麥芽로 만든 치약은 입 속 박테리아를 죽이는 대신, 박테리아에게 입 속을 떠나 달라고 간청한다나. 하지만 대다수 지식인들은 자신들과 가치를 공유하는 기업을 여전히 더 선호한다. 이런 마케팅 활동이 때로는 어리석어 보일지라도(어떤 원예 회사들은 퇴비 문제에 전력을 다한다) 사회에 큰 해를 끼치지 않고 오히려 도움이 될 수도 있다. 어쨌든 이는 1960년대 이후 활동가 정신이 어떻게 미국의 주류 안으로 흡수되었는지를 보여 준다. 한때 사람들은 진정한 예술 작품이나 시위운동을 통해 사회를 혁신시킬 수 있다고 생각했다. 하지만 활동가 정신이 주류 문화의 영향을 받아 변하면서, 이제는 운동화로도 사회를 혁신할 수 있다고 말하는 나이키의 필 나이트 같은 사람들이 생겨났다.

"정원에서 재배한 아름다운 음식을 먹으면 감각적으로도 즐거울 뿐만 아니라, 우리가 지구와 우리 스스로를 위해 올바른 일을 하고 있다는 도덕적 만족감을 준다." 과격파 학생 출신으로 현재는 고급 레스토랑을 운영하고 있는 앨리스 워터스가 뉴요커 신문에서 한 말이다. 계속해서 그녀는 파리에 있는 매장은 돈 때문에 낸 것이 아니라고 얘기한다. 오히려 그녀가 회사의 비전 선언문에 쓴 것처럼, "이것은 플랫폼 이자 전시장이고, 교실이자 수련실이며, 실험실이자 정원이다. 즉, 음식에 대한 감수성을 표현하는 레스토랑 형태의 예술 장치이다. 레스토랑에서는 인간이 느껴져야 한다. 농사일과 시장의 혼이 담겨야 한다. 그리고 거기서 일하는 요리사와 종업원들, 한마디로 장인의 인간성을 표현해야 한다." 라고 말한다.

반문화적 자본가들

역설적이게도 이 시대 미국인들의 삶에서 1960년대의 진보적 사고가 아직도 강하게 남아 있는 분야는 바로 비즈니스 세계다. 오히려 벌링턴의 히피 사업가들은 유순한 편이다. 물병자리 시대(1960년대에 시작해서 2000년간 지속된다는 새로운 자유의 시대)의 진보주의가 강력하게 작용하고 있는 곳들은 저 기업순위에서 높은 자리를 차지하고 있는 (뉴욕 증권거래소) 상장회사들이다. 우드스톡 이후 30년간 평화가 이어진 지금, 경영 컨설턴트와 기업의 중역들은 현재의 상태를 깨부수고 기득권층을 쳐부숴야 한다고 소리 높여 주장한다. 이제 억만장자 애비 호프먼스 같은 주요 재계 지도자들이 혁신을 부르짖는다. 버거킹은 미국인들에게 이렇게 말한다. "때로 우리는 규칙을 깨뜨려야 한다." 또한 애플 컴퓨터는 "미친 사람들, 적응하지 못하는 사람들, 반항아들, 골칫덩어리들"을 우대한다. 루슨트 테크놀로지스는 "야생으로 태어났다"라는 구호를 채택했고 나이키는 비트족 작가인 윌리엄 S. 버로스와 비틀스의 노래 "혁명Revolution"을 기업의 상징으로 삼고 있다. 『와이어드Wired』잡지와 실리콘밸리의 광고업자들은 1968년 가수 제퍼슨 에어플레인의 포스터에 나온 색채를 쓴다.

이런 경향은 히피스럽게 비치고 싶어 하는 기업들의 광고에만 나타나는 것이 아니다. 급진주의와 반항의 언어는 경영잡지나 비행기 헤드폰의 경영 채널, 이 밖에 미국의 비즈니스 문화가 표현되는 어느 곳에서나 등장한다. 홈디포사의 부사장은 회사 직원들에게 이렇게 호소한다. "진화가 아니라 혁명을 생각하라Think revolution, not evolution." 톰 피터스 같은 경영 컨설턴트는 수천 명의 경영 엘리트 앞에 서서 이렇게 일갈한다. "파괴는 멋지다Destruction is cool!" 소프트웨어 회사들은 네덜란드의 느슨한 마리화나 법률의 혜택을 보고 살고자 하는 직원들을 채용하기 위해 네덜란드에 사무실을 열었다. 밥 딜런과 크로스비, 스틸스 앤 내시는 노무라증권이 주최하는 기업 모임에서 콘서트를 열고, 이제는 거의 모든 기업이 사회적인 운동을 공공연히 표방하고 있다. 이율배반적인 목표(강력한 경쟁자들을 쳐부숴라)를 세워 두고, 높은 사회적 사명감(모든 가정에 컴퓨터를)과 혁명적인 반문화(사우스웨스트 항공은 스스로 자유의 상징임을 표방한다)로 무장하고 있다. 이제는 주류mainstream란 말이 기업 용어에서 가장 더러운 단어가 되었다. 마치 미국의 모든 기업들이 기득권층을 뒤흔들기 위한 복음을 전파하는 전도사가 된 것처럼.

무슨 일이 일어났을까, 아주 간단하다. 보보들이 비즈니스의 세계로 침투해서 반문화적 사고방식을 부르주아의 전통적인 회의실에 풀어놓았다. 한때 '사랑의 여름(Summer of Love, 1967년 여름에 히피들이 운집한 사회 현상)'의 본거지였던 샌프란시스코의 베이 지역은 필연적으로 다른 어느 곳보다도 갭, 레스토레이션 하드웨어, 윌리엄스 소노마와 같이 교육받은 계층이 운영하는 소매업체들의 본거지가 되었다. 나아가 단 한 순간도 히피로 살아 본 적이 없는 몇몇 완고한 공화당원들조차 1960년대의 진보적 사고방식을 자신들의 기업 철학으로 채택했다. 이로써 반기득권적인 반항주의와 공화당적인 자유방임주의가 절묘하게 혼합되어 실리콘밸리의 혼성 문화를 낳았다.

특히 정보화 시대의 엘리트들이 지배하는 사업 분야(첨단 기술, 매체, 광고, 디자인, 그리고 영화 분야)에서 기업 지도자들은 진보주의자들과 보헤미안들에게는 아주 친숙한 이데올로기를 정식으로 채택했다. 이를테면 지속적인 변화, 최대한의 자유, 젊음의 정열, 진보적인 실험, 전통의 타파, 새로운 도전 등이다. "상자의 바깥에서 생각해야 한다You've got to think outside the box"라는 말은 사라지고 "모서리에 서야 한다You've got to be on the edge"라고 말하는 시대가 왔다. 즉, 이제는 "상상력을 발휘하는 최첨단에 서야 한다". 오늘날 기업의 지도자들은 혁신을 선도하지 않으면 역사의 뒤안길로 사라질 수밖에 없다고 말한다. 뉴 웨이브를 표방한 경제 잡지 『패스트 컴퍼니』의 창간자는 "경험은 가고, 무경험은 와라"라고 말한다. 그리고 루이 비통의 회장 베르나르 아르노는 "나는 가장 젊은 것, 가장 똑똑한 것, 그리고 아주아주 천부적인 재능에만 관심 있을 뿐"이라고 말한다.

오늘날의 반문화적 자본가들은 새로운 아이디어, 새로운 생각, 새로운 사고방식을 추구하며 살아간다. 적어도 그들은 그렇다고 생각한다. 이제는 언어의 규칙들조차 변했다. 그들은 짧은 문장을 사용한다. 명사가 동사가 된다. 그들은 산문체 문장을 혁파하고 대신에 조이스틱으로 하는 게임에 환장한 열다섯 살 아이처럼 말한다. 내년 비용 추산? 죽여줌. 제품 파이프라인? 완전 쿨함. IPO 결과는? 바닥침. 새너제이 회의는? 속 뒤집기 딱 좋음. 지루함 끝판왕. 실시간 체험 삶의 현장 수준. 그들은 대화를 하면서, 특히 이메일을 보내면서 잭 케루악의 문체를 구사한다. 무엇보다 자발적이어라, 그렇게 그 비트족 시인은 충고했다. 빠르고 자유로워져라. 문장과 문법과 통사의 형식주의를 제거하라. 야생적이고 유동적이면서 순수하고 정직하라. 그는 "당신이 느끼는 무언가는 언젠가 고유한 형태를 찾는다"라고 주장했다. 케루악이 오늘날 살아 있다면 그는 아스펜 휴양지의 기업 세미나에서 감명받을 준비가 되어 있는 기업 중역들에게 시를 읽어 주고 있을 것이다. 죽어서도 갭 광고에 등장하듯이 말이다.

나는 사업가가 아니라
우연히 사업을 하는 창조자이다

1949년에 레오 뢰벤탈은 상당한 논란을 빚은 에세이를 써서, 『토요일 밤 포스트』 같은 인기 대중 잡지들의 인터뷰 스토리가 어떻게 변화·발전해 왔는지를 추적했다. 그의 주장에 따르면 20세기 초에는 생산의 영웅들이 인터뷰 대상으로 선정됐다. 다리와 댐을 건설하고 회사를 세운 사람들이다. 하지만 점점 더 잡지들은 소비의 영웅들에게로 관심을 돌렸다. 이들은 영화배우, 스포츠 스타 같은 레저 세상의 슈퍼스타들이었다. 정치인을 소개할 때도 잡지들은 그의 직무 관련 업적이나 행동보다 숨겨진 성격이나 취미에 더 많은 관심을 보였다고 뢰벤탈은 지적했다.

오늘날 세상은 미디어 영웅주의의 또 다른 재정의를 목격하고 있다. 인기 잡지들에 등장하는 난다 긴다 하는 인사들 중에는 위대한 건설자나 엄격한 관리자, 효율을 극대화한 경영자는 거의 찾아볼 수 없다. 이제 젊고 대담하며 아방가르드한 게 대세다. 미국의 비즈니스 문화는 무게 중심이 젊은 쪽, 그리고 서쪽으로 이동했다. 타이트한 포맷에 맞춘 형식주의 대신 개방적인 도전 의식이 주류가 되었다. 미국 경제계는 좀 더 간편해졌다. 마이크로소프트의 중역들은 비니 프로펠러 모자를 쓰고 『포춘』의 표지에 등장한다. 매력적인 록 스타 같은 모습으로 사진을 찍는 경영자들도 있다. 그들은 값비싼 칼라 없는 리넨 셔츠나 색색의 스웨터를 입고 거친 모직 양말에 펑키 스타일이지만 값은 비싼 샌들을 신고 있다. 그들은 종종 청바지 차림으로 로키산맥의 통나무 별장에서 뽐내며 서서 사진을 찍는다. 소프트웨어 회사에서 감색 양복에 하얀 셔츠와 빨간색 타이를 착용한 직원은 더 이상 찾아볼 수 없다. 대신에 투박한 장화와 찢어진 청바지, 너덜너덜한 대학교 스웨트셔츠, 그리고 양체 같은 느낌을 주는 작은 유럽 스타일 안경을 착용한 야성적인 차림 일색이다.

1950년대 『비즈니스위크』 인터뷰 기사에는 기업 중역이 마호가니와 놋쇠로 만든 멋진 사무실에 앉아 있다. 때로는 일터에서 소매를 걷어 올린 모습으로 등장한다. 하지만 이제는 정신 나가 보이기까지 하는 차림새가 주목받는다. 드림웍스의 제프리 카젠버그라면 자신의 수퍼소커 대형 물총을 가지고 등장한다. 물론 너프건이나 요요나 레이저펜을 더 좋아하는 사람도 있다. 또 어떤 사람은 책상 주위를 느긋하게 돌면서 자신의 키치kitsch한 컬렉션을 바라본다. 기업 설명회를 열어 반문화적 자본가들이 가치관을 공유하는 일에 투자하도록 권하는 사업가 리처드 솔 워먼은 재떨이를 수집한다(물론 현대적인 사무실과 동떨어진 물건이다). 불길하게 끊어진 번지 점프용 로프를 천장에 걸어 놓고 그 옆에 스노보드를 매달아 놓은 사람도 있다. 실리콘밸리의 사무실에서는 『큐리어스 조지』 책의 표지나 간디의 사진 같은 것을 찢어 벽에다 붙인다. 정말 많은 기업 중역들이 앵무새 같은 애완용 새를 어깨와 머리에 올려놓거나 못생긴 믹스견을 무릎에 앉힌 채 사진을 찍는다. 여행업계의 대기업인 칼슨 그룹의 최고 경영자 마릴린 칼슨 넬슨은 인라인스케이트를 들고 포즈를 취한다. 인튜이트의 공동 창업자인 스콧 쿡은 자주 점심을 먹으러 가는 타코벨에서 『월스트리트저널』에 소개될 사진을 찍었다. 이런 이미지들은 옛날 사업가들의 스타일을 거꾸로 뒤집어엎은 꼴이다. 오늘날 기업가들은 자신들이 얼마나 재미있고 자유로운 정신의 소유자인지를 보여 주려 한다. 반면 기존 기업 엘리트들은 사진에서 근면성, 검약, 신뢰성 같은 벤저민 프랭클린의 덕목을 자신이 얼마나 잘 갖췄는지 드러내고자 했다.

1963년에 리처드 호프스태터의 책 『미국의 반지성주의』는 비즈니스 업계의 반지성적 편견에 대해 기술했다. 그가 살던 시대의 경영 전문가들은 지성주의란 막연히 여성적이고 두루뭉술한 개념이라고 생각했다. 오늘날 기업계의 지도자들은 자신이 지성의 총아임을 보여 주려 한다. 『포브스』지의 인물란에 등장하는 전형적인 영웅은 단순히 잘되는 사업체를 운영하지만은 않는다. 그는 악기를 연주하고 그림을 그리고 모험을 즐기며 또 '양성 전립선 이상'같이 중년기를 뜻하는 이름을 붙인 록 밴드에서 공연도 한다. 포브스에 따르면 "샌디 러너는 남편 렌 보삭과 함께 시스코를 공동 창업했다. 현재 그녀는 마상시합도 하고 할리데이비슨 오토바이도 타는 한편, 동물의 권리를 주장하고 영국 여류 작가들의 연구도 지원한다. 남편 보삭은 신비한 과학에 기금을 지원한다."

뮤추얼 펀드 매니저들은 세상에서 제일 똑똑한 사람들처

럼 묘사된다. 그들은 프로야구의 기록을 죄다 외우고 있고 숙련된 피아노 연주 실력을 겸비한 데다 브리지 카드게임 경연과 철학 심포지엄에도 참석한다. 오늘날 기업 보고서에서는 에밀 졸라와 토니 모리슨을 인용하는 일이 흔하다. 기업 중역들은 분주히 고전 사상가의 통찰력을 다음 분기의 판매 전략에 응용한다. 그래서 이들이 아리스토텔레스 경영론이나 셰익스피어 전략론, 소플리니우스의 인수합병론과 같은 제목의 책을 들고 다니는 모습이 포착된다. 광고회사 이사인 로즈마리 로버츠는 『패스트 컴퍼니』 독자들에게 자신이 가장 영향받은 책으로 "떠나 버린 것도 결국 돌아오기 마련이라는 삶의 기본철학을 담고 있다"라며 장 폴 사르트르의 『닫힌 방No Exit』과 "초점, 초점, 초점이 중요해요"라며 마키아벨리의 『군주론』을 꼽았다. 그들은 대화하면서 "대단히 흥미로운 관점인데요", 혹은 "그건 구텐베르크 시대 이후로는 살아남을 것 같지 않군요", 혹은 "그 사람은 모든 부사장들 중에서 최고의 현상학자입니다"라는 구절을 양념처럼 삽입한다. 그들은 너무 과장된 밈에는 콧방귀를 뀌기도 하지만 막상 "거리는 죽었다"라거나 "진보가 이상 비대증에 걸렸다", 또는 "시간이 왜곡되었다"라는 식의 묘한 선언을 하는 건 주저하지 않는다.

예전에는 기업가들이 조심스레 얘기하면서 신중한 느낌

을 주려고 했다. 이제 그들은 사회학적 예언자처럼 얘기한다. 오늘날 기업의 CEO가 되려면 당신은 원대하고 도전적인 이론과 아이디어로 무장해 휘하의 부하 직원들이 당신을 믿고 따르게 해야 한다. 만일 재계 컨설턴트나 경영의 도사가 되고자 한다면 생각의 폭을 거의 무한대로 키워야 한다. 그들 모두가 골드러시를 연상시킬 정도로 차세대 시장의 큰 건 Next Big Thing들에 뛰어들어 상상력을 최대한 펼치려 하니까.

오늘날 기업 지도자들의 통찰력 있는 사고를 쫓아가려면 탁월한 식견이 필요하다. 비자 카드를 만들고 현대 경영의 대가로 통하는 디 워드 혹Dee Ward Hock은 "우리는 지금 400살의 구시대가 죽고 신시대가 태어나려 애쓰는 바로 그 순간을 살고 있습니다"라고 발표했고 경영 컨설턴트인 와츠 왜커는 "우리는 절대적이고 긍정적이고 완벽한 단절의 시점에 있습니다"라고 선언했다. "그래서 나는 그냥 변화만을 연구하지 않습니다. 나는 변화가 어떻게 변하는지, 즉 변수의 변수를 연구합니다."

또 다른 경영의 귀재 개리 하멜도 포춘을 통해 말했다. "우리는 불연속적인 세상에 살고 있다. 이 세상에서는 디지털화, 탈규제, 그리고 세계화가 산업화된 세상의 모습을 완전히 바꾸고 있다. 우리는 새로운 경제생활의 형태가 극적으로 확산되는 광경을 목격하고 있다. 가상 조직, 글로벌 컨

소시엄, 인터넷 기반 상거래를 비롯하여 무궁무진하다. 새로운 부를 창출하는 과정에서 나온 점진주의는 종착역에 이르렀다. 이제는 차이가 아닌 융합을 추구하는 변곡점에 와 있고, 그리하여 새로운 집단적 관점이 대두되었다."

이 새로운 시대에서는 "우리는 어떠한 시대에서 어떠한 시대로 이동하고 있습니다"라는 구절을 자주 사용한다. 사실 우리는 동력 중심의 사회에서 지식 중심의 사회로, 직선적인 사회에서 탈직선적 사회로, 계층적인 사회에서 연결 중심(네트워크) 사회로, 탈지유를 마시는 사회에서 저지방 우유를 마시는 사회로 이동하고 있다. 그래서 모두가 많은 예측을 해야만 한다. 타임워너의 제럴드 레빈이나 바이어컴의 섬너 레드스톤이나 TCI의 존 멀론 같은 재계의 거물들은 자신들의 예측이 틀려도 아랑곳하지 않는다. 주주들도 별로 신경 쓰지 않는다! 중요한 것은 얼마나 원대하고 대담하게 예측하는가뿐이다. 정보화 시대의 거장들은 예측의 크기를 비교하기만 하면 된다. 그들의 세계사적 패러다임이 거대하다면 그들은 들어간 어떤 조직도 지배할 수 있다. 빌 게이츠는 자신의 첫 번째 저서에 『미래로 가는 길』이란 제목을 붙였다. 미국에서 미래학은 주로 음울한 공상과학 작가들이나 다루던 학문이었지만 지금은 분위기가 바뀌었다. 이제 미래는 다시 유망해졌으며 새로운 시대의 예언자들은 원대한 지적 포부를 지닌 사업가들이다.

물론 오늘날 재계 거물들의 진보주의나 이상주의가 60년대 학생 지도자들과 동일한 방식일 리는 없다. 엘리트 사업가들은 아무런 이유 없이 진보주의라는 개념 자체와 사랑에 빠졌다. 그들은 실제로 기성 사회의 질서를 끝장낼 만한 구체적인 아이디어에는 관심이 없다. 잡지 『배플러Baffler』는 바로 이러한 히피 자본주의의 어리석음을 지적하며 탄생했다. 편집자인 토머스 프랭크는 기업가들의 사회적 관습에 대한 가증스러운 도전과 사회적으로 용인된 일탈 행위를 비웃는다. 그는 사실 이 모든 것이 보수주의적 영합의 또 다른 형태에 불과하다고 말한다. 하지만 자본주의 기업가들의 행동이 전부 위선이라거나 단순히 반문화의 달콤한 이상에 영합한다고 주장하는 건 무리다. 애초에 그들은 그리 악의가 있지 않고, 또한 편파적이지도 않다. 이들 변절한 중역들은 기업적이면서 동시에 진정으로 반문화적이다. 이렇듯 서로 충돌하던 두 가지 문화적 경향은 그들 안에서 조화를 이루고 하나가 되었다.

우주적 자본가들의 지적 기원

미국식 비즈니스를 향한 비판을 기업인들이 얼마나 철저하게 받아들였는지 보자. 한 세기 동안 작가들과 보헤미안들은 『정글』, 『배빗』, 『위대한 개츠비』, 『대호황시대』, 『세일즈맨의 죽음』, 『무슨 일이 있었지(조셉 헬러의 비즈니스 소설)』를 비롯한 수천 편의 소설, 희곡, 영화 및 TV 프로그램들을 통해 기업가들을 맹렬하게 비난했다. 그런 작품들 속에 등장하는 기업가는 반지성적이고 영혼을 부정하며 세태에 순응하는 속물이다. 그들은 출세와 돈을 위해 자신이 한때 가졌던 여리고 창의적인 부분을 모두 죽여 버린 답답한 사람들이다. 그리고 그들의 일터는 권모술수가 판치는 메마른 관료주의 세상이다. 이와 같은 묘사에 대해 오늘날 기업인들은 이렇게 응답한다. "모두 사실입니다! 피고인은 유죄입니다." 그러면서 그들은 옛날 사업가들과는 다른, 보헤미안의 가치를 잘 구현하는 리더가 되고자 애쓴다.

1956년에 윌리엄 H. 화이트는 『조직인간』이라는 책을 썼다. 과연 현실 세계에 조직인간이 얼마나 많이 존재하는지는 사회학자마다 의견이 분분하지만, 그 개념만큼은 지식인들의 사고회로 안에서 큰 힘을 발휘한다. 심지어 화이트의 책을 읽지 않은 사람들(아마도 요즘 사람들 거의 대부분)도 조직인간이 되고 싶지 않다고 느낀다. 조직인간은 거대한 사회적 기계 속 톱니바퀴로 만족한다. 그는 혼자 힘으로는 자신의 운명을 통제하기에 역부족이라고 느껴 어떤 큰 조직 속에 들어가 조직의 목적과 지시에 따른다. 그는 조직이 안정과 기회를 상충 없이 모두 제공한다고 믿는다. 화이트에 따르면 "젊은이들은 '시스템'을 전혀 부정하지 않고 의심하지도 않는다. 그들은 '시스템'을 맞서야 할 대상이 아니라 협조할 대상으로 본다." 나아가 그들은 창의성과 상상력보다는 부드럽고 상냥한 성격이 더 대접받는 '사회 윤리'를 채택한다. 조직인간은 "특별하게 모나지 않으며 지나치게 열정적이지도 않다."

화이트는 1960년대에, 특히 그가 대규모 조직의 심리적 효과를 설명한 부분을 둘러싸고, 열띤 토론이 이루어지길 기대했다. 그는 옛날 상사는 당신의 노동만을 원했지만 새로운 방식의 상사는 '당신의 영혼'을 원한다고 말했다.

화이트의 책은 그 시대에 잘나가던 경영학 이론들을 효과적으로 공격했다. 그는 기업이 인성 검사를 도입해 조직에 순응하지 않는 근로자들을 솎아 낸다고 비판했다. 그는 과학 실험실을 효율성이란 미명하에 별나거나 다루기 힘든 재능을 숙청하는 곳이라고 묘사했다. 그가 보기에 기업들은 특출한 비전이 있는 개인이 아닌 사회성이 우수한 팀플레이

어들을 선호했다. 예를 들어 다국적 농업기업 몬산토Monsanto
는 과학자들을 채용할 때 "여기에 천재들은 없다. 그저 평균
적인 미국인들이 모여 함께 일할 뿐이다."라는 홍보영상을
썼다. 소코니-배큠 석유 회사는 다음과 같은 팸플릿을 배포
했다.

"거장을 구하지 않습니다."

대기업에서는 일부 연구 과제를 제외하면 단독으로 일하는 전
문가는 거의 없습니다. 고도의 기술이 필요한 일은 드뭅니다. 비
즈니스는 기술 분야가 아니어도 굉장히 복잡한 데다, 한 사람이
모든 기술을 마스터할 수는 없습니다. 누구나 업무를 수행하려
면 다른 사람들과 협력해야 합니다.

화이트는 조직인간을 찾는 사회적 관습을 거부했다. 그는
기업 내 개인과 조직의 관계가 균형을 잃었다고 주장했다.
조직의 욕구는 과대평가되었고 개인의 욕구는 홀대받았다
고. 그는 개인에게 조직을 떠나라고 촉구하지는 않았지만,
개인이 조직과 맺는 관계를 조정할 필요가 있다고 지적했
다. 그는 조직에 맞서 싸우되 자신을 망치지는 말라고 충고
했다. "지옥에나 가라고 자신의 상사에게 말할 수도 있다"
라고 화이트는 말한다. "하지만 그는 금방 다른 상사를 두게

된다. 유명한 소설 속 주인공은 농부가 되겠다고 말하며 전투장을 떠나면 그만이지만 그는 끝낼 수 없다." 화이트는 적어도 조직의 가치만큼 자신의 가치도 소중하게 여기는 개인이 자신감 있고 적극적으로 조직 내에서 일하는 세상을 추구했다. 그러면 사람들이 다방면에 충실할 수 있을 것이라 보았다. 무엇보다 화이트는 별나고 창의적인 천재를 소중하게 여기고 관료주의의 질서에 맞지 않는다고 해서 추방하지 않는 조직을 바람직하다고 여겼다.

테크노크라시 Technocracy

그로부터 10년 후, 화이트의 주장을 차용한 더 급진적인 책이 나왔다. 시어도어 로작이 쓴 『반문화의 형성』이라는 책으로, 1969년에 출간되어 기득권층에 대한 1960년대의 비판을 영리하게 요약하고 있다. 이 책은 저자의 의도와 무관하게 오늘날의 자본가들이 비즈니스 현실을 인식하는 방식에 큰 영향을 끼쳤다.

화이트와 마찬가지로 로작도 큰 조직들이 미국을 지배한다고 보았으며, 관료주의적 조직 안에서 일하는 사람들이 겪는 심리적 고통을 분석했다. 로작은 '테크노크라시(기술관료주의, 전문적 지식이나 과학기술 등에 의한 지배'라 이름 붙이며 조직이 신사적인 독재를 통해 개인의 삶을 안락하고 단조롭게 해 주면서 동시에 개성과 창의성, 그리고 상상력을 말살한다고 했다. 화이트와 마찬가지로 로작도 순응하는 성격과 부드러운 사회적 관계를 강조하는 사회 윤리를 비난했다.

그러나 화이트와 로작 사이에는 중요한 차이가 있었다. 화이트는 포춘의 기자였고, 로작은 반문화적인 진보주의자였다. 화이트는 부르주아적 가치들을 다소 인정하는 등 애매한 태도를 취했지만, 조직에 대한 로작의 비판은 훨씬 더 넓고 깊었다. 그는 경영학 이론이나 사원 모집 방식만 문제가 아니라고 외쳤다. 기업의 조직 구조는 더 깊은 문화적 질병의 증상이었다. 로작이 볼 때 진정한 문제는 그가 '객관적 의식'이라고 부른 합리주의적 사고방식 그 자체였다.

로작은 이렇게 주장했다. "테크노크라시가 우리에게 행사하는 특별한 힘을 찾아보려 탐구하다 보면 결국에는 객관적 의식이라는 신화에 도달한다. 현실에 접근하려면 오로지 모든 주관적 왜곡과 모든 개인적 개입이 배제된 의식 상태를 개발해야 한다(그래서 신화가 힘을 발휘한다). 이와 같은 의식 상태에서 흘러나오는 것만이 지식으로서의 자격이 있으며, 그 밖에는 어떤 것도 자격이 없다. 바로 이것이 자연과학의 토대다. 그리고 자연과학의 영향을 받은 모든 지식 분야가 과학적이 되려고 노력한다." 로작은 모든 문제를 숫자로 풀어 나가는 사고방식을 가진 회계사들, 차가운 과학자들, 계산적인 사업가들, 무미건조한 관료들, 시야가 좁은 엔지니어들을 소개하면서 이러한 의식의 최고봉은 기계라고 썼다. "기계는 모든 것을 측정하기 위한 기준이다." 테크노크라트(technocrat, 기술관료)의 생각에 기업이나 대학, 나아가 국가조차 기름칠이 잘된 기계처럼 부드럽게 굴러가야만 한다.

그러니 자연스레 조직 내 사람들이 기계 부속품으로 전락한다. 이 점을 강조하기 위해 로작은 프랑스 작가 자크 엘륄Jacques Ellul의 글을 인용했다.

기술은 예측 가능성, 그리고 그에 못지않게 예측의 정확성을 요구한다. 그래서 기술은 인간을 지배할 수밖에 없다. 기술의 입장에서는 이것이 죽고 사는 문제다. 기술은 인간을 기술적 동물, 기술 만능주의자로 전락시킨다. 인간의 변덕은 필연성을 위해 박살 난다. 인간의 자율성이 기술의 자율성 앞에 존재할 수는 없다. 각 개인은 기술에 의해서 규정되어야 한다. 오점을 지우기 위해서는 조직이라는 완벽한 설계 속에 각 개인의 개성과 특성을 묻어야 한다.

여기가 보헤미안이 지속적으로 비판하는 지점이다. 우리

는 멈춰 서서 우리를 둘러싼 세상을 인지하려고 할 때만 진실과 아름다움을 인식할 수 있지만 그 대신에 우상에게 우리 자신을 포로로 내맡긴다. 우리는 억압적인 사회 구조와 비인간적인 사고방식 앞에 스스로를 묶고 꿇어앉는다. 보헤미안들은 플로베르와 그의 파리지앵 일당들이 주도했던 시대 이래로 이러한 지나치게 합리적인 사고방식에 반발했다. 그들은 초월주의자들이 그랬듯이 상상력이 풍부하고 신화적이고 직관적인 인식 틀을 추구했다. 과거 100년 동안의 보헤미안들처럼 로작도 자기통제보다 자기표현을 더 강조했다. 그는 자기확장이 삶의 목적이라고 믿었다. 그는 "우리들 각자가 한 인간이 되는 것이 무엇보다도 중요하다. 우리는 인간의 다양한 측면을 순수하게 경험할 줄 알고 지극히 광대한 현실을 받아들이려고 애쓸 줄 아는 온전히 통합된 인간이 되어야 한다"라고 했다.

테크노크라시의 문제에 대한 로작의 해결책 역시 보헤미안다웠다. "개성은 특별한 훈련을 통해 확장하는 게 아니다. 개성은 경험에 대해 순수하게 열린 자세를 취할 때 얻을 수 있다." 그는 산업자본주의 사회에 사는 사람들은 더 자연스럽고 더 어린아이처럼 인식하는 방법을 재발견할 필요가 있다고 생각했다. "우리는 개성을 확장할 때가 객관적 의식을 추구할 때보다 더 아름답고, 더 창의적이며, 더 인간적이란 것을 깨달을 필요가 있다." 삶에 대한 더 재미있는 접근법이 우리 주위의 현실을 바꿀 수 있다고 그는 믿었다. "이것이 지금까지 논한 바, 우리 반문화의 주요 목표이다. 즉 새로운 하늘과 땅은 진정 광대하고 경이롭다고 선포하자. 과도하게 주목받는 전문 기술은 저 빛나는 자연에 압도되어 필연적으로 인간의 삶에서 종속적이고 주변적인 위치로 퇴각할 수밖에 없다. 그러한 삶의 의식을 창조하고 널리 알리는 일에 우리 자신을 활짝 열고 무궁한 상상력을 기꺼이 받아들이기만 하면 된다."

그러나 이와 같은 주장은 결코 실현될 수 없었다. 미국 사회의 조직 구조와 관련하여 화이트와 로작이 제기했던 문제들에 대한 해결책이 있긴 했지만, 합리주의적인 사고방식을 굴복시키는 우주적인 의식을 창조함으로써 달성할 수는 없었다. 로작의 주장은 너무 거창했다. 하지만 테크노크라시와 테크노크라시가 초래한 영합적이고 인공적인 사회 윤리를 비판한 로작과 화이트가 틀렸다는 뜻은 아니다. 다만 현실에 대해 좀 더 알고 있는 작가가 좀 더 실제적인 방식을 통해 조직과 사회 구조에 대해 다시금 생각할 수 있도록 해줄 필요가 있다는 의미이다.

제인 제이콥스, 최초의 보보

사실 로작이 글을 쓰기 전부터 이미 그와 같은 새로운 사고방식의 씨앗은 심어져 있었다. 1961년에 제인 제이콥스는 『미국 대도시들의 성장과 소멸』이란 책을 출간했다. 이 책은 보보들이 조직과 사회 구조를 바라보는 방식에 여전히 가장 큰 영향력을 끼치고 있다.

제인 제이콥스는 1916년에 펜실베이니아 스크랜턴에서 의사와 교사의 딸로 태어났다. 고등학교를 마친 그녀는 1년간 『스크랜턴 트리뷴』에서 기자로 일했다. 이후 그녀는 뉴욕으로 가서 속기사와 프리랜서 작가 등을 전전하다가 『건축 포럼』의 편집 차장으로 자리 잡았다. 1956년에 그녀는 하버드대학에서 강연을 하며 하이 모더니즘에 입각한 도시 계획의 철학을 비판했다. 그와 같은 도시 계획 때문에 마을 전체가 사라지고, 토네이도가 휩쓸고 간 듯한 버려진 공원에 둘러싸인 다 똑같이 생긴 아파트 건물들이 줄지어 들어섰다. 윌리엄 H. 화이트가 그녀에게 강연 내용을 포춘에 기고하라고 제안했고 기사는 타임 사의 중역들이 내부 논의를 거친 뒤 『주민을 위한 다운타운』이란 에세이로 출판되었다. 이어서 그녀는 자신의 주장을 확대하여 『미국 대도시들의 성장과 소멸』이라는 책에 실었다. 주로 도시 계획에 관한 내용이었지만 제이콥스의 비전은 도시 설계를 뛰어넘는다. 이 책에서 그녀는 바람직한 삶의 모습을 제시하고 있다. 그녀의 그런 비전은 매년 점점 더 많은 사람들의 마음을 끌며 보헤미안 좌파와 부르주아 우파 모두로부터 열렬한 지지를 받았다.

언뜻 보면 제이콥스는 순수한 보헤미안인 것 같다. 그녀는 보헤미안의 메카인 그리니치 빌리지에 살고 있는 작가이며 합리주의자와 대규모 개발자들(동네를 싹 밀고 단정하고 정돈된 주택 단지와 공원, 그리고 첨단 기술의 고속도로를 건설하려는 사람들)에게 도전장을 내민다. 그녀는 단조로움, 천편일률, 표준화에 저항하며, 기득권의 부와 기념물 선호 취향에 질색한다. 한편 그녀는 뜻밖에 건진 행운을 찬양한다. 여느 보헤미안처럼 그녀도 아프리카의 조각품이나 루마니아식 찻집 같은 이국적인 풍물을 좋아한다. 그녀는 비타협주의자이며 복고풍 다운타운 카페 스타일로 옷을 입는다. 사실 그녀를 비판하던 당시의 도시 계획가들은 그녀를 소외된 보헤미안으로 간주하면서 "쓰디쓴 커피숍이나 전전하는 신세"라고 욕했다.

그 책 가운데를 잠시 펼쳐 보자. 그녀가 이상적으로 생각한 공동체의 주인공들이 누구인지 알 수 있다. 자신이 살고 있는 그리니치 빌리지 허드슨가의 작은 구역에서 펼쳐지는 삶을 묘사한 부분은 책에서 가장 아름답고 가장 많이 회자

되는 대목이다. 식품점 주인인 조 코나치아 씨, 양복점 주인인 쿠차지언 씨, 철물점 주인인 골드스타인 씨를 비롯한 가게 주인들 덕분에 그 거리에서 사는 삶은 그토록 특별해졌다. 나폴레옹은 영국을 '상점 주인들의 나라'라고 불렀을 때 드디어 부르주아들을 깔아뭉개는 궁극의 표현을 찾았다고 생각했다. 이제까지 보헤미안의 저술들에서 소상공인들은 편협한 부르주아 가치를 대변했다. 하지만 제이콥스는 상인들이 추잡하고 물질주의적이라고 경멸하지 않는다. 오히려 그녀는 그들의 왁자지껄함, 깔끔함, 평범한 이웃 같은 일상 활동에 경탄한다. 한 사람은 이웃 주민들을 위해 열쇠를 보관해 준다. 또 한 사람은 동네의 온갖 가십을 전달해 준다. 그들 모두가 동네에서 일어나는 일에 관심을 기울인다. 바로 이러한 부르주아적인 미덕을 높이 평가한다.

저자는 감미롭고 서정적인 문장을 써서 동네의 잡화점 주인, 세탁소 주인, 그리고 지나가는 행인들을 발레하는 무용수들로 묘사한다. 그들의 움직임은 고품격 예술에 버금간다. 과일 가게 주인이 나타나 손을 흔들고, 열쇠점 주인이 담배 가게 주인을 찾아가 담소를 나눈다. 아이들이 롤러스케이트를 타고 지나간다. 동네 사람들이 피자가게 주위에 모여든다. "발레는 멈추는 법이 없다"라고 제이콥스는 쓰고 있다. "하지만 전반적으로 분위기는 평화로우며, 한가롭기까지 하다." 평범한 가게에서, 평범한 일이 일어나는, 평범한 거리의 일상생활을 그토록 아름답게 그린 문장은 그 외에 쓸 수 있는 사람이 몇이나 될까.

사실 글의 분위기야말로 제이콥스의 성공 비결 중 하나이다. 그녀의 글은 동시대 잭 케루악이나 시어도어 로작 같은 후기 보헤미안 작가들의 글과는 달리 과장되거나 영웅적인 글이 아니다. 1950년대의 많은 지적 저술들과 달리 거만하거나 직설적이지도 않다. 그녀는 낭만주의의 본질인 이상주의와 극단주의를 배격한다. 그녀는 지식인이 현실에서 벗어나 관념의 세계에서 살아야 한다는 생각을 거부한다. 그래서 그녀의 글은 편안하고 대화하는 듯하다. 그녀는 일상생활의 아주 세세한 곳까지 꼼꼼하게 관찰한다(저자가 여성이기 때문에 이런 방식으로 현실을 세심하게 관찰할 수 있었는지도 모른다). 어쩌면 당시의 도시 계획이 제이콥스를 화나게 했는지도 모른다. 하지만 그녀는 적들에게 무차별 폭격을 가하지 않는다. 그녀는 이론화하거나 반항하지 않고 대신 그저 고요히 앉아 주위를 세심하게 살피는 데서부터 문제 해결의 실마리를 찾는다. 부르주아의 인식론은 주로 이성에 호소했다. 보헤미안의 인식론은 상상력에 호소한다. 제이콥스는 우리에게 감각과 지각 모두를 갖추고 세상을 보도록 촉구한다. 주변을 인식하는 데에는 가게 주인의 현실적인 지식도 필요하고, 소설가나 화가에게 기대하는 감성적인 지각 능력도 필요하다.

가장 중요한 건, 제이콥스는 부르주아가 애호하는 질서와 보헤미안이 애호하는 해방을 조화시킨다는 점이다. 도시의 거리가 언뜻 혼란스러워 보여도 실은 꽤 질서 정연하다고 그녀는 주장한다. 그녀는 이렇게 쓰고 있다. "도시가 잘 돌아간다는 가정하에 무질서해 보이는 오래된 도시의 저변에는 거리의 안전과 도시의 자유를 유지하는 놀라운 질서가 숨겨져 있다. 질서는 복합적이다. 요체는 복잡하게 연결된 길거리이며, 그 길을 따라 눈길과 눈길이 이어지는 것이다. 이동과 변화로 이루어진 질서는 예술이 아닌 삶이다. 하지만 우리는 이를 도시의 예술이라 멋들어지게 부르며 춤에 비유할 수 있다." 이 구절은 핵심이 되는 조화, 자유와 안전, 질서와 변화, 삶과 예술을 잘 보여 주는 대목이다. 그녀가 말하는 바람직한 삶은 변화와 다양성, 그리고 복잡성으로 이루어져 있지만 항상 내적인 조화가 뒷받침되고 있다.

인간적이던 동네를 파괴한 도시 계획가들은 기계적인 질서만을 염두에 뒀기 때문에 이 점을 간과했다. 개발자들과 르 코르뷔지에 같은 모더니스트들은 도시 전체를 하나의 기계로 보았다. 르 코르뷔지에의 명언 중 하나는 도시를 "교통을 생산하는 공장"이라고 표현했다. 그래서 그들은 당연히 도시를 단순하고 반복적인 메커니즘으로 만들려고 했다. 그러나 제이콥스가 말하는 거리를 향해 귀를 기울여 보면, 도시는 기계가 아니고 도시 생활이라고 하면 흔히들 떠올리는 혼잡함이나 긴장이 깃든 장소도 아니다. 그녀는 흡사 숲을 묘사하고 있다. 상점 주인들은 햇볕을 받으려고 여기저기서 빼꼼 고개를 내미는 나무의 잎사귀처럼 길거리로 나오고 행인들은 동물들처럼 오가면서 무의식중에 나름대로 생태계에 작은 역할을 담당한다. 제이콥스는 기계적인 관점이 아닌 유기적인 관점에서 도시를 보고 있다. 그녀는 에머슨과 소로의 전원주의를 받아들이되 현대적인 도시의 삶과 조화시켰다. 도시는 항상 궁극적으로 자연을 포기해야만 가질 수 있는 대척점으로 여겨졌지만, 제이콥스는 건강한 도시를 마치 자연의 작품처럼 대한다.

생태계가 제대로 기능하려면 여러 유형의 많은 선수들이 있어야 한다. 한마디로, 다양성이 필요하다. '다양성'이란 말은 우리 시대의 핵심 단어들 가운데 하나이면서 제이콥스가 쓴 『미국 대도시들의 성장과 소멸』에서 특히 중추적인 단어다. 책의 후반부는 '도시 다양성의 조건'이라는 제목이 붙어 있다. 그녀는 복잡성에 감탄하면서 무계획적으로 만들어진 작은 틈새에서 여러 활동들이 분화되고 번성한다고 말했다. 이런 장소는 누가 위에서 정해 주는 게 아니라 밑에서부터 개개인에게 맞는 작은 필요들이 모여 탄생하곤 한다.

책 출간 이후로 제이콥스가 보는 방식은 수많은 사람들에 의해 재차 소명되었다. 그녀가 비판했던 도시 계획은 오늘날 전 세계적으로 비난받고 있다. 개발도상국들에서 자행한 사회 개발 정책은 참혹한 실패로 끝났고, 현실을 바꿀 수 있다고 믿었던 테크노크라트의 오만함이 까발려졌다. 공산주의의 계획경제도 실패했으며 조직과 중앙 통제로 다루기에는 세상이 너무 복잡하다는 가르침을 남겼다. 제인 제이콥스를 따르는 우리들은 우리가 알 수 있는 것에 대해서는 좀 더 겸손하고 계획가들과 관료들에 대해서는 좀 더 비판적이다. 우리는 이제 제이콥스 같은 사람들, 충분한 시간을 갖고 차분하게 앉아 세심하게 관찰하는 겸손한 사람들을 좀 더 신뢰한다.

전원적인 조직

이제 오늘날의 일터를 돌아보자. 근래 경영학 이론가들이나 첨단 기업들의 구조 조정을 살펴보면 그들이 과거의 조직 구조에 대한 화이트와 로작의 비판, 그리고 건강한 공동체가 무엇인지에 대한 제이콥스의 비전에 얼마나 크게 영향을 받았는지 깨닫고 놀라지 않을 수 없다. 오늘날 기업 중역들은 자신들이 과거의 조직인간 모델을 얼마나 강력하게 거부하는지 귀가 따갑도록 강조한다. 톰 피터스는 청중들에게 이렇게 외친다. "조직은 사라지고 있다!" 휴렛팩커드의 사원 모집 요강은 이렇게 시작한다. "우리 회사 직원들은 거대한 기업이라는 기계의 부속품이 아닙니다. 출근 첫날부터 직원들은 막중한 책무를 부여받고 성장을 장려받습니다." 사실 경영 컨설턴트들이 예찬하는 기업들은 조직인간을 거꾸로 내세우는 기업들이다. 드림웍스 같은 회사는 직함을 없앴다. 직함은 너무 계층적이니까. 또 다른 회사는 계층 구조를 일곱에서 셋으로, 열넷에서 넷으로 줄였다고 자랑한다. 오늘날의 기업들은 생물학적으로 사고해야 한다는 명언을 읊는다. 기업은 날씬하고 분권적이며 형식에 구애받지 않는 참여 시스템을 구축해야 한다. 경직된 구조를 타파하고 발달의 초기 단계에서 방해하지 말아야 한다. 기계는 더 이상 건강한 조직들이 따라야 할 기준으로 생각되지 않는다. 이제는 생태계를 본받아야 한다. 계속해서 변화하는 유기적 네트워크가 건강한 조직을 규정하는 모델이 되고 있다. 이런 조직에는 자발적 성장과 무한한 복잡성, 그리고 역동적 상호성이 가득하다.

큰 회사는 작고 유연한 팀들로 조직을 쪼개 전문가들이

말하는 '앙상블 개인주의'를 창출하려 한다. 피트니 보우스 신용회사는 작은 마을을 본떠 코네티컷에 있는 사무실을 설계했다. 사무실 내부에는 자갈 무늬 카펫과 모조 가스램프, 마을 광장 스타일의 시계가 있고 복도가 교차하는 지점에는 거리 표지판이 있다. 정말로 메인 스트리트와 센터 스트리트의 교차점이 실재한다! AOL의 본사는 사무실 책상들을 옹기종기 배치해 직원들이 자신의 이웃들과 고무 장난감과 카페인 음료 더미 사이에서 머리를 맞대고 토론하고 있다. 인헤일 테라퓨틱 시스템즈의 회장인 로버트 체스는 임원 사무실을 없앴다. 그리하여 이제는 모든 임직원이 '불펜bullpen'이라고 불리는 넓은 공간에 앉아 하루 종일 아이디어를 주고받는다. 보청기 회사인 오티콘은 책상마다 바퀴를 달아 직원들이 넓은 사무실을 돌아다니면서 그때그때 상황에 따라 팀을 이루도록 유도한다(오티콘은 1960년대에 진보적인 교육자들 사이에 인기 있던 '벽 없는 학교'의 개념을 실험하고 있는 많은 회사들 가운데 하나이다). P&G에서는 양방향 대화를 단절시키는 엘리베이터를 줄이고 양방향 소통을 촉진하는 에스컬레이터를 늘렸다. 니켈로디온은 넉넉한 넓이의 계단을 설치해 직원들의 언쟁과 잡담을 권장한다. 디자인 회사 아이데오는 긴 두루마리 메모지를 회의실 탁자에 펼쳐 놓고 직원들이 브레인스토밍과 낙서에 이용하도록 하고 있다. 여기 언급한 모든 회사들과 그 밖의 수백여 회사들이 제인 제이콥스식 환경을 구현하기 위해 애를 쓰고 있다. 우연한 회합, 자발적인 대화, 작은 모임 공간, 그리고 지속적인 탄력성을 완비해 역동적인 질서를 창출하려 한다.

옛 조직에서는 시스템이 왕이었다. 그러나, 오늘날 우리는 관계가 가장 중요하다고 배운다. 1967년 케네스 케니스턴은 1960년대 반문화주의자들을 연구하여 『청년 진보파』라는 책을 냈다. 그가 관찰한 바로는 "태도와 스타일 측면에서 청년 진보파는 극히 '개성적'이다. 그들은 다른 사람들과 대면하며 직접적인 열린 관계에 주력한다. 또한 그들은 공식적으로 구조화된 역할과 전통적인 관료 형태의 권력과 권위에 적대적이다." 오늘날 미국 재계에 널리 퍼져 있는 경영철학을 아주 멋지게 요약한 말이다. 최근에 기업들은 아낌없이 직원들을 야유회에 보내고 그들이 경쟁하지 않는 게임과 체육 활동을 하면서 이러한 관계를 형성하도록 유도한다.

또한 정보화 시대의 기업들은 특정한 형태의 사고를 촉발시키려 애쓴다. 과학적 분석과 세분화된 전문화를 중요시한 시대는 지났다. 빳빳한 흰색 셔츠를 입은 로버트 맥나마라(Robert Mcnamara, 20세기 후반 미국의 기업인이자 관료) 스타일의 합리주의 시대는 가고 없다. 이제는 어질러진 책상이 칭찬받고 헝클어진 머리의 천재들이 대접받는다. 기업들은 열광적인 동기 부여자들을 고용해 작가 켄 케시가 그를 추종하는 집단인 메리 프랭스터스Merry Pranksters에게 그랬듯이 영감을 불러일으키고자 한다. 고든 매켄지는 중년의 히피인데 밝은 색깔의 면셔츠와 청바지를 입고 오만 기업을 돌아다니며 "거대한 헤어볼 궤도를 돌아라Orbiting the giant hairball"라고 역설한다. 그의 사전에서 '헤어볼'은 관료주의이며, '궤도를 돌아라'는 창의적인 개인의 영역과 관료주의 사이에서 힘차게 춤추라는 뜻이다. 매켄지는 홀마크에서 30년 동안 일한 후에 자칭 '창의적인 역설'이라는 직함을 들고 독립했다. 현재 그는 IBM, 나비스코, FBI같이 결코 바이런(Byron, 19세기 낭만파를 대표하는 시인)식의 낭만주의적 조직이 아닌 곳에 자문을 해 주고 있다. 창의성이 생산성의 새로운 열쇠로 여겨지면서 조직인간의 덕목인 효율성을 대신하고 있다.

보스턴에 있는 인터넷 컨설팅 회사 제퍼는 입사 지원자에게 레고나 플레이-도Play-Doh 찰흙놀이 테스트를 보게 해서 창의적인 재질을 평가한다. 코닥은 게임과 장난감, 그리고 몬티 파이톤의 비디오가 있는 '유머방'을 설치했다. 벤앤제리스는 직원들의 사기를 북돋기 위해 '재미 위원회'를 운영하고, 로젠블루스 인터내셔널은 '생각 극장'을 열어 경영진이 문화 개발을 위해 고른 비디오를 직원들에게 보여 주는가 하면, 영국항공British Airways은 폴 버치가 '기업의 어릿광대'로 근무한다. 한편 제록스에서는 '사람 공부' 프로그램의 일환으로 '우드스톡 공부' 행사를 열었는데 이 행사는 천장에 달과 별과 행성들이 걸려 있는 어두운 방에서 진행됐다.

극단적인 경우를 비롯해 많은 경우가 우스꽝스럽다. 하지만 현대 경영 기법은 제인 제이콥스의 인식론이 남긴 발자취를 착실하게 따르고 있다. 오늘날 경영 기법은, 배우고 생각하는 최상의 길은 테크노크라트처럼 문제를 협소한 전문성으로 잘게 쪼개는 것이 아니라 상황의 흐름과 리듬에 민감하게 반응하는 것이라는 발상에 토대를 두고 있다. 이런 기법은 직원들이 과거의 문제를 새로운 방식으로 보도록 하고 상상력을 발휘하며 직관을 사용해 직면한 현실을 더 깊이 이해하도록 돕는다. 시장은 기계가 아니라 피드백의 메커니즘과 상호 작용, 그리고 변화로 가득한 유기체로 인식되고 있다.

메티스 Metis

다시 말하면, 기업들은 고대에 알려진 메티스라는 능력을 직원들이 개발하게끔 한다. 고대 그리스 용어인 메티스는 예일대 인류학자 제임스 C. 스콧이 다시금 부활시켰다.

프랑스 사람들이 말하는 메티스는 전문 지식savoir faire이다. 우리는 실천적인 지식이나 수완, 혹은 육감적인 능력을 메티스로 말한다. 메티스가 있는 사람의 모델로 오디세우스를 뽑을 수 있다. 그는 예기치 않은 상황에서 즉흥적으로 순발력을 발휘하며 모험을 이어 나갔다. 스콧 자신은 메티스를 '끊임없이 변화하는 자연 및 인간 환경에 대응하는 여러 가지 실천 기술과 후천적 지능'이라고 정의 내린다.

메티스는 가르치거나 암기해서 가질 수 없고, 오직 전수받거나 습득할 수 있을 뿐이다. 철학자 마이클 오크쇼트의 이론에 따르면 학교에서 문법을 배울 수는 있지만 말하는 능력은 경험하면서 서서히 얻을 수 있을 뿐이다. 마찬가지로 메티스 역시 무작위로 습득하면서 점진적으로 전체적인 그림을 형성할 뿐이다. 메티스를 공유하는 사람들은 이래라저래라 강의하지 않는다. 그들은 대화를 하고 나란히 일을 한다. 메티스를 얻으려면 이해심으로 보아야 하고 정밀하게 관찰해서 사물의 실제적인 현상을 체화해야 한다. 그리고 과정, 즉 사물의 상호 관계에 대한 감각을 길러야 한다. 메티스를 습득하는 사람은 이론이나 상상이 아닌 행동으로 배워야 한다.

예를 들어 주방 보조도 요리의 규칙을 배울 수는 있지만, 언제 규칙을 적용하고 언제 규칙을 바꾸거나 포기해야 하는

지는 주방장만이 제대로 알 수 있다. 대학원생이 교육학 책을 읽을 수는 있지만 메티스가 풍부한 교사만이 학급을 지도하고 인도할 수 있다. 메티스는 사용될 때만 비로소 존재한다. 그래서 메티스를 갖고 있는 사람은 종종 자신의 재능이나 방식을 말로 표현하지 못하기도 한다. 한마디로 말하자면, 메티스를 지닌 사람은 흐름을 안다. 어떤 것들이 어울리고 어떤 것들이 어울릴 수 없는지, 예상 밖의 상황이 벌어질 때 어떤 식으로 반응해야 하는지 안다. 무엇이 중요하고 중요하지 않은지를 구분할 수 있다. 이사야 벌린은 고전적인 에세이 『고슴도치와 여우』를 쓰면서 메티스를 알게 됐다. "과학적인 지식이 아니라 우리가 우연히 처한 상황에서 우여곡절을 인지하는 특별한 감각이다. 영구적인 조건이나 바꿀 수 없는, 혹은 완전하게 설명하거나 계산할 수 없는 요인에 집착하지 않고 살아가는 능력이다." 이와 같은 지식은 지속적으로 대응하고, 슬기롭게 헤쳐 나가는 과정에서 생긴다. 보편적인 해법을 거부하는 메티스 예찬자들은 다양한 접근법을 환영한다. 제인 제이콥스와 다음 세대 보보들에게 너무나도 중요한 이 단어를 차용하여 말하기 위해서 말이다.

이런 분위기에서는 리더십도 다르게 인식된다. 기업의 CEO는 더 이상 체스의 달인으로 체스판 위에서 마음대로 말을 움직이는 위압적이고 고고한 인물이 아니다. 그는 이제 격려자, 동기부여자, 혹은 교향악단의 지휘자로 그려지며 스스로도 자신을 그렇게 부른다. 오늘날의 CEO들은 뽐내듯이 직원들의 창의성을 고취시키려 한다. 그들은 권위주의나 억압적인 권위 구조에 예민하게 발작하고 협력 관계를 함양해야 한다고 말한다. 훌륭한 CEO는 작업장의 우두머리 장인처럼 지배하지 않고 솔선수범한다. 예를 들어 내가 마린 카운티에 있는 레스토레이션 하드웨어의 본사에서 며칠 동안 지낼 때 직원들이 CEO 스티븐 고든의 여유와 진심을 수없이 칭송하는 것을 보고 매우 놀랐다. 그의 동료 직원들은 고든이 회사 휴양지에서 물풍선 시합과 야외 게임을 주도하던 때를 행복하게 회상했다. 고든의 옷차림은 다른 직원들과 마찬가지로 캐주얼하다. 그의 사무실은 부하 직원들의 사무실보다 특별하게 크거나 화려하지도 않다. 이 회사는 애견 동반 출근 정책을 시행하기 때문에 누구든 회사에 개를 데려올 수 있고, 그 개는 고든의 사무실에도 마음대로 드나들 수 있다. 회사는 일주일에 두 번씩 모여서 점포들에 어떤 새 품목을 들일지 의논한다. 보보 기업의 평등주의에 가까운 기풍에 맞게 모임에 참석한 모두에게 투표권이 있다. 하지만 왠지 모르겠지만 결정은 언제나 고든이 하게 된다. 구매 담당자들은 각자가 일터에서 발휘하는 모든 창의성이 실은 고든의 비전을 실현하기 위해 쓰이고 있음을 기쁘게 인정한다. 이렇게 해서 우리는 정보화 시대 기업들의 한 가지 역설에 도달한다. 바로 아무리 계층 구조를 깎아내리고 평등을 촉진한다 해도 오늘날의 CEO는 예전 CEO보다 더더욱 자신들의 기업을 장악하게 되었다는 사실이다. 화이트가 묘사한 기업들에서는 조직의 고유한 특성이 분위기를 좌우했다. 이제는 카리스마 있는 지도자의 비전이 분위기를 좌우한다. 제록스의 존 실리 브라운은 포춘과의 인터뷰에서 이렇게 말했다. "오늘날 리더십의 역할은 단지 돈을 버는 데만 있지 않다. 의미도 만들어 내야 한다."

고차원적 이기심

보보가 사는 삶의 다른 많은 영역들처럼, 기업 부문에서도 세속적인 모든 것들이 신성한 것으로 변했다. 보보 사업가는 예술가처럼 얘기한다. 기업들은 사회적 사명을 강조한다. 경영자들은 창의성과 해방을 강조한다. 엄청나게 성공한 스티븐 코비 같은 경영 컨설턴트들은 효율성 전문가가 아니라 영적 조언자에 가까워 보일 정도다. 한편 자본주의의 축소판 같은 기업의 마케팅 팀원들은 자신들이 마케팅을 얼마나 싫어하는지 토로한다. CEO들은 사업 확장에 대해 애매한 태도를 취한다. 억만장자들은 돈이 아닌 자기표현이 더 중요하다고 말한다. "돈은 무엇도 바꾸지 못했다"라고 리얼네트웍스의 롭 글레이저는 월스트리트저널과의 인터뷰에서 단언했다. "돈 때문에 내 인생에서 변한 것은 아무것도 없어요." AOL의 스티브 케이스도 다른 기사에서 그렇게 얘기했다. "돈 때문에 내 인생에서 변한 것은 아무것도 없습니다." 아마존의 제프 베이조스는 세 번째로 똑같은 말을 했다.

보보스 자본주의의 이 영적인 세상에서 근로자는 죽어라고 일만 하는 사람들이 아니다. 그들은 창조자들이다. 그들은 기획하고 실험하고 꿈꾼다. 그들은 자신들의 능력치를 탐색하며 그 한계를 뛰어넘으려 한다. 회사가 만일 그들을 지겹게 하거나 억압하면 그들은 회사를 나가 버리고 만다. 소소한 권태가 나비처럼 방문을 열고 들어올 때마다 새로운 의미를 찾아 떠날 수 있음은 특권의 궁극적인 표시이다. 자기수양은 필수적이며 자아가 매우 강조된다.

그러므로 우리는 무성의하고 저속한 이기심, 사리사욕이나 무분별한 축적을 말하는 게 아니다. 우리는 한층 더 높은 차원의 이기심에 관해 얘기하고 있다. 우리는 영적으로 충만하고, 사회에 건설적이며, 경험적으로 다양하고, 감정적으로 풍요롭고, 자존심을 고양시키고, 끊임없이 도전적이며, 영원히 교훈적인 직업을 가져 자신의 능력을 최대한 발휘해야 한다. 우리는 배워야 한다. 당신만큼이나 멋진 회사에서 일하고 창의적이고 영적인 욕망을 충족시키는 조직을 찾아내야 한다. 앤 스위니는 디즈니 채널의 사장직을 제의받았을 때 경력이나 경제적 처우의 측면을 고려하지 않았다. 그녀는 반문했다. "그 일을 하면 두근거릴까?" 그녀는 수락했다. 홍보회사 포터 노벨리는 몰지각한 이익에 호소하면서 신입 사원들을 선발하지 않는다. 대신에 청바지를 입은 젊은 여성이 바위 해변에 앉아 있는 모습을 찍은 광고를 여러 잡지에 싣는다. 광고에서는 "'당신'은 무엇을 원하는가?"라고 묻고 있다. 그는 다음과 같이 대답한다.

나는 **내** 운명을 스스로 개척하려고 해. 첨단 기술은 아주 열린 분야야. **나**는 소프트웨어 개발의 첨단에 있는 회사들을 위한 홍보 프로그램을 만드는 일을 하고 있어. **나**는 멋진 경력을 쌓는 법을 익히는 중이야. **나**는 해변에 가고 싶어. 서부 해안에서 자란 **나**에게 바다는 늘 고향 같아. **난** 곰곰이 생각할 거리가 생길 때마다 **내**가 늘 오게 되는 곳이야. **나**는 계속해서 올라가고 싶어. 매년 **나**의 역할은 늘어나고 상사들은 전문성 개발 및 교육 프로그램들로 **나**의 성장을 지원해 주지. 대학을 다시 다니고 있는 셈이라고 할까. **나**는 아프리카에 가고 싶어. 내년에는 가게 되기를. (참, 빠뜨릴 뻔했네. 우리 회사 보험은 아주 좋아.) **나**는 최선을 다하고 싶어. **내**가 성취할 수 있는 수준에 한계가 있을까? 언제 어디서 한계에 도달할지는 **나**도 모르겠지만 평생 그 순간이 오지 않았으면 좋겠어.

이 글이 곧 보보 자본주의다. 대학, 배움, 성장, 여행, 오름, 자기발견이 모두 여기에 담겨 있다. 무려 열다섯 번이나 '나'가 반복해서 등장할 정도로 이 짧은 글은 '나'로 시작되어 '나'로 끝난다. 조직인간은 완전 뒤집혔다. 화이트가 묘사한 사회적 에토스는 집단을 가장 우선시했지만 현재의 에토스는 '나'를 최우선한다.

일은 평생 직업이 되고 천직이 된다. 이상하게도 근로자들은 예술가나 활동가처럼 생각할 때 회사를 위해서 가장 열심히 일한다. 1960년대에 대부분의 사회 이론가들은 우리가 부자가 될수록 더 적게 일할 것이라고 추측했다. 하지만 일이 일종의 자기표현 또는 사회적 사명이 되면 당신은 절대로 멈추려 하지 않는다. 당신은 배우고, 자라고, 더 살아 있는 느낌을 갖기 위해 쉼 없이 일하고 싶어 한다. 세련된 신사가 되기를 꿈꾼 중역들은 여가를 더 중요하게 여겼을 수도 있다. 하지만 예술가가 되기를 꿈꾸는 중역들은 일을 더 중요하게 여긴다. 기업들은 보보들이 그들의 영적 자아와 지적인 계발을 위해 일을 한다고 생각할 때 녹초가 되도록 일한다는 사실을 배우게 된다. 리 클로우는 광고회사 TBWA의 회장이다. 그는 수십 년 전이라면 파업이 일어났을 만큼 과중한 업무를 직원들에게 요구한다. 지금 생각해 보면 회장의 판단은 탁월했다. "우리 회사에서는 주말이라고 일을 하지 않는 사람이 거의 없습니다." 그는 몇 년 전 월스트리트저널에서 그렇게 얘기했다. "내가 직원들에게 무슨 말을 하길래 그들이 토요일과 일요일에도 일을 하느냐는 질문을 종종 받습니다. 저와 회사는 아무 말도 하지 않습니다. 다만 우리의 창의적인 직원들은 우리가 그들에게 무엇을 기대하는지 잘 알고 있습니다. 그들은 이 커다란 모래상자 안에 기회가 있음을 잘 알고 있어요. 우리의 일터는 자극을 주는 장소, 재미있는 장소, 상호 작용을 하는 장소, 그리고 사회적인 장소로 만들어졌습니다." 이곳을 감히 땀내 나는 공장이라 부르지 말라. 여기는 모래터다. 이건 일이 아니다. 이건 놀이다!

자본주의의 문화적 모순이 해결되다

1976년에 다니엘 벨은 『자본주의의 문화적 모순』이라는 영향력 있는 책을 썼다. 그는 자본주의가 두 가지 모순된 충동에 기반한다고 주장했다. 자본주의 사회를 살아가는 사람들은 자기규제를 하며 약간 금욕적이어야 정시에 출근하여 열심히 일한다. 하지만 동시에 탐욕적이고 향락적이어야 그들이 생산하는 물건을 계속 더 많이 소비하려고 한다. 막스 베버처럼, 벨은 오랫동안 신교도 윤리가 이 두 가지 충동을 하나의 믿음 체계로 녹여냈다고 여겼다. 하지만 벨은 신교도 윤리가 오늘날에는 퇴색되었다고 주장했다. 그는 자기규제가 종말을 고한 세상을 예견하면서 두 가지 근거를 들었다. 첫째로, 낭만주의 문화는 감각, 해방, 자아 탐구를 위해 질서, 전통, 관습을 파괴하려 한다. 둘째로, 자본주의의 내재적 속성은 끊임없이 더 많은 소비를 부추긴다. 일단 상당한 액수의 신용 대출을 받고 나면 소비자들은 소비가 자기규제보다 훨씬 신나는 일이란 걸 깨닫고 점점 더 순간의 쾌락을 추구하며 살기 시작한다. 그리고 끝내 향락주의가 검약을 이기고 과시주의가 겸양을 밀어낸다. 그는 미래에 문화는 더 이상 우리가 일하고 성취하는 방식이 아니라 돈을 쓰고 즐기는 방식이 될 것이라고 말한다.

1970년대에 벨은 반율법주의, 즉 사람들이 개인적 고상함을 통해 법률과 규제에서 해방되어야 한다는 생각이 도처에 만연한 현실을 보았다. 실제로 많은 사람들은 근로 윤리가 침식되고 있으며 야망의 사다리가 인정받지 못하고 있다는 생각을 했다. 그러므로 자본주의가 문화에 걸린 족쇄를 풀고 파멸로 이어진다는 벨의 주장은 그럴싸했으며 사람들의 공감을 얻었다.

하지만 그런 일은 일어나지 않았다. 오히려 벨이 묘사한 그 낭만적 문화에 가장 크게 영향받은 사람들, 그러니까 버클리 스타일의 베이비 붐 세대들은 열심히 일하는 자본주의자가 되어 장기적인 목표를 지향했다. 우드스톡 신화의 향락주의는 이제는 대기업들의 경영 도구로 활용되고 있다. 미국인들은 유럽 스타일의 휴가 계획조차 내지 않는다. 대신에 그들은 마이크로소프트에서 야근을 하고 주말에는 벤앤제리스에서 근무한다. 질서를 깨부수고 끊임없는 혁명을 제도화하자고 가장 강력하게 주장하던 사람들은 이제 재계의 자본가로서 가장 열심히 성공을 위해 노력한다. 벨은 미국을 보면서 비합리적 향락주의를 강조하는 문화를 관찰했다. 그리고 테크노크라시의 이성에 근거한 경제적 구조를 보았다. 그는 그 두 힘이 충돌할 수밖에 없다고 결론지었다. 그러나 반대로 두 힘은 서로 겹쳐지며 새로운 것을 만들어 냈다.

반문화적 자본가들은 과거의 청교도 내지 신교도 규범에 얽매이지 않는다. 대신에 그들은 자신들만의 독특한 에토스를 만들어 그와 비슷한, 어쩌면 그보다 더 엄격한 규율을 창출해 낸다. 그들은 일을 영적이고 지적인 천직으로 바꾸었다. 그래서 일할 때 예술가나 전도사의 열정을 가지고 임한다. 칼라에 단추를 채우지 않거나 책상을 단정하게 정돈하지 않을 수는 있다. 하지만 그들은 어느 정도 스스로를 제어한다. 교육받은 계층의 구성원들은 종종 일을 자기 존재의 외적 표현으로 본다. 그래서 그들은 당연히 엄청난 에너지를 일에 쏟아붓는다. 그들이 일하지 않는 때란 없다. 그리고 그들은 늘 생각한다.

라떼 타운의 자연에서 얻은 재료로 물건을 생산하며 사는 주민들과, 반문화적 직장에서 일하는 새로운 근로자들도 벨이 예견했던 향락적 생활이나 사치스러운 삶을 살고 있지는 않다. 그들은 논란의 신교도 윤리 규제 시스템 대신 환경주의와 건강주의, 그리고 평등주의를 따르는 삶을 살면서 예전의 부유한 엘리트 계급이 살았던 과시적인 삶을 업신여겼다. 그들은 다른 것은 안 믿을지 몰라도 건강은 지켜야 한다는 신념만큼은 확고하다. 그래서 음주나 마약, 그리고 방탕한 생활을 멀리한다. 이제는 카페가 술집을 밀어내면서 주요한 모임 장소로 자리 잡았다. 나중에 자세히 살펴보겠지만 그들은 조깅이나 사이클링 같은 자기규제에 가까운 활동을 선호한다. 그들은 여가 시간조차도 운동을 하면서 자기단련의 시간으로 보냈다.

1960년대 미국 사회에는 해방 운동의 물결이 밀려들었다. 당시 반율법주의가 1980년대 자본주의 기조와 합쳐졌다. 이로 인해 반율법주의자들도 자본주의를 받아들일 수 있었고 동시에 기업 엘리트 계층도 반문화적 에토스를 받아들였다. 완벽하지는 않을지 몰라도, 보보 정신은 기업의 이윤에도 멋지게 적용되었다. 미국 기업들은 지난 10년 동안 번영을 누렸고 여러 부문에서 미국 주도의 우위를 확립하고 있다. 동시에 창의적이고 효율적이다. 벨은 자신이 부르주아의 종말을 목격하고 있다고 생각했지만, 실은 부르주아가 보헤미안의 에너지를 흡수해(흡수당하기도 하고) 새로운 모습으로 나타나는 광경이었다.

4

지적인 삶이란 무엇인가

Intellectual Life

1954년, 어빙 하우는 『파르티잔 리뷰Partisan Review』에 「영합성의 시대」란 제목으로 에세이를 기고했다. 그는 미국의 저급해진 지적 수준을 주제로 삼았다. 하우는 지적으로 가장 흥미로운 시기가 보헤미안의 부흥기와 대체로 일치한다고 주장했다. 그 시기에 아이디어와 혁신이 쏟아지고 사색가와 예술가들은 낡은 전통에 기반한 부르주아의 삶을 멀리하며 예술과 아이디어, 그리고 영적인 영역에서 살아간다는 것이다. 하지만 하우는 보헤미안의 아이디어가 힘을 잃기 시작했음을 감지했다. 그가 지목한 범인은 돈이었다. "일부 지식인들은 스스로를 '완판(품절)'시켰다. 그 사례를 얼마든지 지적할 수 있다"라고 하우는 말했다. "하지만 그보다 음흉하게 널리 퍼진 문제는 삶의 질을 개선하려는 유혹에 빠져 자립하는 능력을 상실해 버린 점이다." 하우의 표현을 빌리자면, "지식인들은 더 이상 혼자서 확고하게 서지 못했다." 그들은 정부 기관에서 일했다. 공공위원회 위원으로 참여하고 강연 여행을 떠나고 대중 매체에 글을 쓰고 성인을 대상으로 교육 강의를 했다. 간단히 말해, 그들은 경제와 정치의 세계에 발을 들여놓았다.

하우는 이렇게 주장했다. 그 과정에서 지식인들이 '상업화된 문명 속에서는 실현될 수 없는 가치에 삶을 바치려는 자세', 즉 '지적 소명의식'을 잃었다고. 그가 느끼기에 지식인들은 주류 부르주아 문화에 합류하면서 완전한 자유를 포기하고 있었다. 그들 스스로 저급해지고 있었다. 하우는 한탄조로 써 내려갔다. "오늘날의 작가들은 뉴요커 같은 잡지들에 글을 쓰는 것 외에 달리 대안이 없다. 그리고 그보다도 나쁜, 훨씬 더 나쁜 경우도 있다." 잡지에 글을 쓰는 사람들 가운데 일부는 독립성을 유지했다. "하지만 뉴요커의 유혹을 견뎌낸 단편소설 작가들 수에 비하면 적어도 열 배는 더 되는 사람들이 이렇게 글을 쓰기 시작한 후에 작품이 더 사소해지고 경직되었다."

글쎄, 어빙 하우는 1954년에 돌아가는 주변 상황을 보며 이렇게 화를 냈으니, 그가 요즘 일어나는 일들은 보지 못하는 게 참 다행일지도 모르겠다. 오늘날 우리는 어떤 작가가 뉴요커에 글을 쓴다고 해서 그의 작가정신이 죽었다고 생각하지 않는다. 우리는 어떤 소설가가 자신의 책을 베스트셀러 반열에 올려놓았다고 해서 그가 영혼을 팔았다고 생각하지 않는다. 우리는 대학교수들이 수입이 괜찮은 강연 여행을 떠난다고 해서 크게 비난하지 않는다. 오히려 동기부여 강연자들보다 낫다. 하우의 시대에나 통용되던 믿음은 오늘날 우리와는 맞지 않는다(지식인들은 돈과 대중문화의 유혹에서 자신을 단절시켜야 한다는 믿음 말이다).

정보화 시대의 문화적 요인들이 스스로를 반半예술가나 반半지식인으로 생각하는 사업가들을 만들어 낸 것처럼 오늘날 지식인들은 보다 사업가다운 특성을 지녔다. 우리는 이제 '아이디어 시장', '지적 재산', '주의력 경제' 같은 어구를 사용해 정신의 영역을 시장의 영역과 결합시켰다. 지식인들은 자신의 직업을 다른 방식으로 본다. 한때는 남들과 거리를 두었던 그들은 이제 다른 교육받은 계층과 어울리면서 새로운 보보 시대에 새로운 유형의 지식인이 되고 있다.

오늘날의 관점에서 보면, 1950년대 지식인들의 상황은 이상하고 낯설기 짝이 없다. 라이오넬 트릴링, 라인홀드 니부어, 시드니 혹, 윌리엄 바렛, 한나 아렌트 및 그 밖에도 파르티잔 리뷰에 기고했던 많은 작가들의 글을 읽어 보면 그 시절 유행한 대단히 심각한 논조에 놀라지 않을 수 없다. 당시 지식인들은 '세상의 모든 측면'을 다루는 에세이 주제를 골랐는데 오늘날 대부분의 작가들이 보기에는 매우 거만한 자세다. 니부어는 『인간의 본성과 운명』이라는 책을 쓰면서 온갖 영역을 건드렸다. 그들이 구사한 산문체 문장은 명확하고 우아하긴 했지만 역시 거만하고 현학적이라고 할 수 있다.

그들은 자신들이 중요한 존재임을 거리낌 없이 과시했다. 그들은 청원서에 서명하고, 성명서를 발표하고, 집회를 열고, 아니면 정치적으로 '행동'하면서 많은 시간을 보냈다. 그들의 회고록은 지적인 멜로드라마로 가득 차 있다. 에드먼드 윌슨이 서평을 쓴 후의 삶은 쓰기 전의 삶과 같을 수 없었다. 그들은 서평에 현실을 바꾸는 힘이 있다고 생각했다. 그들은 자신들이 역사를 만드는 사람이라고 생각했다. 화가인 클리포드 스틸은 "붓대에 담긴 힘과 의미를 이해하는 마음과 노력이 뒷받침될 때, 붓을 단 한 번만 휘두르는 것만으로도 지배로 점철된 20세기에 인간들이 잃어버린 자유를 되돌려줄 수 있다"라고 썼지만 아무도 이를 비웃지 않았다. 자크 바전은 1959년에 "마음과 의지의 세 가지 큰 힘—예술, 과학, 그리고 박애주의—는 지성의 적이 되었다"고 선언했다. 그들은 오늘날 우리가 보면 우스꽝스러울 만큼 터무니없이 장황한 글을 많이 썼다. 다음은 버트런드 러셀이 잡지 『디센트』 1963년 가을호에 표지 기사로 기고했던 글의 한 대목이다. 위풍당당함을 한 사발 들이켜지 않고는 나올 수 없는 호기로운 비난조다.

> 케네디와 흐루시초프, 아데나워와 드골, 맥밀란과 게이츠켈 모두 인권의 종식이라는 공통된 목표를 갖고 있다. 이 잔인하고 강력한 사람들이 내리는 결정에 당신과 당신의 가족, 당신의 친구, 그리고 국가의 종말이 달려 있다. 이 몇몇 사람들을 만족시키기 위해 모든 사적인 애정과 공적인 희망, 예술과 지식과 사고로써 달성했던 그 모든 것, 그리고 이후 달성될 수도 있는 그 모든 것이 영원히 사라져야 한다.

이러한 논조의 기저에는 지식인들의 사회적 역할이라는 고상한 관점이 있다. 이와 같은 관점에서 지식인은 사회와 거리를 두고, 특정한 물질적 혜택을 포기하면서 국민을 위한 양심으로서의 역할을 수행하는 사람이다. 지식인들은 진실을 추구하다 독배를 마신 소크라테스의 후예들이다. 그들은 더 높은 정의의 이름으로 통념을 거부하고 권위에 도전한 에밀 졸라의 『나는 고발한다』에서 깊은 감명을 받았다. 그들은 러시아의 인텔리겐치아 개념에 영향받았다. 인텔리겐치아는 작가들과 사색가들을 속세에 사는 성직자로 정의하면서 그들이 보편적인 진리와 무관심의 공간 속에서 고고하게 살면서 지상에 사는 활동가들에게 도덕적인 판단을 제공하는 방식으로 국가에 참여한다고 말한다. 지식인들의 신과 같이 전지전능한 역할을 가장 잘 그려낸 글 한 편은 에드워드 실스가 1958년에 쓴 에세이 『지식인들과 권력들: 비교 분석을 위한 몇 가지 관점』이었다.

어느 사회든 신성함에 대한 이례적 감각, 우주의 속성과 사회를 지배하는 규칙들에 관한 비범한 통찰력이 있는 사람들이 있다. 어느 사회든 일반적인 다른 사람들보다 더 탐구적이고, 일상의 즉각적이고 구체적인 상황들을 넘어서는, 보편적인 상징들과 교감하기를 원하고 시간과 공간의 측면에서 더 넓은 시야를 갖고 있는 소수의 사람들이 있다. 이들은 그와 같은 판단력을 말과 글로써, 시적이고 조형적인 표현으로써, 역사적인 회고로써, 의식적인 행위와 예배의 행동으로써 표면화시킬 필요가 있다. 모든 사회에는 일상생활의 즉각적이고 구체적인 경험을 넘어서는 내적 소양을 갖고 있는 지식인이 필요하다.

사회는 극명하게 나누어진다. 한쪽 편에는 '구체적인 경험들'의 세상에 사는 대다수의 일반인들이 있다. 그리고 다른 쪽 편에는 '신성함에 대한 감각'과 '우주의 속성에 대한 통찰력'으로 규정되는 삶을 사는 소수의 사람들이 있다. 하지만 이와 같은 구분은 유럽과 미국 일부 지역에 사는 당시의 지식인들에게 절대적으로 필요했다. 왜냐하면 그들은 사회와 떨어져서 살 때 사회를 분명하고 정직하게 볼 수 있기 때문이었다.

나중에 출간된 『정신의 삶』에서 한나 아렌트는 피타고라스와 관련된 우화를 인용하면서 이 점을 강조했다. "삶은 축제 같은 것. 몇몇은 경쟁을 위해 축제에 참석하고 몇몇은 장사를 위해 축제에 온다. 하지만 가장 훌륭한 사람들은 구경하러 온다. 우리의 삶도 마찬가지이다. 노예화된 사람들은 명성이나 이득을 좇지만 철학자들은 진리를 찾아 나선다." C. 라이트 밀스는 『권력, 정치, 그리고 사람들』에서 거대 조직들과 세속적 연합체들로부터 자유로운 사색가만이 이러한 진리를 발견할 수 있다고 주장하면서 다음과 같이 썼다. "독립적인 예술가와 지식인은 고정관념과 살아 있는 것들이 죽어가는 상황에 맞서서 싸울 수 있는 소수의 사람이다."

1950년대의 지식인들은 이와 같은 싸움의 개념, 즉 상업화에 물든 저속한 세상으로부터 자신들이 끊임없이 공격받고 있다는 개념을 갖고 있었던 것 같다. 그들은 저속함과 속물주의를 나타내는 저널리즘과 광고, 유명인 문화에 맞서 스스로를 보호했다. "지식인에 대한 일반인의 적개심은 시간과 공간을 초월했다"라고 자크 바전은 저서 『지성의 집』에서 말했다. 리처드 호프스태터는 저서 『미국의 반지성주의』에서 정신과 물질 간의 전쟁에 대해 집중 조명했다.

독립적인 지식인에게 가장 큰 위협은 돈의 유혹이었다. 상업화는 예술의 적이었다. 노먼 메일러는 그의 소설 『나자와 사자(벗은 자와 죽은 자)』가 베스트셀러가 되자 지식인 동료들과 많은 불화를 겪었다. 상업적 성공은 무언가 잘못 돌아가고 있다는 분명한 증거였다. 더욱이 상업적인 문화는 저속한 금전 제안처럼 정면에서 지식인들을 공략하지 않았다. 그들은 중산층 문화middlebrow culture로 위장한 트로이 목마의 형태로 다가왔다.

1950년대 고고한 지식인들highbrow이 중산층 문화를 그토록 격렬하게 공격한 사실을 오늘날 이해하기는 쉽지 않다. 중산층 문화는 대중적이지만 다소 격이 있는 저술, 미술, 음악으로서 『새터데이 리뷰Saturday Review』 같은 잡지들('교육받은 인간이 지배하는 미래', '예술: 삶과 평화를 낳다'와 같이 따분한 헤드라인을 달았다), 이 달의 책 선정 클럽이 추천하는 책들, 혹은 손턴 와일더의 희곡 등이 해당된다. 중산층들은 고급 문화를 소비하면서 격이 높아진 희열을 느꼈다. 오늘날 1950년대의 중산층 문화를 돌이켜 보면 다소 지루하고 거만했지만 나름대로 격조가 있었고, 나중에 그 자리를 차지한 일부 무식하기 짝이 없는 문화보다는 확실히 더 나은 편이었다.

하지만 1950년대 고고한 지식인들은 그렇게 생각하지 않았다. 그들은 숨이 넘어갈 정도로 격렬하게 중산층 문화를 공격했다. 버지니아 울프는 수십 년 전에 똑같은 전쟁을 치르면서 중산층을 가리켜 '끈적거리는 슬라임'이나 '해충'이라고 맹렬하게 비난한 바 있었다. 클레멘트 그린버그 역시 "고귀한 사람을 타락시키고, 건강한 사람을 감염시키며, 정직한 사람을 오염시키고, 현명한 사람을 망쳐 놓는 음흉한 세력"이라고 중산층을 비난했다. 드와이트 맥도널드는 『대중문화와 중산층 문화』라는 에세이를 통해 "중산층 문화의 위험… 벽 너머에 포진해 있는 적… 모든 것을 빨아들이는 늪지"라며 신랄하게 공격했다.

중산층은 사상에 헌신하는 세속적인 신성함에 관심이 없었다. 오히려 사상의 영역을 지상으로 끌어내려 중산층의 평범한 상업 속에 녹이고 싶어 했다. 지식인들을 꼬셔서 부르주아의 공리주의적 이익과 즐거움을 위해 봉사하게 만들고자 했다. 그들은 그저 친구들을 감동시키거나 대화에 활기를 더하기 위해 고전을 읽고 싶어 했을 뿐이다. 설사 중산층이 미켈란젤로의 복제품을 들고 와 내밀었어도, 지식인들은 이를 상업적인 문화의 표본이라며 파괴했을 테지만 말이다.

지식인 사업가

그 시대 지식인들은 존경할 만한 점도 있었고 스스로를 지나치게 과신하고 착각하는 측면도 있었다. 누구나 자신의 사상에 전념하며 살아가고 싶지 않을까? 더욱이 책과 사상이 중요시되던 그 시절에는 말이다. 하지만 동시에 사색가들이 스스로에게 부여한 중요성은 받아들이기가 어려운 경우도 많았다. 그들은 정치권 사람들과도, 실제 현실과도 연결을 끊어 버렸다. 음모론을 창안했고 이제 와 돌이켜 보면 현실 상황에 대해 터무니없이 암울한 발언들을 늘어놓곤 했다. 어쨌든 오늘날 그 모든 것은 공룡처럼 사멸했다. 이제 지식인들은 다른 사람들과의 차이를 내세우기보다는 줄이거나 부정한다.

정보화 시대의 핵심적인 특성은 정보가 가시적인 것과 비가시적인 것을 결합시킨다는 점이다. 정보화 시대는 마음의 산물을 시장의 제품으로 바꾸고 있다. 1950년대 지식인에게 중요했던 이분법은 새로운 시대에는 당연히 낡아 보일 수밖에 없다. 오늘날 지식인이 되고자 하는 젊은 학생은 세상을 들여다보지, 에드먼드 윌슨이나 라이오넬 트릴링 같은 권위 있는 문학 평론가들을 보지 않는다. 그 대신 지식인 스타를 수십 명 볼 것이다. 지적인 분야에서 성공을 거두었을 뿐만 아니라 경계를 넘나들며 TV에도 출연하고 개인 컨설팅 회사도 운영하며 신문 기고도 활발히 하는 사람들 말이다.

헨리 루이스 게이츠와 같은 수백만 달러의 수입을 올리는 유명 인사들을 보자. 게이츠는 사업가 성향의 하버드대 교수로서 PBS 방송의 다큐멘터리도 진행하고 뉴요커와 토크Talk 등의 잡지에 글도 쓰고 수업도 많이 하고, 세미나, 백과사전 편찬, 그 밖의 여러 프로젝트를 벌인다. 헨리 키신저는 메테르니히(19세기 초 오스트리아의 정치가)를 연구하다가 정치에 입문해서 경제 컨설팅까지 했다. 듀크대 스탠리 피시는 종종 보수적인 지식인들과 함께 순회강연을 다닌다. E. J. 디온은 점점 더 확대되는 싱크탱크의 세계에 몸담고 대중을 상대하는 지식인으로 일하며, 에스더 다이슨은 고가의 신기술 회의에서 자신의 이론을 공개한다.

1970년대 몇몇 보수적인 지식인들이 새로운 계급에 관한 이론을 개발했다. 이 이론은 정치적으로 자유로운 소수의 지식인이 학문과 언론 및 문화의 상층부를 통제함으로써, 미국 문화에 과도한 영향력을 행사하고 있다고 주장했다. 그러나 교육받은 계층이 대규모로 등장하면서 지식인과 나머지 미국인의 세상을 구분하는 것은 점점 더 어려워지고 있다. 오늘날 지식인과 다른 사람들 간의 차이는 거의 사라졌다. 이제 미국에는 학자이면서도 정치인이나 부자인 사람들이 무수히 많다. 하버드대 대니얼 예긴은 전문 지식을 바탕으로 석유의 역사에 관한 책을 몇 권 쓰고 나서 에너지 회사들을 위한 컨설팅 회사를 차렸다. 스트로브 탤벗은 러시아 연구에 대한 관심을 타임지 경력으로 전환시켰다. 그는 외교 문제에 관한 책을 쓰고 시집도 출간하다 국무부 부장관이 되었다.

정보화 시대의 경제는 연구, 조사, 분석, 수학, 저술, 그 밖의 다양한 지적 분야에 재능이 있는 사람이 비학구적인 분야인 금융 분야나 실리콘밸리에서도 엄청난 기회를 잡을 수 있음을 뜻한다. 다양한 논평이 필요한 분야인 언론, 연구소, 재단, 정부 기관 등은 말할 것도 없다. 캠퍼스와 작은 잡지를 벗어나면 종종 더 많은 돈을 벌 수 있다. 승진 기회도 더 빨리 찾아온다. 지적인 자극도 못지않게 치열하며 더 흥미로운 경험도 할 수 있다. 생각과 행동 간 거리가 훨씬 좁혀진 것이다.

지식인이라는 말의 뜻 자체도 지난 50년 동안 변화했다. 신사라는 말의 뜻이 그 이전 50년 동안 변한 것처럼 전에는 '지식인'이 선택된 소수 집단을 일컫다가 그 의미가 점점 넓어져 더 많은 이들을 포함하게 되었다. 지금은 너무도 많은 사람들이 지식인임을 자처하기 때문에 그 의미가 사라지다시피 했다.

이제 뉴욕과 샌프란시스코, 그리고 보스턴의 보헤미안 지역에서 가난하게 살던 지식인 계층은 사라졌다. 오늘날 그런 지역에서는 아주 많은 수의 교육받은 분석가들과 여론 주도자들이 스톡옵션이나 짭짤한 로열티 수입을 올리면서 예전의 보헤미안들을 대신하고 있다. 요즘에는 대학들이 기자들에게 팩스로 보도 자료를 보내며 자기네 대학교수들이 케이블TV의 시사 문제 토크쇼에 토론자로 나갈 수 있음을 알리려고 기를 쓴다. 요즘에는 작가들과 문화학 교수들이 대중문화를 포용하여 마돈나나 마릴린 먼로에 관한 세미나를 연다.

1950년대에는 문학 비평의 분야에서 가장 영광스러운 장면을 볼 수 있었다. 하지만 오늘날에는 대서양을 오가는 비행기의 일등석 안이 그렇다. 요즘은 학자들이 비행기를 타고 이곳저곳을 다니면서 세미나에 참석하고 단골 승객으로서 마일리지를 축적하고 전 세계 면세점에서 값싸게 물건을 살 수 있는 기회를 놓치지 않는다. 50년대의 지식인들이 『닫힌 방』을 놓고 토론을 벌였다면, 요즘 지식인들은 '뮤추얼 펀드'를 놓고 토론을 벌인다.

하지만 가장 중요한 변화는 아이디어를 잘 다루는 사람

에게 더 많은 돈과 멋진 기회가 생긴다는 점이 아니라, 지식인들이 스스로를 바라보는 방식이 바뀐 점이었다. 그 흐름이 못마땅했던 컬럼비아대 교수 에드워드 사이드는 자신의 책 『지식인의 표상』에 이렇게 썼다. "오늘날 지식인에게 가장 큰 위협은 학문도 아니고, 교외에 사는 일도 아니고, 상업적인 언론과 출판사도 아닌, '직업주의'다. 내가 말하는 직업주의는 한쪽 눈으로 9시부터 5시까지 시계를 주시하며 출퇴근만 신경 쓰고, 다른 한쪽 눈으로는 그저 전문가로서 무엇이 적절한 행동일지 신경 쓰며(현실을 비판하며 보트를 흔드는 일 없이, 기존의 패러다임이나 한계를 깨는 일은 외면하며) 자신의 시장 가치와 명성만을 높이려 애쓰는 것이다."

이처럼 지식인들은 자신의 경력을 자본가의 시선으로 보게 되었다. 그들은 틈새시장이 어디에 있나 뒤적이며 관심을 얻으려 경쟁한다. 예전에는 아이디어를 무기로 생각했지만 이제는 재산으로 생각하는 편이다. 책 판매를 어떻게 늘릴지 마케팅에 대해서도 고심한다. 노먼 포도레츠는 1967년에 내놓은 『회고록 만들기』에서 자신도 다른 작가들처럼 야망에 사로잡혀 움직였다고 고백함으로써 많은 고통을 겪어야만 했다. 그 책은 문학계에 많은 논란을 야기했고 그의 친구들에게 당혹감을 불러일으켰다.

그러나 이제는 아이디어 분야에서도 야망이 다른 분야들

처럼 자연스레 수용되어 더 이상 논란의 대상이 아니다. 하버드대 흑인문제연구소장 헨리 루이스 게이츠는 인터넷 잡지 『슬레이트』의 기자에게 아무렇지 않은 듯 이렇게 얘기했다. "전 성격이 사업가에 가까워요. 학자가 되지 않았다면 기업체 대표가 되었을 겁니다. 퀸시 존스가 제 우상이지요. 벽에다가 존 호프 프랭클린과 함께 버논 조던의 사진을 걸어 놓고 있어요."

상징적 교환의 경제

한 가지 놀라운 사실은, 대학들이 사회에 진출하는 야심찬 지식인들을 위한 경영대학원은 개설하지 않았다는 것이다. 대학이 마케팅과 금융 분야의 전문가는 육성해 세상으로 내보내긴 한다. 하지만 지식인들은 재단의 후원금을 받는 방법, 동료들의 책을 선전해 주는 방법, 베스트셀러를 만드는 방법, 어떤 주제가 인기를 얻어 오랫동안 유행을 탈지 아는 방법 등을 공식적으로 배우거나 훈련받지 않은 채 일자리 시장에 나간다. 오늘날의 지식인들은 마치 초등학교 4학년생이 성관계가 무엇인지 화장실에서 나쁜 아이들에게서 배우는 방식과 비슷하게 사회생활의 전략을 배운다.

만일 아이디어 시장에 관한 강의를 개설하는 대학이 있다면 그 강좌의 중심에 설 작가는 아마도 피에르 부르디외가 아닐까. 프랑스 사회학자 부르디외는 동료 학자들 사이에서 영향력이 대단하지만 너무도 묵직한 문체 때문에 학계 밖에서는 그의 글을 읽는 사람이 거의 없다. 그의 목표는 문화 및 지식 시장의 규칙과 패턴을 상술하기 위해 상징적 교환의 경제를 개발하는 것이다. 그의 기본 명제는 모든 지식 및 문화계 인사들이 저마다 특정한 형태의 자본을 갖고 시장에 진입한다는 것이다. 이를테면 학문적 자본(적절한 학위), 문화적 자본(어떤 분야나 예술 형태에 대한 지식, 적절한 에티켓에 대한 감각), 언어적 자본(언어를 구사하는 능력), 정치적 자본(인정받는 지위나 유대관계), 혹은 상징적 자본(유명 장학금이나 수상 경력) 등이다. 지식인은 사회생활을 하면서 자신의 자본을 키우는 한편, 또 다른 자본으로 바꾸려 애쓴다. 가령 지식을 돈 잘 버는 일자리로 전환시키려는 지식인이 있을 것이다. 또 상징적 자본을 멋진 곳에서 열리는 특별한 회의 초대장으로 전환시키려는 지식인도 있을 것이다. 그리고 언어적인 능력을 사용해 동료들의 명성을 무너뜨려서 유명해지거나 최소한 관심을 사려는 지식인도 있을 것이다.

그의 주장에 따르면, 지식인들은 궁극적으로 신성화의 힘을 독점하고자 경쟁한다. 특정 분야의 정상급 개인이나 기관은 그들이 좋아하는 인물과 주제, 담론 방식에 권위와 명예를 부여할 힘을 지닌다. 이와 같은 신성화의 힘을 지닌 사람들은 취향에 영향을 끼치고 특정한 방법론을 선호하고 특정한 원칙을 수립한다. 이처럼 막강한 신성화의 힘을 갖는 것은 지식인들의 꿈이다.

부르디외는 단순히 지식인이 특정한 시점에 보유할 지위를 보는 것이 아니다. 그가 보는 것은 지식인이 시장에서 부상하고 경쟁하는 동안 보여 주는 사회생활의 궤적, 연속적인 태도와 지위, 그리고 전략이다. 젊은 지식인이 개인적인 신념만으로 무장한 채 세상에 뛰어들 수도 있다. 그러나 그들은, 부르디외의 표현에 따르면, 이내 다양한 "현장field"에 직면한다. 한쪽에는 대담하고 진보적인 잡지들이, 다른 쪽에는 보수적인 기득권층의 잡지들이 있다. 이쪽에는 답답하지만 막강한 출판사가 있고, 저쪽에는 진취적이지만 재정이 약한 출판사도 있다. 젊은 지식인은 학교 간, 기성 지식인들 간 경쟁 상황을 직면한다. 각 분야 내 다른 선수들 사이의 복잡한 관계는 까다롭고 변화무쌍하지만 젊은 지식인이 자기 이름을 알리기 위해 애써야 하는 환경인 셈이다. 부르디외는 이런 요인의 상호 작용을 세밀하게 분석해 프랑스 지식인들이 참여한 다양한 삶의 분야들을 정교한 차트로 그려 분야별 각 기관들이 지닌 힘과 명성의 수준을 보여 준다. 그는 어떤 기관이 그 분야의 어느 영역에서 신성화의 힘을 발휘하는지 규명한다.

젊은 지식인들은 어떻게 자기 자본을 투자해서 최대한 '이익'을 올릴 것인지 알아야만 한다. 그리고 사회적 지위를 높일 전략을 수립해야 한다. 즉 누구에게 아부해야 하는지, 누구를 비판하고 넘어설지 결정해야 하는 것이다. 부르디외의 책들은 지식인들이 사회적 신분 상승을 위해 사용하는 다양한 종류의 전략을 자세하게 소개한다. 그는 상징적인 영역을 경제 원리만으로 이해할 수 있다고 생각하지 않는다. 그는 종종 '지는 것이 이기는 것'이라는 규칙이 적용된다고 말한다. 가장 소리 높여 공개적으로 물질적 성공을 포기하는 사람들이 돈으로 환산할 수 있는 명성과 명예를 얻는 식이다. 그는 또한 그 모든 전략이 자의식이 아니라고 주장한다. 지식인 모두가 각자의 기질, 개성이나 성향이 있어 특정한 방향을 택하고 특정 분야로 나아가는 경향이 있다고 한다. 지식인은 알게 모르게 각 분야의 경쟁과 각종 논쟁에도 영향을 받는다. 일자리가 생기고, 보조금이 등장하고, 격렬한 분노가 치솟는다. 어찌 보면 각 분야가 지배하고, 지식인들은 그 안에서 휩쓸려 다닐 뿐인지도 모른다.

부르디외는 상징 경제학의 애덤 스미스를 자처하진 않았다. 젊은 지식인이 그의 글을 읽으면서 노벨상 수상자가 되기 위한 마키아벨리 가이드 같은 조언을 얻고자 한다면 헛다리를 짚는 꼴이다. 대신 그는 지식인 대다수가 관찰은 했지만 체계화하지 못한 개념들을 정립하여 큰 도움을 주었다. 성공한 지식인의 삶은 (대부분의 다른 직업인들처럼) 직업주의와 이타주의가 섞여 있다. 오늘날 보보스는 이렇듯 지식에 대한 탐구심과 여름 별장에 대한 탐구심을 조화시키고 있다.

지적 거인이 되는 법

명문대를 갓 졸업하고 당대의 헨리 키신저가 되기를 꿈꾸는 한 젊은 여성에게 세상이 어떻게 보일지 알아보자. 그녀는 대학을 졸업하느라 빚을 잔뜩 진다. 그러나 보수가 적은 인턴으로 정치적으로 안전한 기관, 예컨대 브루킹스 연구소(미국 내 영향력이 가장 큰 사회과학연구소)에 취직한다. 처음에는 전직 상무부 장관쯤 지낸 상관 밑에서 연구와 조사 업무를 담당한다. (아마도 그 전직 장관은 하루 세 시간의 근무 시간을 나토의 미래 같은 논제를 내건 패널 모임 참석 준비에 다 쓸 것이다.) 이윽고 그녀의 기분은 환희와 절망 사이를 오가게 된다.

스탕달은 이런 말을 했다. "사회에 진출하는 젊은이의 첫사랑은 대개 야망에 대한 사랑이다." 이 말은 지식인 시장에 진입하는 사람에게도 그대로 적용된다. 유명한 상관은 젊은 지식인인 그녀를 명성과 부의 길로 보낼 수도 있고(그녀가 뉴욕타임스 같은 데 기고할 수 있게 호의적으로 소개해 주면 된다) 혹은 그녀가 마음에 들지 않으면 지식인 시장으로 가는 길을 막아서 법과대학원에 진학할 수밖에 없도록 할 수도 있다. 그러니 상관의 인정을 갈망하게 된다. 인정을 받으면 환희에 휩싸일 것이고 못 받으면 절망의 심연으로 가라앉을 것이다.

자존심 때문에 우리의 젊은 지식인은 업무 후 소규모 반란에 빠져든다. 그녀는 친구들과 앉아 예의 그 상관을 (너무도 그의 인정을 받고 싶지만) 가차 없이 깎아내린다. 도처에 산재해 있는 모든 재단, 싱크탱크, 출판사, 신문사, 잡지사들에는 자신들의 상관을 비웃는 젊은 인턴들이 수도 없이 많다. 그들은 그렇게 해서 자신들의 이율배반적인 스트레스를 해소한다. 지적인 조직의 젊은 노예들은 출판 기념회와 회의 리셉션 뷔페 테이블에 모여 새우를 우적우적 씹으면서 자신들의 상관도 함께 씹는다.

다행히 이런 초기의 고통과 불안은 그렇게 오래가지 않는다. 젊은 지식인은 사회적 사다리를 한 단계 더 올라간 후에 평생에 걸쳐 만족감을 안겨 줄, 자신이 중요한 사람이라는 느낌을 경험하기 시작할 것이다. 그녀의 첫 정식 일자리는 개인 비서에 불과할 수도 있다. 너무 보잘것없지 않으냐고 생각할지 모르겠는데 사실은 그렇지 않다.

대부분의 지적인 조직에서 연구하고 조사하고 생각하고 보고하는 힘든 일은 아직 그곳을 벗어날 수 없는 젊은 지식인들이 담당한다. 두 바퀴가 조직을 굴린다. 일명 '종이파 paper people'와 '앞자리파front people'로, 종이파는 닥치는 대로 읽고 쓰면서 신분 상승을 바라는 젊은 지식인들이고 앞자리파는 이미 명성을 얻은 지식인, 정부 관리, 잡지 편집자, 대학교 총장, 재단 이사장, 정치인들로서 이들의 주요 업무는 대중 앞에 나타나 종이파가 준비한 연설문을 읽고 보고서를 발표하는 일이다. 후자는 회의에 참석하고 TV에 출연하고 모금 행사에서 연설하고 패널 모임을 주관하고 언론과 인터뷰를 한다. 모든 것은 이들의 공으로 돌아간다. 이들이 언론에 모습을 드러내지 않을 때는 전화로 얘기한다. 사실 어떤 날은 이들의 업무가 연구소에 출근해서 세 시간 동안 전화로 얘기하고 점심을 먹으러 가고 다시 네 시간 동안 전화로 얘기하는 게 전부일 때도 있다. 그리고 전화로 얘기할 때 이들은 서로에게 얼마나 주말을 학수고대하느냐고, 주말에는 그나마 독서를 할 수 있지 않겠느냐고 한탄한다. 아무래도 이들의 삶은 거의 자신들의 의지에 반해서 안팎이 완전히 뒤바뀐 것 같다.

앞자리파는 명예와 연줄을 얻는 반면, 종이파는 앞자리파가 말하는 내용을 통제한다. 젊은 지식인은 자신보다 40년이나 먼저 태어난 사람들이 무식하고 겁쟁이라는 내용의 보고서와 신문 기고문을 쓰게 된다. 젊은 종이파는 정책 아이디어, 기업, 원고, 혹은 종신직 후보자들을 평가해 앞자리파의 책상에 올려놓는다. 예를 들어, 몇 년 전에 내 친구 하나는 어떤 기업의 임원을 위해 의회에 제출된 법안에 관한 기고문을 대필했다. 그 글은 전국적인 잡지에 실렸다. 그 후 내 친구는 대통령 후보의 선거 운동 일을 했다. 그런데 그 기업 임원이 내 친구의 기고문을 그 후보에게 보낸 것이다. 결국 이번에 내 친구는 자신이 대필한 기고문을 대통령 후보의 이름으로 아낌없이 칭찬하는 편지를 쓰기에 이르렀다.

자기만족의 대가로 우리의 신출내기 종이파는 일종의 굴욕을 감수해야만 한다. 그녀는 상관이 홀을 걸어 나올 때 구름같이 모여드는 인파를 헤치고 어떻게든 그 뒤를 따라가야 한다(유명한 사람들은 네 살짜리 아이처럼 어디를 가든지 반드시 누가 곁에 있어야만 겁을 먹지 않는 것 같다). 더군다나 앞자리파는 아무것도 갖고 다닐 필요가 없기 때문에 자신의 활력을 과시하기 위해 아주 빨리 걷는다. 반면 종이파는 자기 서류 더미는 물론이고 상관의 서류도 들고 다녀야 하는 만큼 상관을 따라잡으려면 종종걸음을 하지 않을 수 없다. 때로 앞자리파 사람은 방에서 나가거나 자동차에 타면서 그냥 문을 닫곤 한다. 그러면 종이파 사람은 서류 뭉치를 내려놓고 문을 다시 열어, 자신의 존재를 앞자리파 상관에게 알려야만 한다.

그래도 이런 밑바닥 '시종' 단계는 젊은 지식인에게 아주 중요하다. 이 시기에 자기 분야에서 활약하는 다양한 선수들 중 누가 중요한지를 배우기 때문이다. 무엇보다도 유명한 상관 덕분에 쉽게 볼 수 없는 사람들과 쉽게 갈 수 없는 장소들에도 접근할 수 있다. 그녀 자신도 대중에게 인정받는 지식인으로서 경력을 쌓으려면 반드시 알아 놓아야 할 모든 편집자들과 그 밖의 여러 문지기들을 사귀게 된다.

힘든 시기는 그로부터 몇 년 후에 찾아오는데, 28세쯤 그녀는 앞자리파 상관으로부터 독립해서 스스로 앞자리파 사람이 되어야 한다. 그 힘든 시기를 무사히 통과하지 못하면 그녀는 계속 시종 노릇을 하게 된다. 그러면 독자적인 사고 능력부터 크게 위축된다. 그녀는 자기 의견을 요청받을 때 '우리'라는 주어를 쓰기 시작할 것이다. 이런 식으로 말하는 것이다. "우리는 몇 주 전에 그 문제에 관해 에세이를 썼어요." 자신의 지위와 상관의 지위를 혼동하기 시작하는 것이다(자기 확대는 익명의 아편이다).

틈새 주제

그녀가 자유를 얻으면, 전문 분야부터 결정해야 한다. 전문 분야를 택한다는 것은 스스로 틈새시장을 찾아내는 일. 토크쇼 진행자나 신문·잡지의 편집자, 또는 어떤 조사위원회가 예를 들어 중국의 미사일 계획에 대해 알 만한 사람을 찾을 때 즉시 이름이 떠오르도록 하는 것이다.

굉장히 어려운 선택이다. 미래의 시장 수요를 예측해야 하기 때문이다. 제대로 예측하지 못하면 나중에 큰 곤경에 처할 수도 있다. 예를 들어 수천 명의 지식인들이 군비축소라는 전문 분야를 선택했다가 냉전이 끝나는 바람에 시장이 줄어드는 악몽을 경험했다. 또한 시장의 공급도 측정해야 한다. 예컨대 공동체 의식과 시민 사회에 관한 책을 쓰려는 젊은 지식인이 만 명에 달한다면 굳이 그 대열에 낄 필요가 있을까?

이쯤에서 그녀는 세심하게 생각해야 한다. 때로는 군중을 따라가는 것이 나을 때도 있기 때문이다. 시민 사회를 전문으로 다루는 사람이 많을수록 시민 사회에 관한 회의가 더 많이 열린다. 시민 사회에 관한 더 많은 토론이 일어나면 계속해서 그에 대해 언급하고 반박할 수 있는 전문가들에 대한 수요도 더 많아진다. 기본적으로 지식인들은 자신이 쓰는 것보다 더 많이 읽기 때문에 어느 분야에서도 새로운 진입자가 나타날 때마다 비평가들과 패널들에 대한 수요는 늘어난다. 이것은 일종의 세이의 법칙(Say's Law, 공급이 수요를 창출해 낸다는 경제학 법칙)이다. 즉 말하는 사람이 많을수록 말해야 할 것도 많아진다.

젊은 지식인은 자신이 택하는 틈새시장의 위세와 가시성도 평가해야 한다. 냉전 시대에는 권위 있는 지적 전문 분야를 찾는 것이 비교적 쉬웠다. 차트 꼭대기 어딘가에서 은행과 관련된 외교 분야를 찾아낼 수 있었다. 당신의 전문 분야가 동서 간의 자본 이동이라면 부다페스트와 자카르타를 넘나들며 하루 숙박비 300달러짜리 켐핀스키 호텔에서 열리는 회의에 참석하느라 분주할 수 있다. 하지만 당신의 전문 분야가 외교 정책과 은행들에서 멀어질수록 그만큼 위세가 줄어든다. 차트 가장 밑바닥의 사회 복지와 낙태 같은 분야에는 어떠한 은행도 전혀 관심이 없다. 당신이 이런 분야의 회의에 참석하면 당신 주위에는 잘 맞지도 않는 스포츠 재킷, 지저분한 손가락, 그리고 머리는 마구 헝클어진 사람들로 가득할 것이다.

그런데 냉전의 종식이 모든 것을 바꾸어 놓았다. 외교 정책은 위세가 크게 줄어든 반면, 교육 같은 국내 문제는 크게 늘어났다. 라틴 아메리카 문제 전문가는 앞으로 몇 년 동안 방송 프로듀서로부터 전화를 받는 일이 거의 없을 것이다. 반면, 인종 문제 전문가는 한 달도 안 되어 맥아더 재단으로부터 연구 지원비를 받을 수 있다.

우리의 젊은 지식인들은 특히 뉴스를 타는 전문 분야를 고를 필요가 있다. 연방 예산 문제를 골라도 좋을 것이다. 예산 심의는 매년 있기 때문이다. 하지만 아주 무거운 분야라서 그녀가 전문 방송인 PBS에서 일반 방송인 ABC나 CBS, NBC로 진출할 수 있는 기회는 별로 없다. 중동 문제 전문가가 되는 것도 생각해 볼 수 있는데, 문제는 중동에 평화가 깃들면 그녀에게는 재앙이 닥칠 것이라는 점이다. 일부 젊은 지식인들은 나름대로 구체적인 계획, 예를 들면 UN을 어떻게 재구성할지라든가, 대학 학자금 융자 제도를 어떻게 재편할지 계획을 세워 보지만 패착이 될 가능성이 높다. 어느 누구도 학구적인 냄새가 나는 정책 아이디어에는 관심을 보이지 않기 때문이다. 더욱이 거듭 거절만 당하다 보면 그런 계획을 제안하는 지식인은 공격적이고 비판적인 쪽으로 치닫는 경향마저 생기게 되기 때문이다.

정반대의 유혹은 뉴스에 지나치게 자주 등장하는 분야의 전문가가 되는 것이다. 일부 지식인은 노골적으로 언론에서 많은 관심을 보이는 분야(예를 들면 십 대들의 성 문제 같은)의 전문가가 되려 한다. 그런 지식인들은 지나치게 인기에 영합하려 할 수도 있다. 그들은 저서 표지에 기재되는 자신의 이름 뒤에 '박사'라는 단어를 꼭 집어넣는 경향이 있다. 하지만 그보다는, 위세를 누리는 분야의 전문가가 되어 방송에서 크게 보도하는 십 대의 성 문제에 관한 토론에 권위를 제공하는 것이 더 낫다.

한편 젊은 지식인은 전문성을 가진다는 게 세상에 명함을 내밀기 위한 초심자의 수단에 불과하다는 점을 인식해야 한다. 일단 유명해지면 더 이상 전문성에 목매지 않아도 신문이나 방송에서 전화를 걸어온다. 그들이 원하는 것은 그녀의 이름이다. 그 단계에 도달하면 그녀는 자신의 전문 분야에 국한되지 않는다. 이 세상 모든 일에 한마디 할 수 있게 되는 것이다. 사실 그녀는 그녀의 한마디를 원하는 시장의 압력을 받다가 그렇게 될 수밖에 없을 것이다. 어떤 주제든, 그녀의 의견을 요청할 것이기 때문이다. 만약 그녀가 해당 주제에 대해 아는 것이 많지 않다는 이유로 대답을 사양하면 사람들은 모욕을 당했다고 생각해 거만한 여자라고 비난할 것이다.

태도

전문성을 확보한 젊은 지식인은 태도를 분명히 해야 한다. 시장에서는 어떤 종류의 아이디어로도 성공을 거둘 수 있다. 아주 성공적인 온건파가 있는가 하면, 아주 성공적인 과격파도 있다. 그리고 어떤 태도로도 성공을 거두는 것이 가능하다. 미소를 지으면서 성공하는 사람도 있고, 화를 내면서 성공하는 사람도 있다. 하지만 당신의 아이디어가 당신의 개성과 충돌하면 성공을 기대하기는 어렵다. 당신은 나긋나긋한 과격파나 성난 온건파가 될 수 없다. 그런 지식인을 좋아하는 사람은 별로 없다.

노암 촘스키나 고든 리디 스타일의 강경한 과격파가 주로 하는 일은 여기저기 강연장을 찾아다니면서, 주류 문화는 자신들을 경멸하거나 무시할지 몰라도, 자신들이 모든 것에 대해 옳다는 점을 청중들에게 상기시키는 일이다. 과격파는 세상이 완전 미쳤으며 기만적인 기득권층이 일반 대중을 속여 여론을 잘못된 방향으로 끌고 간다는 전제하에 행동한다. 과격파로서 성공하려면 어느 정도 미친 사람처럼 보여야 한다. 그들의 강연을 듣는 청중은 격렬함, 일종의 신경과민, 통찰력(과격파 지식인은 기득권층의 기만을 뚫고 진실을 볼 수 있어야 한다), 자신들의 용감한 반대 의견을 방송에 내보낼 수 있는 배짱을 요구한다.

대중의 영웅이 되려는 과격파는 유행에 따르지 않는 이단아임을 드러내 줘야 한다. 갈색 셔츠를 입거나 아주 투박한 부츠를 신고, 기득권층에 도전하고 지지자들로부터 박수갈채를 받을 필요가 있다. 나아가 유명 인사를 찾아내 공격함으로써 자신들이 『베니티 페어Vanity Fair』 같은 잡지들과 계약 관계를 맺고 있음에도 여전히 이단성을 유지할 것임을 과시해야 한다. 똑같은 이유로, 학자라면 사도마조히즘(Sadomasochism, 가학피학증)이나 퀴어 연구 같은 더욱더 특이한 연구 과제를 찾아내야 하고, 예술가라면 더욱더 공격적인 테마를 찾아내야 한다. 유행을 따르는 과격파는 세속적인 성공에만 관심을 둔다는 비난을 듣는다. 그러면 지지자들로부터 외면당할 뿐 아니라 재단 후원금과 경력의 장래성마저 잃는다.

나아가 과격한 지식인은 지지자들이 좋아하는 것만 말해서는 경력을 쌓을 수 없다. 과격파 지식인은 자신의 반대자들이 미워하는 것도 말하고 행동해야 한다. 그냥 지지자들의 비위만 맞춰서는 큰 성공을 거둘 수 없다. 반대자들로부터 미움을 받게 되면 그때는 지지자들이 벌 떼같이 일어나 그의 편을 들게 된다. 그가 하나의 명분이 되고 지지자들이 추앙하는 우상이 되는 것이다. 지지자들은 그의 책을 사거나 강연을 듣기 위해 많은 돈을 아낌없이 지출할 것이다. 그들은 그가 등장할 때 기립 박수를 보낼 것이다.

　신뢰받는 악당이 되려면 과격한 지식인과 대중적인 인사들은 반대쪽 극단의 상대방, 이를테면 제리 폴웰이나 노먼 레어 같은 동성애 활동가들과도 결별해야 한다. 이렇게 서로가 서로를 적으로 삼을 때 양쪽 모두 자신의 지지자들로부터 후원금을 모을 수 있다. 그들은 나름대로의 방식으로, 오줌이 든 병에 십자가를 꽂는다든가 해서 반대자들을 화나게 할 수 있다. 그러면 그들은 2주 동안 방송국에 나가 서로 논쟁을 벌일 수 있고, 그로 인해 사람들의 관심을 끌어모을 수 있다.

　과격파 지식인은 격렬하고 논쟁적이고 불만에 차 있어야 하지만, 온건파 지식인은 점잖고 천천히 차분하게 말해야 한다. 온건파를 지지하는 사람들은 기본적으로 세상에 만족하며 그래서 너무 시끄럽게 굴거나 혼란을 야기하는 논객들을 싫어한다. 온건파를 지지하는 사람들은 견해가 점잖게 교환되는 것을 보고자 하며 도발적이고 자극적인 수사적 공격보다 은근하고 미묘한 표현을 더 좋아한다. 그들은 다음과 같이 말하는 부드러운 지식인들을 좋아한다. "저는 모이어스 씨가 방금 하신 그 말씀에 한마디를 덧붙이고 싶습니다." 온건한 지식인은 이미 자신이 중요한 사람이기 때문에 굳이 흥미를 끌 필요는 없다고 느낀다. 말할 때는 천천히, 마치 높은 곳에서 내려다보는 사람처럼 신중하게 할 것이다. 그런데 그리하면 그는 사려 깊은 사람으로 여겨지는 대신, 그가 무슨 말을 했는지 아무도 기억하지 못할 수도 있다.

마케팅

오늘날 지식인은 전문성과 태도를 갖춘 뒤, 따로 대중에게 마케팅하지 않는다. 생산과 마케팅이 동시에 일어나면서 각 과정이 연결고리처럼 이어지고 상호 영향을 준다. 우리의 젊은 지식인은 삼십 대 초에도 여전히 대부분의 시간을 글쓰기에 보낸다. 그녀가 TV에 출연하거나 순회강연을 떠나기 위해서는 출판을 통해 충분히 이름이 알려져야 한다. 자신의 글이 처음 출판될 때는 정평이 나 있는 간행물에 뛰어난 글 한 편만 발표하면 되는 것 아니냐 생각하겠지만 그렇지 않음을 곧 알게 된다. 첫 번째 장문 에세이가 발표되는 날에, 예컨대 자신의 「담론의 몰락」이란 에세이가 하퍼스지에 실려 나온 날에 그녀는 자신의 세상이 변했다고 생각할 것이다. 하지만 하루 종일 돌아다녀도 그녀는 이전과 똑같은 삶을 영위할 것이며, 다른 사람들은 어제와 다르지 않게 그녀를 대우할 것이다. 많은 사람들은 (그녀가 몇 주 동안 그토록 애타게 갈망했음에도) 그녀의 작품에 별 관심을 보이지 않을 것이고, 관심을 보인다 해도 그녀의 작품을 그냥 그저 그런 잡지 기사 중의 하나로 취급할 것이다.

그럼에도 불구하고 그녀는 계속해서 글을 발표해야만 한다. 뉴욕타임스, 월스트리트저널, LA 타임스 및 여러 신문사와 잡지사에는 매년 수십만 건의 글이 투고되는데, 지면에 정기적으로 등장하는 지식인은 남들에게 자신의 존재를 상기시킬 수 있다. 동성애 혼인에 관한 법원의 결정 같은 새로운 뉴스가 보도되면 불과 한두 시간 만에 어떤 지식인은 적절한 편집 담당자에게 전화를 걸어 그 천박한 TV 해설자의 주장은 상식과 180도 다른 내용이라고 지적할 것이다. 신문사 편집자들은 그런 이야기를 반기고, 그런 이야기를 들을 때 신문이 아직도 살아 있음을—게랄도 리베라(전 FOX 뉴스 진행자) 때문에 쓸모없는 존재가 되진 않았음을 확신한다. 그녀는 또 그 신문사의 발행인과 개인적으로 친하다고 이야기할 것이다(편집자는 그게 진실인지 의심하겠지만 확인할 방법은 없다).

그녀는 스스로를 치켜세우면서 편집자에게 이렇게 얘기할 것이다. "제 글은 한바탕 논쟁을 불러일으킬 겁니다." 그녀는 또 그런 판결을 내린 대법관을 현재 흥행 1위를 달리는 영화 속의 등장인물과 비교하면서 자신이 글 속에 어떻게 대중문화를 녹일지 설명할 것이다. 편집자들은 그런 식의 대중 매체 통합을 좋아한다. 그 이유는 첫째로 그들이 그 기고문을 부각시킬 방안을 강구할 수 있고, 둘째로 대중문화를 들먹이면 독자들의 열독률이 크게 높아진다고 착각해서다. 높고 낮은 문화가 일종의 필사적인 결합을 하는 것인데, 보보 지식인들은 자신들이 지루한 엘리트가 아니라는 점을 어떻게든 독자들에게 설득하고자 기를 쓴다.

일단 편집자가 기고문을 써 보라고 하면 우리의 젊은 지식인은 네 시간 만에 다 써야 할 것이다. 에드먼드 윌슨처럼 헛기침을 할 틈은 없다. 그럼에도 불구하고 그녀는 샤르트르 대성당의 스타일을 본뜬 글을 구상해야 한다. 문체는 영속적이고 견고하면서도 가벼워야 한다. 처음 두 단락은 대성당의 외관처럼 화려하면서도 포괄적이어야 한다. 다음 몇 단락은 성당 뒤쪽으로 걸어가는 듯해야 한다. 즉, 예상 가능한 절정을 향해 곧장 나아가면서도 측면의 여러 흥미 있는 예배당 건물들에도 눈길을 보내야 하는 것이다. 끝으로, 마지막 단락은 사방에서 빛이 들어오는 회랑(transept, 교회 건축에서 직각으로 교차되어 좌우로 돌출된 익랑)에 도착한 듯해야 한다. 저널리스트 마이클 킨슬리가 충고했듯이 세미콜론 부호는 잘난 체처럼 여겨질 수도 있으니 피하자.

기고문에는 나름 자전적인 내용도 들어가야 한다. 그러면 독자들이 더 관심 있게 읽는다. 혹시 누군가 유명 인사(예를 들어 최근에 죽은 정치인)를 언급할 경우라면 우리의 필자는 그 사람과 마지막으로 만났을 때를 쓸데없이 자세히 얘기하거나 그 사람의 사망 소식을 들었을 때 느낀 감정 같은 것을 말하고 싶어 할 것이다.

가장 큰 관심을 얻으려면 기고문이 틀려야 한다. 논리적인 글은 읽고 이해할 수 있다. 하지만 비논리적이거나 틀린 글은 다른 저자들이 들고일어나도록 자극한다. 그렇게 되면 필자는 엄청난 관심을 모을 수 있다. 예일대 교수 폴 케네디는 『강대국의 흥망』이라는 책을 집필하여 미국의 쇠락을 예언함으로써 자신의 주가를 크게 높일 수 있었다. 그 책의 내용은 틀린 것이었으며 수많은 평론가들도 들고일어나 그렇다고 말했다. 그럼에도 불구하고 그는 유명해졌고 책은 베스트셀러가 되었다. 프랜시스 후쿠야마는 『역사의 종말』이라는 에세이를 썼는데, 이 글은 제목만 읽는 사람들에게도 틀린 것으로 보였다. 실제로 수많은 필자들이 역사는 끝나지 않았다고 지적하는 글을 썼으며 후쿠야마는 전 세계적으로 주목을 받았다.

기고문이 신문에 실린 후에 우리의 젊은 지식인은 그 신문의 편집자에게 자신의 글이 백악관과 연방준비제도이사회, 영화 업계 등 그 글이 겨냥한 모든 곳에서 엄청난 반향을 불러일으켰음을 알리려 할 것이다. 만일 그녀가 다른 지식인들과 좋은 관계를 맺고 있다면, 그 글을 칭찬하는 말이 나올 것이다. 칭찬은 지식인 세계에서 몹시 중요하다. 1950년대에는 지식인들이 서로에게 영원히 비난의 소리만 질러댈 것 같았다. 하지만 이제 그들은 끊임없이 서로를 칭찬한다. 칭찬에는 아무런 비용도 들지 않고 도리어 애정을 얻을 수 있기 때문에 칭찬이 넘쳐나서 칭찬 인플레가 일어나는 실정이다. 아부는 할 때마다 가치가 떨어지니 조만간 지식인들이 수레에 담아 나를 만큼의 칭찬을 해야만 비로소 칭찬으로 들리게 될 것이다. 사람들이 자신의 글을 정말 얼마나 좋아하는지 정확히 측정하고자, 우리의 젊은 지식인은 일종의 칭찬 디플레 공식을 개발해 볼 수도 있을 것이다.

누가 그 글을 좋아한다고 얘기하면 그것은 그가 그 글을 봤지만 읽지는 않았다는 뜻이다. 그 글을 아주 좋아한다고 얘기하면 그것은 그가 적어도 절반은 읽었지만 내용이 무엇인지 기억은 못 한다는 뜻이다. 뛰어난 글이라고 말한다면 그것은 그가 끝까지 읽었다는 뜻이다. 어떤 독자가 다음과 같은 최고 수준의 칭찬을 할 때만 필자는 그의 진실성을 확신할 수 있다. "그 글은 몹시도 탁월하고 주옥같았습니다. 저도 여러 해 동안 같은 얘기를 해 왔답니다."

지식인은 성공을 거두면 칼럼을 제의받는다. 드디어 정점에 오른 셈이라고나 할까. 칼럼을 써서 돈과 명성을 얻는 사람들이 없지는 않지만, 실은 그보다 훨씬 더 많은 사람들이 노예처럼 칼럼을 쓴다. 그들은 서커스의 동물들처럼 일주일에 한두 번은 꼭 사람들을 즐겁게 해 줘야 한다. 이 방면에서 성공을 거둔 사람들은 한 가지를 아주 잘 알고 있다. 즉, 그들 자신의 마음이다. 그들은 자신들이 무엇을 생각하는지 잘 알며, 자신들의 판단을 전적으로 확신한다. 이것은 생각처럼 그렇게 간단한 일이 아니다. 대부분의 사람들은 누군가 다른 사람이 지적해 주기 전에는 자기 자신의 의견이 어떠한지를 제대로 알고 있지 못하기 때문이다. 하지만 칼럼니스트는 뇌수술에 관한 기사를 20분 정도만 읽어도 즉시 달려가 뇌수술 전문의들의 모임에서 그들이 하는 일에 어떤 문제가 있는지 강연할 수 있다.

이런 재능을 갖지 못한 지식인들은 한 계단을 더 올라가기 위해 책을 쓴다. 책으로 성공할 수 있는 가장 분명한 요소(그 책을 선전해 줄 수 있는 사람을 찾는 것) 외에도 저자가 관심을 기울여야 할 세 가지 중요한 요소가 있다. 출판사, 제목, 그리고 사람들이 기억할 수 있는 하나의 문구이다. 저자의 출판 경력은 작품을 출간한 출판사들을 통해 추적될 수 있어야 한다. 젊은 지식인의 첫 번째 고심작은 시카고대 출판부나 그 비슷한 곳에서 출간될 것이다. 그녀의 다음번 고심작은 W. W. 노튼에서 출간될 것이다. 그리고 그녀의 야심작은 사이먼 앤드 슈스터Simon & Schuster나 노프Knopf에서 출간될 것이다. 마지막으로 그녀가 심혈을 기울인 회고록은 랜덤하우스에서 출간될 것이다(이때 그녀는 마침내 편집자를 설득해 자신의 사진을 표지에 싣게 될 것이다).

첫 번째 책의 제목은 '~의 종말'이라는 문구로 끝맺을 것이다. 종말론의 장점은 그 극적인 최후성에 있다. '이데올로기는 쇠퇴하고 있다'라는 제목의 책을 기억하는 사람은 별로 없을 것이다. 하지만 『이데올로기의 종말』이라는 제목은 출간된 지 수십 년이 지난 후에도 여전히 참고 문헌으로 사용될 것이다(설사 그 내용은 완전히 잊혔다 해도 말이다). 종말론 책을 쓸 때의 어려움은 아직 끝나지 않은 주제들을 찾아내는 일이다. 역사, 평등, 인종주의, 비극, 그리고 정치 등은 이미 다른 저자들이 사용했다. 그리고 '~의 죽음'은 왠지 거부감을 주는 제목이다. '정원 가꾸기의 종말'은 베스트셀러의 냄새가 나지 않는다.

이와 같은 종말론 전략이 먹혀들지 않는다면 저자는 레온 유리스가 일련의 베스트셀러 소설에서 시작한 방법과 토머스 카힐이 논픽션 분야에서 이어받은 접근법을 취할 수도 있다. 즉, 인종적인 편견을 다루는 것이다. 이를테면 '아일랜드 사람들은 멋지지만, 영국 사람들은 개똥이다'라는 제목의 책을 내고 이어서 '유대인들은 대단하다'라는 책을 내는 것이다. 저자는 제목만 잘 정하면 수십 년 동안 책을 팔아먹을 수 있다. 그러니 이런 제목은 어떨까. '책을 사는 사람들은 정말로 똑똑하다.' 이런 책을 나쁘게 평할 비평가가 어디 있겠는가. 언젠가 어느 현명한 사람이 이렇게 얘기했다. 작가의 궁극적인 힘은 어떤 사람들의 비위를 맞출 것인지 선택할 수 있는 데 있다고. 저자는 첫 번째 저서의 제목을 정할 때 자신이 평생 비위를 맞출 고객층을 염두에 두고 선택할 수 있다. 그렇지만 '고양이들의 비밀스러운 슬픔'이란 제목의 책으로 출판 경력을 시작하려면 먼저 든든한 배짱부터 길러 둬야 할 것이다. 반려동물 애호가들로부터 쏟아질 엄청난 팬레터를 감수해야 하니까.

책으로 성공하고픈 지식인들은 토크쇼 진행자들이 쇼를 진행하기 직전 몇 초 만에 훑어보고 대담을 나누는 데 써먹을 만한, 멋진 문구를 만들어 놓아야 한다. 교육받은 청중에게 그 문구는 지적이면서도 역설적으로 들려야 하고, 또한 보보들의 '반대되는 것들을 조화시키려는 욕구'에도 부합해야 한다. 그래야 그녀는 자신의 책이 환경을 보호하는 개발, 협조적인 개인주의, 사회적인 시장, 해방 경영, 온정적 보수주의, 실용적 이상주의, 혹은 신축성 있는 고집에 관한 것이라고 얘기할 수 있을 것이다. 모순 어법의 가장 성공적인 케이스로 『단순한 풍요(Simple Abundance, 2021년에 발행된 한국어판의 제목은 '행복의 발견 365'이다)』를 들 수 있는데, 이 제목은 이미 세라 본 브래넉이 사용해서 엄청난 베스트셀러를 만들었다. 그와 반대로 '복잡한 빈곤'이라고 하면 베스트셀러가 될 수 없을 것이다.

한편 그런 멋진 문구를 만들 수 없다면 그녀는 이미 TV의 유명 인사가 아닌 한 자신을 벗길 수밖에 없을 것이다. 자신을 벗긴다는 말은 그녀가 정말로 옷을 벗는다는 뜻이 아니다(물론 그렇게 하는 사람들도 있기는 하다). 뜨기를 원하는 영화배우들이 흔히 사람들의 관심을 끌기 위해 부끄러움을 모르는 것처럼 잡지에 나와 포즈를 취하듯, 저자들도 때로는 자신을 노출시켜 대중의 관심을 끌 필요가 있다. 예컨대 자신의 오르가슴 패턴을 고백하거나, 더 좋은 건 탐욕스러운 계부의 패턴을 밝히는 것이다. 만일 운이 좋아 할리우드나 월가 같은 돈이 넘치는 업계에서 일자리를 얻는다면 그들은 자신을 키워 준 후견인이나 자신에게 돈을 댄 회사들, 혹은 자신들을 사랑하는 배우자들의 은밀한 비밀까지도 기꺼이 털어놓을 것이다.

회의

잡지에 글을 쓰는 작가들은 때로 책을 쓸 필요가 없다고 이야기한다. 잡지에 글을 쓰면 굳이 힘들게 애쓸 필요도 없을뿐더러 훨씬 더 많은 사람들에게 읽히기 때문이다. 하지만 책 쓰기는 저자를 패널 참석자로 만든다—며칠간만 주제에 대해 끙끙거리는 고통을 느끼는 게 아니라 자신의 관심 분야에 대해 많은 것을 정확히 알게 되어 즐거움이 훨씬 대단하다는 사실은 별개라 쳐도 말이다. 경력의 중간 단계에 진입하는 지식인은 적어도 한 달에 세 차례는 패널 토론에 참석해야 한다. 인생의 마지막에는 패널로 가장 많이 참석하는 지식인이 이기기 때문이다.

별로 어렵진 않다. 정보화 시대에는 도처에서 회의가 열리기 때문이다. 가령 마크 트웨인이 사회자인 모임에서 앤드루 카네기와 존 D. 록펠러가 고르게 채워진 생수병들을 사이에 두고 기업 책임의 미래를 토론하는 광경은 상상하기 어렵다. 하지만 요즘에는 우리 모두가 지식인이며 지식인은 패널에 참석해야 한다. 바닥깔개 업계의 판촉 행사조차도 이를테면 근대언어학회의 학술회의같이 진행된다(그리고 학회 학술회의는 판촉 행사처럼 진행된다). 큰 호텔들에는 작은 세미나실이 빼곡히 들어서 있다. 로비 탁자에는 커피포트가 놓여 있고 그 옆에는 다과가 비치되어 있어서 휴식 시간이면 패널 참석자들이 모여든다. 각 세미나장에서는 발목의 근육 구조에서부터 헨리 제임스 소설에 나오는 만찬 메뉴들에 이르기까지 온갖 것에 대한 설명이 이루어진다.

회의에는 여러 기능이 있다. 같은 주제를 생각하는 사람들의 유대감을 증진시키고, 많은 후원금 기부자들에게 즐거움을 안겨 주는 만남의 장이 되고, 공부에 몰두하는 지식인들이 가족을 동반하지 않고도 올랜도나 샌프란시스코 같은 곳에 갈 수 있는 기회를 제공한다. 그럼에도 가장 주된 목적은 '지위 주식거래소'로서의 기능이다. 회의 참석자는 자신이 받는 관심과 아첨의 정도를 보고 자신의 주가가 다른 사람들과 비교해 얼마나 비싼지 측정할 수 있다. 토론을 잘하고 다른 참석자들과 잘 사귀면 자신의 주가를 급등시켜 미래 일자리를 비롯한 여러 기회를 잡을 수 있다.

회의에 참석한 우리 젊은 지식인의 첫 과제는 패널리스트가 되는 일이다. 중간 경력 단계의 지식인임에도 패널리스트가 되지 못한다면 점점 더 회의에 참석하기가 어려울 것이다. 회의에서 패널리스트가 아닌 사람은 어린양에 불과하고, 양들은 곧 회의에 참석한 사자들이 자기들끼리만 어울린다는 사실을 알게 될 것이다. 두 번째 과제는 그 모임에서 가장 덜 유명한 사람이 되는 일이다. 마치 부동산을 살 때

비싼 동네에서 가장 싼 집을 사는 것이 더 좋은 것처럼. 우선 더 유명한 참석자들 속에 있으면 자신을 빛나게 하는 것이 더 쉬운 법이다. 유명 인사들은 과거의 문화적 자본으로 먹고살기에 그 모임을 위한 준비는 거의 하지 않을 테니까.

회의가 진행되면 참석자들은 처음 몇 분 동안은 청중의 숫자를 세고 다른 모임의 청중 수와 비교하는 짓을 하고 있을 것이다. 이후 자신이 소개되는 차례가 되면 주의 깊게 귀를 기울일 것이다. 회의주관자(그는 대개 스스로 사회자가 되어 남들 앞에 나섬으로써 회의를 준비하는 데 들인 힘든 노동의 대가를 받고자 할 것이다)는 패널리스트들의 가치를 부풀려 유명 인사들을 초대한 자신의 능력을 과시하려 할 것이다. 부풀려진 자기소개를 듣는 것은 아마도 회의 시간 중에 가장 즐거운 시간일 것이다. 그 즐거움이 망가지는 경우는 사회자가 너무 오래 말을 할 때뿐이다. 나도 말이 많은 사회자가 진행하는 회의에 참석한 적이 있는데 그때 패널리스트들은 탁자 위의 메모지에 낙서를 하고 있었다.

성공적인 패널리스트는 사회적으로 인정받는 농담으로 얘기를 시작한다. 만일 경제학자들의 모임이라면 가령 천 명의 경제학자들을 모아 놓아도 결론은 나오지 않는다는 말로 얘기를 시작하는 식이다. 그런 후에 자신이 얼마나 지루한 사람이 될 수 있는지를 판단해야 한다. 저명한 패널리스트는 당연히 지루할 것으로 여겨진다. 그의 말에는 무게가 실릴 것이기 때문이다. 정부 고위 관리, 대학교 총장, 대기업 사장들은 말하는 것도 상급 기관 스타일이다. 말하자면, 그들이 사용하는 어휘는 난해하기 짝이 없고 내용은 애매하다. 듣는 사람들은 하품을 참느라고 눈물이 날 것이다. 하지만 지위가 상승하는 단계에 있는 지식인은 고참들처럼 점잔을 빼선 안 된다. 실제로 그에 상응하는 지명도나 업적을 달성하지 못한 젊은 지식인이 본인도 지루한 패널이 될 권리가 있다는 듯이 구는 것처럼 꼴 보기 싫은 일도 없다. 이렇다 할 수상 경력이 있는 것도 아니고 권위가 있는 것도 아닌 지식인이라면 "제가 여기서 제안하고자 하는 것은…" 혹은 "그렇기에 제 주장의 요점은…"과 같은 말을 쓰면 안 된다.

일반적인 청중은 여러 패널들의 주장에서 하나의 논점밖에 기억하지 못한다. 그래서 영리한 패널은 주장을 과장해서라도 청중에게 무언가 각인시키려 할 것이다. 강렬한 인상을 심어 주는 가장 확실한 방법은 미래에 대해 놀랄 만한 예측을 하는 것이다. 다만 사회적으로 인정받을 수 있는 방식으로 해야 한다. 조잡한 미래학자는 사람들로부터 비웃음이나 살 뿐이니까.

그럴 우려를 피할 두 가지 기법이 있다. 하나는 단정적으로 역사적 결정론을 제시하는 것. 그러니까 역사의 흐름에 따라 극적인 변화가 불가피하게 되었다고 주장하는 것이다. "PC의 시대는 끝났다. 사회주의 부흥의 시대가 눈앞에 와 있다. 복음주의 기독교의 성장과 함께 금융 서비스 부문에도 획기적인 변화가 기대된다"라고 하는 식이다.

두 번째 기법은 무차별적으로 역사를 비교하는 것이다. 다시 말해 지금 이 시대의 상황은 과거의 중요한 시대, 예컨대 1929년의 정치적 상황과 너무도 비슷하다고 주장하는 것이다. 그러면 다른 패널이 사실은 1848년의 상황과 똑같다고 반박할 것이다. 그리고 또 다른 패널이 나서서 진정한 비교 대상은 898년 신성로마제국의 상황이라고 단호하게 주장할 것이다.

이와 같은 연대기적 곡예의 목적은 토론 시간에 질문을 유발하는 데 있다. 지위 상승 단계에 있는 지식인의 경우 회의 후반에 모든 질의 응답이 다른 패널들에게 가는 동안 자신은 가만히 앉아 있는 것보다 더 비참한 일도 없을 것이다. 자기 주가가 떨어지고 있다는 신호이니까. 만일 포괄적이지만 부정확한 하나의 이론을 제시한다면 반드시 그에 대한 반박이 나오게 마련이다. 자신의 주장이 틀렸다고 지적받는 경우에 대비하여 자신의 이론이 아직 입증된 것은 아니며 이제 시험 단계에 있을 뿐이라고 강조할 수는 있다. 물론 이런 모호함이 별로 좋을 건 없다. 더 현명한 대비책은 발언

시간 동안 다른 동료 패널들의 얘기를 푸짐하게 인용하는 것이 아닐까. 하지만 너무 자주 하면 아양을 떠는 듯한 느낌을 줄 수 있다.

회의가 끝나 갈 때쯤이면 회의장 내 모든 이들이 단거리 육상 선수의 자세를 취하고 재빨리 로비의 커피포트로 달려갈 준비를 할 것이다. 그곳에서 회의 주제에 대한 새로운 토론이 이루어지고 잡담이 오가는 등 뒤풀이가 벌어지는 것이다. 학계나 전문직 단체들이 내놓는 소식지를 보면 서너 명의 사람들이 포도주잔이나 커피잔을 들고 즐겁게 반원을 그리며 서 있는 모습을 찍은 흑백 사진을 어렵지 않게 볼 수 있다. 지식인들이 잡담을 나누다 찍은 사진이다. 그들은 일과 놀이를 맛있게 결합한 활동을 즐기는데, 이것이 보보 계층 특유의 조화력이다.

사진 속 사람들이 즐거운 표정을 짓고 있는 이유는 무엇인가? 그것은 자신들이 사진 찍히고 있음을 알고 있기 때문이고, 그들이 자신들만큼이나 중요한 사람들과 함께 있다는 사실에 만족하기 때문이다. 수다 떠는 시간의 첫 번째 단계에서 회의의 사자들이 서너 명 함께 모여 있으면 그들은 (같은 사자 무리 속에 있다는 것이 너무 좋아서) 행복한 미소를 지으며 누가 농담을 하지도 않았는데 10초에서 15초 동안 껄껄거리고 웃는 것이다.

연회장을 가로질러 다니면서 (성이 아닌) 이름으로 자기소개를 하고 친숙한 친구들과 어울려도 아주 잠시(평균 4.7초 정도) 환담을 나누는, 그러면서 그 자리에서 멈추어 더 오랫동안 얘기하려는 유혹을 물리치는 지식인은 슈퍼스타 지식인이거나 포드 재단의 고위 인사다. 반면에 누군가를 만날 때, 상대방이 자신의 이름을 이미 알 것이라는 가정하에, 자신을 소개하는 지루한 짓을 하지 않는 미지의 지식인은 주가가 떨어질 수밖에 없다. 다른 사람의 이야기를 자르고 누군가 더 유명한 사람과 얘기하기 위해 자리를 뜨는 사람은 바보이지만, 자신의 이야기를 자르고 더 유명한 사람과 얘기하는 사람은 매력적이다. 반면에 환담 시간에 자신의 에세이를 나눠 주는 사람은 소외당할 위험성이 크다.

대화가 오가는 서클 바깥을 맴돌 뿐 서클에 있는 누군가를 불러내어 자신이 들어갈 수 있도록 하지 못하는 사람은 절망적인 상황에 처해 있는 것이다. 서클의 안쪽에 있는 사람들은 그의 사교적인 소외를 목격하고 그에게는 동료를 불러낼 만한 영향력도 없음을 알게 된다. 지위 상승을 열망하는 지식인은 누가 잠시 멈춰 자신에게 관심을 보이는지, 그 순간에 얼마나 많은 시간을 소비하는지, 얘기할 때는 자신의 얼굴을 보는지, 자신이 속해 있는 분야의 얼마나 많은 유명 인사들이 환담 중에 자신의 존재를 인정하는지를 확인함으로써 자신의 주가를 측정할 수 있다. 우리의 젊은 지식인은 그런 표시를 읽으면서도 아무렇지 않은 척, 자신의 관심은 오직 지나가는 웨이터의 접시에서 닭다리를 집어 겨자 소스를 듬뿍 묻히고, 닭다리를 입에 넣을 때 음료수를 흘리거나 소스를 턱에 묻히지 않는 것 정도에만 있는 듯이 행동해야 한다.

TV

책과 패널 토의도 좋지만 궁극적으로 TV에 등장하지 못하는 지식인은 자신들의 삶이 의미를 갖지 못함을 깨닫게 될 것이다. 『전쟁과 평화』나 『존재와 무』 같은 걸작을 쓰면 지적 거인이 될 수 있던 시대는 이미 지나갔다. 이제는 TV에 나가 바바라 월터스나 케이티 쿠릭 앞에서 자신의 아이디어를 선전할 수 있어야 한다. 오늘날의 지식인은 점점 더 유명해질수록 TV에 점점 더 많이 등장해야 한다. 수염을 기른 철학자들을 상대로 한두 마디 말을 건네는 정도로 시작된 TV 출연 경력은 만사가 순조롭다면 마침내 투나잇 쇼에까지 이를 것이다.

그러기 위해서는 먼저 TV 프로듀서의 관심을 끌 수 있어야 할 것이다. 섭외자들은 까다로운 광고주의 요구와 시청자의 대부분을 차지하는 남성 실직자들의 취향 사이에서 고민한다. 그래서 늘 그들의 고민을 덜어 줄 수 있는 누군가를 찾고 있다. 한창 지위가 상승 중에 있는 우리의 젊은 지식인은 아침 일찍 일어나 자신의 이론을 가다듬은 다음 방송국의 섭외자들에게 전화를 걸어 자신이 출연할 수 있음을(특히 출연자를 붙잡기 힘든 8월에는 더욱 그러함을) 알려야 한다. 프로듀서는 관심이 있으면 그녀에게 사전 인터뷰를 요구할 것이다. 일종의 전화 오디션인데, 이때 그녀는 가능한 한 매력적인 목소리로 자신의 아이디어를 부각시킬 수 있어야 한다. 때로 섭외자가 그날 다시 전화를 걸어 이렇게 이야기하는 경우가 있다. "우리는 그 프로를 다른 방향으로 만들기로 결정했습니다. 그러니 나오실 필요가 없습니다." 그것은 그들이 같은 내용을 이야기할 더 유명한 출연자를 찾았다는 뜻이다.

혹은 그들이 그녀를 섭외할 수도 있다. 그러면 그녀는 자동차를 몰고 뉴저지의 포트리 같은 곳으로 가서 자신은 목에 칼이 들어와도 결단코 보지 않을 케이블 TV의 토크쇼에 출연하게 된다. 그녀는 입구에서 안내를 받아 작은 출연자 대기실로 들어갈 것이다. 방 안에는 그 방송국에 채널이 고정된 TV가 끊임없이 광고를 내보낸다. 프로듀서는 한동안 그녀 곁에서 모순된 지시를 줄 것이다. "간섭해야 할 때는 주저하지 말고 간섭하세요. 우리는 사람들이 아웅다웅하는 것을 좋아합니다. 지나친 언쟁을 벌이지는 마세요. 이 프로의 시청자들은 점잖은 사람들입니다."

얼마 후, 젊은 여자가 들어와 그녀를 분장실로 안내한다. 분장실에서 우리 지식인은 쉴 새 없이 지껄이면서 자신이 TV 출연으로 긴장하고 있지 않음을 과시해야 한다. 그녀가 다시 대기실로 돌아오면 방에 스탈린의 노동 수용소에 관한 책을 쓴 저자와 신흥 종교 집단의 교주, 그리고 자신은 소행성의 지구 충돌 가능성을 반박하기 위해 TV에 출연하는 것이라고 생각하지만 결국에는 압력에 굴복해 경고 신호를 보내게 될 천문학자가 있을 것이다. 케이블 방송들은 마치 하키 경기에서 선수들이 교체되는 것처럼 수많은 전문가들을 동원한다. 왜냐하면 그것이 시간을 때우는 가장 값싼 방법이기 때문이다.

마침내 그녀는 작은 스튜디오로 안내되어 뉴욕의 전경을 보여 주는 화면을 뒤에 두고 의자에 앉을 것이다. TV에 나와 잘난 척하는 자들을 내심 노동 계급 입장에 서서 경멸하는 카메라맨이 그녀 앞에서 카메라를 돌릴 것이다. 그러면 그녀는 4분 동안 렌즈를 숨기고 있는 그 검은 유리 상자와 섹스를 하는 듯한 태도를 취해야 할 것이다. 그 일을 여러 차례 하고 난 후에야 그녀는 성공적으로 자신의 모습을 내

보일 수 있게 된다. 그것이 성공적인 TV 출연에 가장 중요한 것이다. 무엇보다도 TV는 시청각 매체이기 때문에 그녀는 그에 맞춰 입고 제스처를 취하는 법을 익히게 될 것이다.

반어법이나 냉소주의는 TV에서 통하지 않는다. 우리 지식인은 이제까지 살면서 이 순간처럼 좋은 시간을 보낸 적이 없다는 듯 행동해야 한다. 진행자가 질문할 때 그녀는 밝은 미소를 지어야 한다. 대답할 때도 얘기를 마칠 때도 미소를 지어야 한다. 자리를 떠날 때도 밝은 표정을 지어야 한다. TV는 설득의 매체가 아니라 관심의 매체다. 아무리 많은 프로에 나와도 사람들은 그녀가 출연했다는 것만 기억하지 그녀가 한 얘기에 대해서는 기억하지 못할 것이다. 요컨대 내용은 그다지 중요한 게 못 되니 대신에 그녀는 손을 자주 흔들어야 한다. 그래야 시청자의 눈을 즐겁게 할 수 있다. 그리고 말할 때 목소리는 세 번째 커피잔을 막 비운 사람처럼 명랑해야 한다.

진행자는 출연자가 얘기하려는 핵심 주장을 사전에 브리핑받다 보니 종종 그 내용을 가로채기도 한다. 그녀가 '오늘날 미국이 산업화 시대 초기 이후 전례가 없는 공동체 상실로 고통받고 있다고 말해야지' 하고 계획했는데 진행자는 대뜸 첫 번째 질문에서 이렇게 묻는다. "우리 미국이 산업화 시대 초기 이후 전례가 없는 공동체 상실로 고통받고 있다고 하던데요. 당신은 그런 의견에 반대하시죠?" 출연자는 다음에 할 말을 찾으려 애쓰지만 많은 사람들이 TV에 출연하고 처음 몇 초 동안 겪는 그 어색함 때문에 도무지 쉽지 않다. 두뇌는 천장까지 치솟아 무언가 할 말을 찾아 미친 듯이 헤매는 육체를 내려다본다. 그러면서 두뇌는 육체에게 지금 이 자리에서 "망할"이나 "염병"이란 말을 입에 올리면 그건 자살 행위나 다를 바 없다고 장난조로 한마디 할 것이다.

그럼에도 TV는 우리 지식인을 쇼 비즈니스라는 마술의 세계로 이끈다. 일단 TV에서 성공하면 우리 지식인은 힘들게 일하지 않아도 모든 명성과 영향력을 확보할 수 있다. 그렇게 십여 차례 TV에 출연하고 나면 공항이나 식당에서 그녀를 알아보는 사람들이 나타난다. 이 같은 즐거움은 라이오넬 트릴링이나 어빙 하우 같은 이전 시대의 지식인들은 전혀 누려 보지 못한 것이다.

성공한 사람들의 통합

능력주의 사회가 오기 전에는, 가까운 거리가 우리 사회생활의 바탕이 되었다. 사람들은 친구를 사귈 때 이웃, 교회, 일터, 혹은 지역 컨트리클럽에서 만난 사람들과 사귀었다.

하지만 교육받은 계층의 많은 구성원들에게 사회생활은 성취를 바탕에 둔다. 사교 모임 초대장은 개인에게도 오지만 직업을 대상으로도 온다. 그래서 직업적인 사다리를 더 높이 올라갈수록 저녁 식사든 리셉션이든 더 많은 초대장이 온다. 미국 역사상 어떤 사람이 더 성공한다고 해서 더 매력적으로 변한 경우는 결코 없었음에도.

지적인 삶의 꼭대기에는 르네상스 주말 모임, 잭슨홀 컨퍼런스, TED 기술 컨퍼런스, 콜로라도 세계 문제 컨퍼런스 같은 반쯤은 전문적이고 반쯤은 사회적인 기관들이 있다. 이런 모임은 서로 전혀 모르는 사람들을 한데 모은다. 참석자들의 유일한 공통점은 모두가 성공한 사람들이라는 것. 이런 모임은 능력주의 시대의 베르사유 궁전과도 같다. 교육받은 귀족들을 위한 배타적 공동체로서 그들이 모여 천차만별의 강연비 액수를 두고 잡담을 나누는 장소다. 달라진 점은, 옛날에는 아무개 백작이 아무개 공작과 얘기를 나누었지만 오늘날 이런 모임에서는 미하일 고르바초프가 구석에서 테드 터너와 환담을 하고, 엘리 위젤이 리처드 드레이퍼스에게 강의하고, 조지 스타이너가 낸시 카세바움 베이커와 대화하는 데 몰두한다. 이런 기관들을 운영하는 사람들은 사회적 권위의 새로운 성직자들, 즉 재단의 고위 관리들이다. 이런 모임의 주최자들은 프랑스 살롱의 여주인들처럼 성공을 알아보는 능력이 탁월하다.

우리의 젊은 지식인이 에세이, 책, 패널, 회의, 그리고 TV 출연으로 성공했다면 그녀는 애리조나의 휴양지에서 열리는 휴가 모임에 초대받을 것이다. 그녀는 학회와 대학, 그리고 기업체의 이사회에 초대받을 것이고 그녀가 사교적인 성향이라서 기꺼이 응한다면 새천년을 토론하기 위한 초청자만의 회의에도 가게 될 것이다. 그 밖에도 외교협회, 빌더버그 회의, 옥스퍼드셔에서 열리는 디칠리 파크 회의 등 그녀가 참석할 수 있는 일급 사교 클럽들이 얼마든지 있다. 또한 각종 세미나 그룹, 대통령 위원회, 특별 조사 그룹들도 있다. 이런 모임에 처음으로 참석하는 우리 지식인은 마치 『전쟁과 평화』에서 처음으로 무도회에 가는 나타샤와 비슷할 것이다. 그녀는 초대 명부에 올라 있는 자신의 이름을 자랑스럽게 바라볼 것이며 곧 과거와 현재의 유명 인사들과 친근하게 어울릴 것이다.

이처럼 성공한 지식인은 지적 성취를 발판으로 모두가 서로의 업적에서 뿜어져 나오는 황금빛 햇살로 즐겁게 온몸을 적시며 사회의 꼭대기로 올라갈 수 있다. 우리 지식인은 초대된 만찬 모임에서 금융, 패션, 할리우드, 그리고 정치 분야 등 각계의 엘리트와 어울릴 것이다. 이론의 틀 속에서 인생을 보낸 그녀는, 이제 허리와 어깨를 크게 강조하는 옷을 입은 사람들, 즐거움을 좇는 데 부끄러움이 없는 사람들을 보게 될 것이다.

우리 지식인은 왜 평생 즐거움을 소홀히 하며 살았는지 의아해질 것이다. 그녀는 화장실을 세심하게 사용하는 사람들, 무지방 소스를 먹는 사람처럼 버터 같은 뺨을 지닌 사람들과 어울리는 새로운 기쁨을 발견할 것이다. 더욱이 모두가 매력적이지 않은가! 이쯤 되면 그녀는 지식인 동료들을 새로운 눈으로 보게 된다. 이제는 그들이 별 볼 일 없어 보이는 것이다. 하지만 아직 다른 분야의 최고 인사들은 신선해서, 눈부시고 인상적인 사람들로 보일 것이다. 재계 거물들은 예리하면서도 원만해 보일 것이다. 영화감독들은 놀랍도록 매력이 철철 넘쳐 보일 것이다. 그리고 정치인들은 굉장한 이야기를 들려줄 것이다.

이윽고 그녀는 그들도 자신과 별다르지 않은 사람들이란 사실을 알게 될 것이다. 지식인들은 전에 사업가들은 무식한 욕심쟁이이고 치어리더나 다름없다고 생각했다. 하지만 교육받은 계층의 승리와 더불어 우리의 젊은 지식인은 그들 대부분과 이미 인연이 있음을 발견하게 된다. 그녀는 조사 계통 과학자와 한동네에서 자랐고, 영화배우와 같은 대학에 다녔으며, 금융가 사촌과 결혼했다. 그녀는 새로운 친구들 가운데 많은 사람을 여러 TV 방송국 대기실에서 이미 만난

적이 있다.

더욱이 그녀는 그들이 어떤 분야에서 일하든지 사실은 같은 업종에 종사하고 있다는 것을 깨닫게 된다. 그들 모두는 명성을 쌓으면서 평생을 보냈다. 그래서 그들은 같은 문화적 특성의 많은 것을 잘 안다. 그들 모두는 당신과 악수를 나누면서 당신의 이름을 들은 적이 있다는 인상을 어떻게 주는지 안다. 그들 모두가 거짓된 겸손함의 멋진 기술을 익혔다. 그리고 그들 모두가 미국 달러의 위력이 어떠한지 당신에게 말해 줄 수 있다.

우리 지식인은 그런 모임에서 자신도 멋지게 보일 수 있음을 알게 될 것이다. 그녀는 자신이 토크빌을 인용해도 그 말을 농담으로 여기지 않는 사람들을 발견할 것이다. 머지않아 그녀는 자신의 유식함을 과시하기 시작할 것이다. 만찬 모임마다 번갈아 가며 한 번은 토크빌, 한 번은 클라우제비츠, 한 번은 푸블리우스, 한 번은 산타야나를 얘기할 것이다. 고상한 생각의 즐거움을 배워 그녀는 곧 "이제 좌파와 우파 모두 거짓된 선택을 버릴 때가 되었다"라고 선언할 것이다. "우리 모두 진보와 보수 같은 낡은 구분에서 벗어나야 합니다. 이데올로기는 더 이상 인정될 수 없습니다." 그녀는 자기가 그렇게 말하는 것을 들을 것이다.

천천히, 하지만 확실히, 그녀는 태도뿐 아니라 마음도 알파 계층의 에토스에 흡수될 것이다. 그녀는 최상층에서는 교육받은 계층이 과거의 구분을 조화시켰음을 알게 될 것이다. 사업가들도 지식인들과 어울리면서 자신들의 정치적 입장이 그리 동떨어진 것은 아님을, 자신들의 취향이 그리 다른 것은 아님을, 그러니 자신들의 세계관도 그리 남다른 것은 아님을 알게 될 것이다.

하지만 이런 통합은 역설적으로 한 가지 새로운 긴장을 야기했다. 물론 예전에 지식인들과 사업가들 사이에 존재하던 커다란 문화적 차이는 아니다. 일종의 사회적 갈등이라 할 수 있다. 우리가 피할 수 없는 주제, 즉 돈과 관련이 있다.

지위-소득 불균형

1950년대에는 지식인들이 대개 자기들끼리 어울렸고, 중산층 수준에 해당하는 자신들의 소득을 고통스럽게 생각하지 않았다. 부자들은 멀리 있었다. 그 시절에 투자 은행가는 앤도버와 프린스턴을 다녔고 언론계 인사는 센트럴 하이와 럿거스를 다녔다. 하지만 이제는 금융가와 작가들 모두 앤도버와 프린스턴을 다녔을 가능성이 높다. 하버드를 우등으로 졸업한 학생은 싱크탱크의 연구원이 되어 연봉 8만 5천 달러를 받는다. 하지만 그가 체육 시간에 말도 걸지 않았던 열등생은 채권 거래인이나 TV 프로듀서가 되어 1년에 3천4백만 달러를 번다. 더욱이 하버드를 중퇴한 한 친구는 실리콘밸리에서 24억 달러를 번다. 성공한 지식인들은 곧 깨닫기 시작한다. 돈을 많이 버는 그들과 사회적으로는 평등한 위치에 올랐지만 경제적으로는 그들보다 열등하다는 사실을.

예를 들어 우리의 성공한 지식인을 생각해 보자. 그녀는 이제 중년이 되어 사회적으로 튼튼한 입지를 구축했다. 오늘 그녀는 드레이크 호텔에서 열리는 시카고 역사보존협의회 만찬에 참석했다. 저녁 내내 그녀는 (자신이 최근에 나이트라인에 출연했음을 강조하며) 테드 코펠에 관한 이야기를 하고 (8월에는 아스펜 연구소 회의에 함께 참석했음을 상기시키면서) 빌 브래들리에 대해 이야기한다. 그녀는 같은 테이블에 동석한 은행가와 변호사와 의사들을 상대로 줄곧 화제를 주도한다. 그 후 그들은 호텔로 옮겨가 7달러짜리 칵테일을 마신다. 그 자리에는 금융 회사의 컨설턴트와 법률 회사의 파트너인 그의 아내가 합석한다. 잘나가는 회사에 근무하는 돈 많은 부부인 것이다.

우리 지식인은 호텔 바에서도 기분이 좋아 출판계와 잡지사에서 일어나는 재미있는 일화로 분위기를 띄운다. 좀

비싸다는 생각이 들기는 하지만 그녀는 술값을 자신이 내기로 마음먹는다. 그래서 그녀는 신용카드로 계산서를 처리한다. 누구나 그 정도는 낼 수 있지만 그냥 두고만 본다. 그리고 일행은 밖으로 나온다. 우리 지식인은 오늘 저녁의 승리감에 도취되어 엉겁결에 이렇게 말한다. "같이 타고 가실 분 계신가요? 남쪽으로 가시는 분은요?"

잠시 어색한 침묵이 흐른다. 돈 많은 부부가 말한다. 실은 우리는 북쪽으로 갑니다. 위네카죠. 의사 한 사람도 북쪽, 레이크 포레스트 쪽으로 간다고 얘기한다. 갑자기 그녀의 입안이 씁쓸해진다. 그녀는 시카고 북쪽 지역이 어떤 곳인지 잘 안다. 수백만 달러짜리 웅장하고 깨끗한 저택들이 끝도 없이 늘어서 있는 곳이다. 북쪽 지역에는 잡초도 없다. 모든 저택들이 제각기 넓게 펼쳐진 깔끔한 잔디밭으로 둘러싸여 있고 관목 울타리는 단정하게 가꾸어져 초록색 대리석으로 만들어진 것만 같다. 그 지역의 주택업자는 7년마다 그런 저택들에 들어가서 벽과 바닥을 최신식 원목으로 갈아 준다. 그곳에 사는 사람들은 아침에 일어나 미리 데워진 욕실 바닥을 밟을 때부터 밤에 자기 전에 리모컨으로 가스 벽난로를 끌 때까지 인생은 살 만한 것이라고 생각한다. 미국은 정의로운 나라이며 그들의 삶은 쾌적하다.

하지만 우리 지식인은 자동차를 몰고 하이드파크에 있는

대학촌으로 가야만 한다. 그녀는 흉한 주택 개발 단지를 지나야 하고 47번가에 있는 자기 동네로 돌아갈 때는 신호등에 걸려 대기하면서 노란색 현금 교환소와 값싼 요금으로 국제 전화를 걸 수 있는 공중전화 부스를 보아야 한다. 그녀가 사는 다가구 주택은 예전의 대학원생 시절에 비하면 엄청나게 좋은 곳이지만, 낡고 칙칙한 데다 낮고 납작한 벽돌 건물이다. 건물 주위의 엉성한 잔디밭에는 잡초가 우거져 있고, 창문에는 철주가 붙어 있으며, 대문은 녹이 슨 채 삐걱거린다.

그녀는 빛바랜 대리석 보도를 지나 위층에 있는 자기 집으로 들어간다. 위네카에 사는 그 의사들과 변호사들은 집 안에 들어설 때 웅장한 현관을 보겠지만 우리 지식인은 작고 초라한 계단만 볼 뿐이다. 이윽고 그녀는 계단을 올라 집 안으로 들어간다. 문을 열면 어지러운 식탁과 부엌이 보인다. 갑자기 그녀는 비참한 기분이 든다. 그녀는 지위-소득 불균형 증상(지위는 높은 일을 하고 있지만 소득은 그렇게 높지 않은 사람들이 겪는 병)을 앓게 된다.

이런 증상을 앓는 사람들의 삶에서 비극적인 것은, 낮에는 영광 속에 살지만 밤에는 평범한 사람으로 돌아온다는 사실이다. 직장에서 그들은 밖에 나가 강연을 하고 TV에 출연하고 모임을 주재한다. 직장이 언론 계통이라면 그들은 회삿돈으로 호화로운 점심을 즐길 수도 있다. 하루 종일 그들의 책상에는 전화 메시지가 쌓인다. 부자나 유명 인사들이 그들의 호의와 관심을 구하기 위해 걸어온 전화들이다. 하지만 밤이 되면 그들은 욕실을 수리해야 하는 현실에 직면한다. 직장에서 그들은 귀족이고 샐러리맨 계층의 왕이지만 집에서는 도대체 언제쯤 새 차를 살 수 있는지 걱정한다.

우리 지식인의 상황을 알아보자. 그녀는 시카고대 정교수로서 1년에 10만 5천 달러를 번다. 그리고 그녀가 예일대학에서 공부할 때 만난 남편은 재단의 기획 담당으로서 로버트 맥코믹의 돈을 받아 그 돈으로 맥코믹이 경멸했던 아이디어를 실용화하는 일을 한다. 그는 연봉 7만 5천 달러를 받는다. 그런 그들이지만 젊었을 때는 자신들이 1년에 18만 달러의 수입을 함께 올리게 될 것이라고는 꿈도 꾸지 못했다.

그럼에도 그들은 가난한 것이다. 두 사람의 딸은 작년에 열여덟 살이 되었다. 스탠퍼드대학에서 기숙사 생활을 하는 딸에게는 연간 3만 달러가량이 들어간다. 올해 열여섯 살인 아들은 음악을 좋아하는데 그 아이에게도 그만한 돈이 들어간다. 수업료, 여름 음악 캠프, 그리고 개인 레슨 비용까지 감안해야 하기 때문이다. 그리고 아홉 살 난 막내가 시카고대학 부속 학교에서 돌아올 때 집에서 기다리고 있는 파출부도 3만 2천 달러를 잡아먹는다(우리 지식인은 아직도 교무처장

자리를 꿈꾸고 있기 때문에 파출부에게 합법적인 보수를 지불한다). 다음으로, 환경보존연합과 앰네스티 인터내셔널을 비롯한 각종 자선 단체에 기부하는 돈이 있다. 그들은 충분히 많은 기부금을 내기 때문에 4월마다 회계사를 만날 때 부끄러워할 일이 없다. 이 모든 것을 제하면 두 사람은 한 달에 2천5백 달러를 가지고 임대료, 식료품비, 도서비, 세탁비, 기타 생활비를 해결해야 하는 것이다. 그러니 두 사람은 극빈자 같다는 생각을 하지 않을 수 없다. 그리고 그들은 소득 상승 효과로 고생한다. 소득이 일단 높아지면 다시는 더 낮은 수준의 생활로 돌아갈 수 없는 것이다.

현대의 지식인들은 어떻게 하면 명성을 얻을 수 있을까 하는 문제로 고심한다. 하지만 지위-소득 불균형 증상을 앓는 사람은 많은 시간을 돈 버는 문제로 고심한다. 사실 우리 지식인은 요즘 들어 진실이나 아름다움, 혹은 봄의 시적인 도발 같은 주제를 생각하며 하루를 보내는 것 같지가 않다. 그녀는 겨우 10만 5천 달러를 받는 대가로 세상의 일상적인 압력에서 벗어날 수 있다는 것이 충분한 보상이라고 느끼지 못한다. 그녀도 자신을 마케팅해야 하는 것이다. 그러니 시간과 노력을 들여 청중의 욕구를 분석하고 프로듀서, 언론인, 그리고 학계의 동료들에게 자신을 팔아야 하는 것이다. 이 증상을 앓는 사람이 출판과 유관한 일을 하고 있다면 그는 틈새시장에 대해 생각하며 하루하루를 보낼 것이다. 그런데 AT&T나 골드만삭스의 중역들도 같은 일을 한다. 다만 기본적으로 자산가인 대기업 중역이나 금융계 인사들은 돈을 많이 버는 업계에 있고, 지위-소득 불균형 증상을 앓는 사람은 돈을 별로 못 버는 업계에서 일하고 있다는 차이가 있을 뿐이다.

오늘날 지식인들은 상류 계급의 밑바닥에 있다. 우리 지식인은 자녀를 사립학교와 스탠퍼드대학에 보낼 수 있을 만큼은 된다. 하지만 같은 학교에 다니는 다른 아이들의 부모들은 대체로 두 사람이 1년에 버는 것을 한 달에 번다. 결국에는 아이들도 자기 가족과 자기 친구들 가족의 수입 격차를 인식하기 시작한다. 그것은 특히 생일을 맞을 즈음에 일어난다. 다른 아이들은 생일잔치를 호텔에서 하거나, 아니면 유명한 상점을 일요일 아침에 통째로 대관해서 한다. 반면에 우리 지식인 아이들은 집에서 생일을 치른다.

두 사람의 큰딸은 크리스마스 시즌에 집으로 돌아왔다가 위네카에 사는 스탠퍼드대 동급생으로부터 놀러 오라는 초대를 받을 것이다. 친구의 집을 방문한 딸아이는 모든 것이 단정하게 잘 정돈되어 있는 광경을 보게 될 것이다. 그 집에서는 모든 것이 넓기만 하다. 탁자도 넓고 식탁도 넓고 바닥도 넓다. 그리고 모든 것이 호화롭기만 하다. 이와 같은 규칙은 직장에서도 적용된다. 교육받은 계층 가운데 그 계파에 속하는 사람들은 원목으로 장식된 큰 사무실에서 집무를 본다. 그들에게는 비서들이 있어서 서류의 흐름을 조정하며 그 비서들 밑에 다시 비서들이 있어서 모든 것을 정돈한다. 그래서 이들 포식자들의 넓은 책상에는 서류더미 따위가 쌓일 틈이 전혀 없다. 금융계에서 일하는 보보들의 서류가방은 아주 가볍고 날씬하다. 그 안에는 서류철 하나도 들어갈 것 같지 않다. 사실 그들의 삶은 잘 정돈되어 있기 때문에 따로 정리할 필요가 없다. 그들은 런던에 출장을 갈 때도 짐을 갖고 가지 않는다. 그곳에 도착하면 이미 모든 것이 준비되어 있기 때문이다.

반면에 우리 지식인의 삶은 헝클어져 있다. 그녀는 사회과학대학 건물의 위층에 있는 작은 책상을 쓴다. 그리고 도처에 서류가 널려 있다. 원고, 메모, 보고서, 정기 간행물, 잡지 스크랩 등이다. 집에 오면 가뜩이나 좁은 공간을 주전자와 커피 끓이는 도구 같은 것들이 꽉 채운다. 그리고 거실 가득히 책이 있다. 대개는 대학원에 다닐 때 산 책들이다(마르크스-엥겔스 독본이 그렇다). 스탠드 주위에는 뉴욕타임스 북 리뷰 철이 뒹군다.

연간 가계 수입이 18만 달러인 지식인이 1년에 175만 달러를 버는 돈 많은 사람들이 모인 방에 들어가면 몇 가지 사회적 규칙을 관찰할 수 있다. 첫째, 모두가 돈이란 존재하지도 않는 것처럼 행동한다는 점이다. 모두가, 자신의 신용카드 빚을 완전히 청산할 수 없는 지식인조차 주말에 비행기로 훌쩍 파리로 가는 것이 가능하며 유일한 문제는 시간뿐인 것처럼 행동한다. 그리고 모두가 마레 지구Marais district를 칭찬한다. 하지만 금융 분석가는 마레 지구에 자신의 아파트가 있다는 얘기를 하지 않으며, 지식인은 뜸한 휴가조차 별 하나짜리 호텔에서 묵는다는 얘기는 하지 않는다. 또한 금융 분석가는 주로 휴가에 관한 얘기를 하는 편이지만 지식인들은 주로 일에 관한 얘기를 하고 싶어 한다는 점을 눈치챈다.

한 지식인이 금융계의 포식자들만 모인 방에 들어갔다고 하자. 그러면 그의 마음 한편에서는 성가신 의심이 일어난다. 저들은 나를 정말로 좋아하는가, 아니면 나는 일종의 하인으로서 잠자리를 정돈해 주듯이 오락과 명망이나 제공하는 것인가? 슬픈 사실은 돈을 잘 버는 금융 분석가는 그런 식으로 생각하지 않는다는 것이다. 돈 많은 그들은 비록 성공은 했지만 의미 있는 업적은 달성하지 못했다는 불만에 사로잡혀 있다. 즉, 그들은 지식인들과 반대되는 증상을 앓고 있다. 자신들의 지위보다 소득이 더 높은 것이다. 그들이 앓는 증상은 소득-지위 불균형이다. 사실 그들은 자신들의 예술적인 재능을 추구하거나 불후의 지적 업적을 달성하지 못했음은 물론, 재기 넘치는 대화를 주도해 본 적도 별로 없는 것이다. 그들은 자신들이 참석하는 그 모든 만찬의 비용을 직접 지불하지만, 지식인들은 중요한 존재라서 공짜로 입장한다는 생각을 갖고 있다.

더욱이 지식인들은 사실상 재미를 보면서 돈을 받는다. 그들은 하루 종일 앉아서 무언가를 읽고 그것을 도발적인 문장과 대화로 재구성하면서 돈을 받는다(그렇게나 많은 사람들이 그 일을 그렇게도 못한다는 것은 놀라운 일이 아닐 수 없다). 반면에 부자들은 지루한 일을 하면서 돈을 받는다. 그들은 만찬을 함께하는 동석자들이 들으면 깜짝 놀랄 희한한 거래를 하면서 엄청난 봉급을 받는다. 마지막으로 부자들은 자신들의 위치가 취약하다는 생각을 한다. 왜냐하면 자신들의 엄청난 재산에도 불구하고 그들은 여전히 누군가를 높여 주는 것에 의존할 수밖에 없는데, 그런 역할을 바로 만찬에 참석하는 그 지식인들이 하고 있기 때문이다.

그래서 많은 부자들은 '영향력 있는 저자가 되었어야 했는데'라고 생각한다. 그런 사람이 되어 짐 레러의 뉴스쇼 시간에 출연하여 질문에 답하는 것은 얼마나 멋진 일인가. 뉴욕 데일리 뉴스와 U.S. 뉴스&월드 리포트의 사주이며, 맨해튼과 워싱턴에 상당한 부동산도 소유하고 있는 모티머 주커

먼의 경우를 보자. 만일 케이블 방송인 CNBC에서 녹화 요청이라도 있으면 그는 뉴저지로 기꺼이 달려갈 것이다. 웬만한 사람들보다 더 많은 돈이 있다고 해도 충분하지 않다. 그는 유명한 지식인이 되고 싶은 것이다.

한편 지식인들은 지위-소득 불균형에 다양한 방식으로 대응한다. 일부는 교육받은 계층 가운데 돈이 많은 구성원들과 똑같이 행동하려고 애를 쓴다. 그들은 흰 칼라가 달린 청색 셔츠를 산다. 또 매일같이 구두에 광을 낸다. 이 부류에 속하는 여자들은 힘들게 돈을 모아서 랄프 로렌이나 도나 카란 같은 고급 옷을 산다. 그리고 그들이 언론계나 출판계 혹은 재단 같은 곳에서 일을 하고 있으면 업무비를 최대한으로 지출한다. 천식 환자가 애리조나의 휴양지에서 요양을 하듯이 지위-소득 불균형 증상의 환자는 출장 여행을 가야 잠시 휴식을 취할 수 있다. 하루 숙박비가 370달러인 리츠칼튼 호텔에서 묵는 것이다.

하지만 출장 여행이 끝나면 다시 일상으로 돌아와야 한다. 이런 이유로 지식인 계층의 다른 구성원들은 그와 정반대의 길을 간다. 즉, 그들은 여전히 자신들이 지닌 보헤미안의 뿌리를 자랑스럽게 고수하고 그런 사실을 공격적으로 과시한다. 그들은 양복 차림에 팀버랜드 워커를 신기도 하는데, 이것은 그들이 아직도 자본주의 문화에 반항하고 있다는 표시이다. 넥타이와 양말에 대한 그들의 취향은 아이러니한 경향이 있다. 어떤 사람은 지역 청소 사무실 로고가 새겨진 넥타이를 착용하는데, 그 로고는 청소 트럭이 무지개 위로 지나가는 모양이다.

이 부류의 지위-소득 불균형 환자는 집에서 자신의 가난을 만끽하려 한다. 그는 자신이 이웃과 어울릴 수 있는 동네에 산다는 사실을 자랑스럽게 생각한다. 하지만 사실은 위네카나 파크 애비뉴 같은 부자 동네에 살 여유가 없는 것이다. 특히 그는 경제적 보상이 크지 않은 직업에 몸담고 있는 것을, 자신의 삶을 돈 벌기에만 열중하지 않아도 되는 것을 기쁘게 생각한다. 정작 자신이, 투자 은행가가 되기에는 계량적 기술이 부족하다거나 변호사의 길로 가기에는 지루한 일에 집중하는 능력이 모자란다는 사실은 무시한다. 그에게는 돈을 많이 벌 수 있는 분야에 진출할 좋은 기회가 한 번도 없었으며 따라서 일부러 자신을 희생시킨 적도 전혀 없었던 것이다.

지식인의 죽음과 부활

지위-소득 불균형이란, 그 증상을 앓는 환자에게는 고통스러운 것이지만 사실 꼬리뼈 같은 것이다. 꼬리뼈는 원시인 조상들이 꼬리를 갖고 있다가 진화를 하면서 남은 것으로, 마찬가지로 지위-소득 불균형은 부르주아와 보헤미안 간의 계급 전쟁에서 남은 유물이다. 수백 년 동안 부르주아 사업가와 보헤미안 지식인은 멀리 떨어져 철책을 사이에 두고 서로 으르렁거렸다. 오늘날 그들의 위대한 계급 전쟁은 만찬 파티의 갈등 수준으로 약화되었다. 이제 그들은 서로 어울린다. 이제 그들은 서로를 암살하지 않는다. 그들의 거대한 문화적 충돌은 사소한 지위 갈등으로 약화되었고, 각자 사회적 성공을 정당화하기 위해 애쓸 뿐이다.

지식인의 사회적 역할은 크게 달라졌다. 과거에는 세속적인 성직자로서 고고한 삶을 살았지만 이제는 불안하면서도 기본적으로 편안한 생활을 한다. 그들은 과거에 기득권 계층의 지배에 도전하던 과격파였지만, 이제는 자신들도 기득권 계층이 되어 명성과 세속적인 성공을 얻고자 애쓴다. 오늘날 지식인들은 외딴 방에서 자아도취에 빠져 지적 다툼을 하는 생활 방식과 작별하고, 샤토 마고에서 메를로로 빚은 포도주는 역시 맛이 다르다는 사실을 알게 되기에 이른다.

그러면 우리는 무엇을 얻고 무엇을 잃었는가? 어느 면에서 50년대 지식인들—한나 아렌트와 라인홀드 니부어, 파르티잔 리뷰의 논객들, 시인들과 로버트 펜 워런 같은 문학 비평가들, 그리고 데이비드 리스먼 같은 사회학자들의 삶은 존경받아 마땅하다. 그들은 저 높은 곳으로 오를 수 있는 마음의 소유자들로서 헤겔과 아리스토텔레스, 실러와 괴테를 즐겨 인용했다. 그때는 TV에 출연하는 전문가들, 신문 칼럼의 기고자들, 비행기를 타고 순회강연을 다니는 사람들이 있기 전이었다. 당시의 지식인 세상은 더 작았지만 더 치열했고 더 활력이 넘쳤다.

그럼에도 오늘날의 지식인 세상에 대해서도 나름대로 할 말이 있다. 그리고 적어도 나는 옛날 그 시절로 돌아가고 싶지 않다. 질문으로 시작해 보자. 우리는 어떻게 배우는가? 지혜를 얻는 가장 좋은 방법은 뭘까? 책이 가득 쌓인 강변의 방구석에 앉아 프로이트와 실존주의를 읽고 반경 몇 마일 안에 사는 세속적인 군중과 치열한 토론을 하는 걸까? 아니면 세상에서 더 넓은 경험을 쌓고 한쪽 발은 주류 사회에 들여놓은 채 그곳에서 무엇을 발견했는지 사색하는 걸까? 지혜를 얻으려면 스스로를 고립시킨 채 저 높은 곳에서 세상을 판단해야 할까, 아니면 직접 속세에 들어가 일상생활의 다양성을 겪으면서 느낀 것을 설명하려 노력해야 할까? 현대의 작가들이 과거의 작가들보다 돈을 더 탐낸다고만 단언할 수는 없다. 이제는 인식론 자체도 달라졌다.

오늘날 우리는 순수한 이성, 지나친 추상화, 그리고 과도한 일반화에 대해 더 회의적이다. 우리는 제인 제이콥스의 발자취를 따라가는 일에 열심이지만 그녀는 하이데거를 잘 몰랐을 수도 있고 파르티잔 리뷰 논객들의 지적 곡예에는 미치지 못할 수도 있다. 하지만 그녀는 자기 주위의 일상적인 삶을 잘 알고 있었다.

앞서 제3장에서 메티스는 이론보다 행동과 느낌을 통해 얻는 실용적인 지혜라고 설명했다. 우리 보보들은 추상적인 이론보다 메티스를 더 높이 평가한다. 우리가 그렇게 하는 것은 옳은 일이다. 세상에 참여하고 남들처럼 일상생활에서 배우고 얻고 올라가려는 것은 옳은 일이다. 우리 시대의 지식인들은 사람들 대다수가 직면하는 압박감을 경험하고 야망과 미덕 간의 갈등을 경험할 때 세상을 더 잘 이해할 수 있다. 상업적인 문화에서 자신을 고립시키는 것은 삶의 주요 활동에서 자신을 고립시키는 것이다. 그렇게 하면 실제로 일어나는 일을 파악하기가 훨씬 더 어렵다. 하지만 우리의 지식인은 (그녀가 스스로의 동기와 타협에 관해 솔직하다면) 국가와 세상의 상태를 더 정확하게 파악할 수 있다. 그녀의 선언은 절벽 꼭대기에서 벼락을 던지는 망명 지식인의 선언처럼 전면적이거나 웅장하지는 않을지 몰라도, 계곡을 지나는 길을 누구보다 더 잘 알기에 그녀의 설명은 더 진실하고 그녀의 아이디어는 더 유용할 것이다.

다시 1950년대 책들을 살펴보자. 1955년부터 1965년까지의 시기는 논픽션의 전성기였다. 이 책에서 이미 그 시절의 많은 저작들을 인용했는데, 베티 프리단의 『여성의 신비』와 레이첼 카슨의 『침묵의 봄』 같은 가장 영향력 있는 책들은 빼 두었다. 니부어와 아렌트 같은 사람들에 대한 그 모든 존경심과는 별개로, 당시 가장 뛰어나고 영향력이 컸던 책들의 상당수는 그 당시에는 지식인으로 생각되지도 않던 사람들이 썼던 것이다. 바로 제인 제이콥스, 윌리엄 화이트, 베티 프리단, 레이첼 카슨, 그리고 딕비 발첼 등이다. 이러한 작가들과 언론인들은 에드워드 실스가 규정한 형태의 지식인보다 오늘날의 세속적인 전문가 내지 논평가들과 공통점이 더 많았다. 스스로를 사회에서 격리시켜 고급 문화만을 지향하고 보헤미안 특유의 소외감 속에 살았던 사람들보다 오늘날 우리에게 더 좋은 모델이다.

그리고 그들은 한 가지 중요한 것을 달성했다. 청중을 얻은 것이다. 『파르티잔 리뷰』의 논객들은 뛰어난 작가들이지만, 잡지의 발행 부수는 극히 미미했다. 요새는 더 다양한 방법으로 수백만 명에게 아이디어를 전파할 수도 있다. 공영 방송, 수많은 잡지, 인터넷을 통해서도 할 수 있다. 오늘날 지식인들이 새로운 매체를 활용해 아이디어를 전파하는 것은 분명 좋은 일이다. 다양한 매체에 더 많은 관심을 가져야 하고 TV 카메라를 향해 웃는 법을 배워야 하긴 하지만 말이다.

5

새로운 즐거움을 탐닉하다

Pleasure

　　만약 당신이 고문과 채찍질을 당하면서도 위엄은 챙기고 싶고, 모멸감을 느끼는 동시에 존중도 받고 싶다면 피닉스에 본부를 둔 APEXArizona Power Exchange의 인터넷 뉴스레터를 반드시 확인해 보라. 이 S&M(사도마조히즘) 그룹은 오늘날 점잖게는 가죽 애호가라고 불리는 사람들에게 온갖 서비스를 제공한다. 여름 뉴스레터에 따르면 1999년 8월 3일에는 토론회와 모욕 모임이 열렸다. 8월 6일 오후 7시에 채찍질에 관한 워크숍도 열렸다. 다음 날 저녁에는 본디지 사드마조히즘 그룹과 지도자의 만남이 있었고, 이어 8월 10일에

는 하이힐과 발 숭배에 관해 토론했고, 일주일 뒤에는 한 초빙 강사가 '피의 스포츠'를 논했다. 이 모든 모임은 이 조직이 추구하는 성숙한 자세로 수행되었다. 그들은 말한다. "우리는 모든 경험을 수용 정신, 관심, 위엄 및 존중으로 대한다." 몸이 묶인 채 바닥에 엎드려서 누군가의 부츠를 숭배할 때야말로 위엄과 존중이 중요하다는 것이다.

APEX 조직은 7인의 이사회와 상당수의 간부 및 직원들이 있다. 서기, 재무, 문서 관리자, 오리엔테이션 담당, 물류 담당, 그리고 인터넷 사이트를 운영하는 홈페이지 담당 직원까지 있다. 이들의 인터넷 사이트는 어지간한 로터리클럽보다 점잖다. APEX는 자선 사업도 후원한다. 너무 수줍은 나머지 자신들이 좋아하는 형태의 피학·가학 행위를 밝히지 못하는 성도착자들을 위한 지원 그룹도 있다. S&M 관련 법률 세미나도 연다. 약물 복용에서 회복 중인 사디스트와 마조히스트들을 위한 12단계의 모임도 있다. 마지막으로 이들은 전국에 있는 유관 단체들과 유대를 맺기 위해 적극적으로 노력한다.

당신이 이 조직의 워크숍 기록을 자세히 읽어 보면 이들이 이 주제에 관심을 쏟는 정도에 놀라지 않을 수 없을 것이다. 유두 피어싱이나 벌거벗고 재갈 물리기 같은 주제는 방탕한 사드 백작의 이미지를 연상시키지만, 이곳에서는 때리기와 벌주기가 조류 관찰이나 포도주 시음에 가까운 느낌으로 이루어진다. 휴무일을 틈타 모인 고등학교 상담 교사들과 그 밖의 점잖은 사람들이 가죽 거들과 보조 기구만을 걸친 채, 음경 클램프는 어느 나라 제품이 좋은지에 대해 토론한다. 이 모든 것이 매우 절제되고 진지한 태도로 행해진다. 아주 부르주아적이다.

섹스는, 특히 모험적인 섹스는 과거에 거의 범죄 행위 취급을 받았다. 타락한 귀족들은 채찍과 수갑 등을 갖고 궁정의 다락방으로 올라갔다. 평민들은 술에 취한 채 난교 파티장으로 향했다. 보헤미안들은 존엄성의 굴레를 벗어던지고 자유로운 사랑을 탐닉했다.

하지만 이제 그런 것도 구닥다리다. APEX 같은 조직들만 규범에 도전하는 에로스를 점잖은 것으로 만들어 책임감과 교양을 강조하고 있는 게 아니니까. 지금은 도덕적인 섹스에 도전하고픈 사람들에게 서비스를 제공하는 사업이 번창하는 중이다. 반스&노블 서점에는 수많은 외설 서적이 있는데, 이는 잡지 『허슬러(Hustler, 노골적인 묘사로 유명한 성인 잡지)』보다는 '아이오와 작가 워크숍(미국의 오래된 글쓰기 프로그램)'의 산물처럼 보인다. 『굿 바이브레이션스』, 『섹스 라이프』, 『산드리아 컬렉션(Xandria Collection, 미국 성인비디오 및 성인용품 회사)』 같은 고상한 섹스 저널과 카탈로그는 『하퍼스』나 『애틀랜틱 먼슬리』 같은 고급 잡지들의 뒷면에 광고를 싣기도 한다. (고급 섹스 잡지들은 외설지와 쉽게 구분할 수 있다. 외모지상주의에 빠져 우를 범하는 일이 없도록 못생긴 사람들이 섹스하는 모습을 크게 소개하는가 하면, 섹스가 평생의 활동임을 강조하기 위해 노인들의 섹스에도 많은 지면을 할애하기 때문이다.) 도덕과 관습을 거스르는 성행위에 대해 글을 쓰는 학자들이 너무 많아서, 난교는 마치 관광 시즌의 아파치 댄스를 닮아야 할 지경이다. 그 자체의 즐거움을 위해서라기보다는 자크 데리다의 말을 인용하려고 무리 지어 날아온 사회학 교수들을 만족시키기 위한 역할이 큰 셈이다.

간단히 말해, 지난 몇 년 동안 교육받은 계층은 욕정에 고상한 품격을 입혀 순화했다. 보보들은 수백 년 동안 도발이나 죄악, 위험으로 여겨지던 섹스를 사회적으로 건설적인 것으로 만들었다.

보보들이 '음부' 지역에서 목사 노릇을 하게 되었달까. 1960년대의 디오니소스식 타락과 방탕은 거의 사라졌다. 대신 고상한 섹스 문헌들이 "안전하게 하자"와 "책임감 있게 놀자" 같은 구호를 반복한다. 그리고 실제로 섹스가 얼마나 건강한 일인지 강조하려 애쓴다. 책임감과 통제력을 유지하기 위해 이상한 행동들은 규칙과 에티켓으로 규범화된다. 자신들의 활동을 소식지에 싣는 자유로운 섹스 그룹들의 이야기를 들어 보면 그룹 섹스 공동체 모임의 규칙은 엄격하게 적용된다. 이런 규칙은 19세기 귀족들의 살롱 에티켓과는 확연히 다르지만, 자기통제를 강조하다 보니 묘하게도 그런 사회 규범을 닮아 있다.

오늘날의 사드 백작들은 부도덕한 지하 사회를 만들고 싶지는 않은 모양이다. 그들은 정상성에서 벗어나지 않고자한다. 오히려 정상 범주에 속하고자 한다. 주류 사회의 인정을 토대로 중산층 세상에서 존중받는 지위를 얻으려 한다. "한 사람 이상을 사랑하는 것이 건강하고 자연스러운 일이자 기쁨과 친밀성의 표현일 수 있다"고 주장하며, 이런 방식의 사랑을 "책임 있는 비非일부일처제"라고 부른다. 이 구절은 폴리아모리 잡지인 『러빙 모어』의 사훈이다. 소위 말하는 '애호가 집단'—수간 애호가, 시체 애호가, 담배 애호가, 치아교정 애호가, 피어싱 애호가, 파괴 애호가(여성들이 물건을 부수는 것을 보며 흥분하는 사람들), 그리고 거인 애호가(거대한 여인이 가슴으로 건물을 부수는 것을 좋아하는 사람들) 등—은 상향평준화의 땅에서 자신들이 존재할 공간을 찾는다.

희한하게도 이들은 도덕적인 사람들이다. 섹스는 이제 더 깊은 도덕적 이해를 얻기 위한 방법으로 여겨지고 있다. 한때 수도승이었던 토머스 무어는 『영혼의 돌봄』이라는 책을 내고 후속편으로 『섹스의 영혼』을 썼는데, 이 책은 지난 몇년 동안 출간된 수백 권의 도덕적 섹스를 다룬 책들 가운데한 권일 뿐이다. 어떤 이들은 탄트라 교회에 가서 '탄트라

섹스: 황홀경으로 가는 영적인 길'이란 강좌를 듣는다. 또 어떤 이들은 성적인 생활을 통해 사회적 변화를 달성하려 한다. 인종주의를 피하기 위해, 고상한 섹스 잡지들에서 소개하는 난교의 주인공들은 PBS 방송 어린이 프로그램에 등장하는 아이들만큼이나 인종이 다양하다. 아시아계 한 명, 히스패닉계 한 명, 흑인 한 명, 백인 한 명, 그리고 미국 원주민 한 명, 이런 식이다. 한 방을 가득 채운 사람들이 서로의 배설물을 서로의 몸에 문지르는데 혹시 누군가가 자신은 쓰레기 재활용을 하지 않았음을 고백하면 그는 즉시 그곳에서 쫓겨나 다시는 모임에 돌아올 수 없을지도 모른다. 다소 기이한 예의범절이랄까 사회적 책임감이랄까, 아무튼 이를 중시하는 건 틀림없다.

보보들은 도착적이던 것을 도덕화하는 데 그치지 않는다. 뛰어난 인재들답게 성취를 중시한다. 오르가슴마저 성취하려 한다. 이들에게 섹스는 대학과 같아서, 자기 개선과 확장을 위한 지속적 배움의 과정이다. 자신의 몸에 대해 더 많은 것을 배우려는 사람들에게 얼마나 많은 섹스 워크숍, 세미나, 단체, 학자들이 서비스를 제공하는지 알면 깜짝 놀랄 것이다. 인간인식연구소(HAI, Human Awareness Institute)에서는 무엇을 얻을 수 있을까? 그들의 웹사이트는 이렇게 얘기한다. "사랑, 친밀성, 그리고 성에 대한 제한적 인식을 버리고 그것을 탐구하라. 다른 사람들과 더 효과적으로 관계를 맺고 소통하라. 당신 자신과의 관계를 크게 개선하라. 남들에게 더 사랑스럽고, 친밀하고, 완전히 자기 표현적인 사람이 되라. 당신의 삶과 관계에서 흥미롭고 힘을 주는 선택을 하라." 채털리 부인의 연인은 채털리 부인의 카운슬러가 된다.

이 실천가들은 자신들의 기술을 연마하고 새로운 테크닉을 익히기 위해 비범할 정도로 무진장 열심히 노력한다. 보보들은 침실에서 은밀하게 이루어지는 일반적인 관행에 만족하지 않는다. 그들은 침실을 대학원으로 바꾸어 나가야 한다고 믿는다.『레즈비언의 열정: 우리 자신과 서로를 사랑하기』의 저자 조안 룰란은 다음과 같이 제안한다. "매일같이 거울에 당신의 생식기를 비춰 보라. 당신의 생식기를 그림으로 그려 보라. 당신의 생식기에 편지를 써라. 한 시간 동안 방해받지 않는 자신만의 감각적 시간을 보내라. 한 시간 동안 거울에 비친 자신의 모습을 보라. 당신 몸의 모든 부분과 대화하라. 한 시간 동안 오르가슴을 느끼려 하지 말고 당신의 생식기를 만져 보라. 한 시간 동안 자위를 해 보라." 이 구절만 보아도 보보들이 성을 어떻게 생각하는지 감을 잡을 수 있다.

보보들의 삶에서는 모든 것에 목적이 있다. 가장 동물적인 행위들이 이제는 학위가 높은 사람들이 만든 안내서, 비디오 교범, 그리고 잡지 기사들에 버젓이 등장한다. 모든 것을 공개적으로 이야기하고 함께 공유한다. 자위행위조차도 미적인 측면에서 측정하고 평가할 수 있다. 그리고 비단 섹스의 테크닉만을 지속적으로 개선하고 발전시키는 것이 아니다. 섹스에서 비롯되는 인식과 지식도 더 깊어지고 세련될 수 있다. 섹스는 고작 침실에서 하는 즐거운 행위에 불과한 것이 아니다. 눈으로 보고 귀로 듣는 심오한 행위다. 안전해야 하고, 책임이 따라야 하고, 사회적으로 건설적이어야한다. 이처럼 향락주의는 분명하게 변했다.

쾌락 전쟁

이 정도 변한 걸로 막을 내리면 성 혁명이 아니다. 결국 성 혁명은 부르주아의 억압적인 태도에 반항하는 낭만주의 운동에 뿌리를 둔다. 보헤미안의 감각주의가 중산층의 전통을 조롱하는 오래된 싸움을 가리켜 역사가 피터 게이는 '쾌락 전쟁'이라고 불렀다. 보헤미안은 까다롭고 엄격한 보바리 부인을 비웃었고, 아나이스 닌의 일기와 헨리 밀러의 충격적인 소설들을 옹호했으며, 도발적인 성 관련 예술 작품들의 검열에 저항했다.

반문화(counterculture, 사회의 지배적인 문화에 정면으로 반대하는 하위문화)는 자유로운 삶과 즐거움이 있는 곳이었다. 반문화적인 삶의 도발적인 회고록인 『다운 앤 인Down and In』에서 로 널드 수케닉은 『빌리지 보이스』의 칼럼니스트 하워드 스미스의 다음과 같은 구절을 인용하고 있다. "내가 그리니치 빌리지에 온 이유는 1950년대에는 성 관념이 아주 엄격했기 때문이다. 나는 여자랑 자고 싶었다. 나는 나에게 말을 거는 여자들을 보고 싶었다. 나는 두툼한 브라와 그 위에 슬립과 스웨터를 걸치지 않는 여자들을 보고 싶었다. 판도라의 상자에서 나는 늘 그 커피숍에 가곤 했다. 그러면 여종업원은 몸을 기울이면서 말했다. '또 필요하신 것 없나요?' 그녀는 가슴 쪽이 파인 블라우스를 입었고 브라는 착용하지 않았다. 그래서 나는 거의 의자에서 떨어질 뻔했다."

60년대 히피들은 '파란 양아치들Blue Meanies'을 조롱했다. 영화 「노란 잠수함」에 나오는 '파란 양아치들'은 즐거움을 뺏는 악당들이다. 학생들은 난잡한 도착 행위를 예찬했고 마르쿠제의 이론에 의거하여 억압적인 구체제를 비난했다. "더 많은 혁명을 할수록 더 많은 사랑을 나눈다." 과격파들은 그렇게 외쳤다. 60년대와 70년대에 누드는 혁명처럼 여겨졌고 섹스와 마약과 로큰롤을 찬양하는 록스타들은 정말 과격해 보였다. 그들은 방탕한 향락주의가 곧 혁명인 양 굴었다. 어떤 면에서는 실제로 그랬다. 이런 삶의 태도에는 낭만적인 논리가 깔려 있었다. 감각의 규제를 풀어라Le dérèglement de tous les sens. 위대한 진실은 위대한 감각에서 나온다. 가장 멋진 삶은 열정적으로 지금 이 순간을 사는 것이다. 용감한 사람은 자유롭고 빠르게 살며 심오한 영역을 꿰뚫는다.

1970년대에 접어들자, 이 쾌락 전쟁에서 누가 이길 것인지 분명해진 듯했다. 자유분방한 섹스, 아니면 최소한 그에 대한 이야기가 유행했다. 게이 탤리즈가 쓴 『이웃집 여자』는 바로 이 시기에 출간되었다. 이 작품은 떼를 지어 발가벗고 새로운 성감대를 찾는 것에 시간을 보내는 사람들을 자세하게 묘사했다. 존 업다이크나 필립 로스 등 존경받는 소설가들도 20년 전에는 상상조차 할 수 없던 수위로, 포르노에 가까운 성행위를 묘사했다. 그리고 『섹스의 기쁨』은 엄청난 베스트셀러가 되었다. 뉴욕에서만 적어도 다섯 편의 누드 뮤지컬이 나왔고, 다들 상연하자마자 멋진 작품이라고 평가받았다. 작가 에리카 종은 여자들만의 섹스를 묘사해서 유명해졌다. 당시 영화는 죄다 마약 복용을 미화했고 뉴욕 타임스의 광고에는 포르노 영화와 스트립쇼 술집들이 등장했다. 이를테면 「사운드 오브 뮤직」 광고 옆에 「목구멍 깊숙이」의 광고가 함께 실리는 식이었다. 품위와 비품위의 구분선을 찾을 방법이 없었다. 아니, 그 선을 찾아야 하는지조차 모르고 지냈다.

해방 운동은 승전을 거듭했다. 아이들에게 자기발견의 수단으로 성적인 측면을 탐구하도록 권장하는 곳도 있었다. 뉴저지의 한 학교는 다음과 같은 조언을 해 주는 커리큘럼을 운영했다. "어른들은 아이들에게 신체적인 접촉이, 특히 사랑하는 사람과의 신체적인 접촉이 즐거움을 줄 수 있다는 점을 잘 말해 주지 않는다. 여러분은 스스로 즐거움을 얻을 수 있으며 그것은 괜찮은 일이다." 기존의 금기들은 무너졌다. 기존의 가족 구조는 낡아 보이기 시작했다. 기존의 규범 체계는 구석기 시대의 것처럼 보였다. 자기절제는 위선으로 여겨졌다. 대신 성의 자유는 대중적인 토론의 장에서 힘찬 행진을 이어 갔다.

일부 사회 비평가들은 그 당시에 일어난 성적 혁명이 지금도 여전히 계속되는 중이라고 믿는다. 1995년 조지 길더는 이렇게 썼다. "성 도덕관, 가족의 역할, 미술과 문학, 관료 사회와 대학교, 대중문화와 공적인 삶 속에서 보헤미안의 가치가 부르주아의 덕목을 압도해 버렸다. 그 결과, 문화적 삶과 가족적 삶은 혼돈에 빠졌고 도시에 향락주의가 질병처럼 퍼졌으며 학교와 대학에서는 가치 판단에 어려움을 겪고 있다." 1996년 베스트셀러였던 로버트 보크의 『고모라를 향하여』는 60년대의 퇴폐적인 문화가 현재까지도 계속해서 미국 사회에 병폐를 남기고 있다고 주장했다. 1999년

윌리엄 베넷은 "우리의 문화는 자기만족을 예찬하고 모든 도덕적 경계의 이탈을 예찬하고 이제는 모든 사회적 금기의 타파를 칭송한다"고 주장했다.

하지만 중상류층 미국 사회를 보면 혼돈과 비도덕이 난무하지 않는다. 더욱이 APEX의 성적인 전위주의자들조차 그렇지 않다. 그들이 벌이는 행태는 이상하고 나아가 역겨울 수도 있지만 그들에게는 그들 나름의 원칙이 있다. 특히 교육받은 계층의 주류 속으로 들어가면 만연한 향락주의나 퇴폐성의 징후를 찾기란 쉽지 않다. 흡연도 음주도 줄었다. 이혼율도 낮아졌다. 록스타들도 이제는 도덕을 노래한다. 향락주의적 반항 정신이 아닌 50년대 포크 가수들의 전통을 이어 가는 중이다.

다시 감각을 규제하다

이제는 더 이상 미국 문화에 만사가 괜찮다는 태도가 만연하다고 말할 수 없다. 대신에 그림이 훨씬 더 복잡하고 혼란스럽다. 예를 들어 유머의 경우, 우리는 지난 30년 동안 성적인 농담에는 더 관대해졌지만 인종적인 농담에는 더 냉담하게 대응한다. 우리는 자세나 옷차림에 대해서는 훨씬 더 여유 있게 포용하지만 함부로 화를 내거나 침을 뱉고 담배를 피우는 행동 등에는 훨씬 더 엄격해졌다. 우리는 공개 석상에서 솔직하게 나누는 성적인 얘기에 더 관대해졌지만 저속한 인신공격이나 희롱으로 간주될 수 있는 말에는 더 엄격해졌다. 서점에는 고상한 섹스 잡지들이 버젓이 진열되지만 해럴드 로빈스 스타일의 통속물은 예전만큼 큰 관심을 끌지 못한다. 대학교에서는 50년대 초였다면 수용하기 어려웠을 문신과 피어싱을 용납하지만 전에는 곧잘 넘어가던 기숙사의 음주 문화 같은 것은 제지한다.

우리는 스스로가 아이들에게 엄격하지 않은 편이라고 느끼지만 사실 50년대의 부모들보다 훨씬 더 많이 아이들의 삶에 간섭한다. 『톰 소여의 모험』에서 폴리 이모는 회초리와 엄격한 식탁 예절로 톰을 다스리려고 하는 동시에 톰에게 방랑과 모험을 즐길 수 있는 자유시간도 넉넉하게 주었다. 하지만 오늘날 우리는 식탁 예절을 고집하지 않는 대신, 아이들에게 주는 자유시간은 그다지 많지 않다. 우리는 아이들이 해야 할 일과 하지 말아야 할 일을 일일이 가르친다.

요약하면, 도덕적 기준은 반드시 일시에 부상하거나 몰락하는 것이 아니다. 선행과 악행의 분명한 기준이 갑자기 생겼다가 사라질 수는 없는 것이다. 현실은 주식 시장에서의 선물 거래만큼이나 복잡한 것이어서 어떤 기준이 한쪽에서는 떠오르는가 하면 다른 쪽에서는 떨어진다. 결국 우리가 엄격해지는 것인지 느슨해지는 것인지 알기 어렵게 된다. 1999년에 카네기멜론대학의 역사학자 피터 스턴스는 『욕망의 전쟁터: 현대 미국에서 자기통제를 향한 투쟁』이라는 책을 출간했다. 스턴스는 20세기에 미국에서 유행했던 다양한 종류의 자기통제 방식을 추적했다. 우리가 지금 빅토리아 시대의 미국과 다른 종류의 통제 방식을 갖고 있는 것은 분명하지만 종합적으로 보면, 그때보다 더 엄격한지 느슨한지는 분명하지 않다고 주장했다. 우리의 금기와 규제는 이전과는 달리, 어느 면에서는 더 관대하지만 어느 면에서는 더 엄격하며 전반적으로 더 많은 조심성을 요구한다고 얘기한다.

보보스는 부르주아의 자기통제와 보헤미안의 해방을 절묘하게 조화시키는 방식으로 새로운 사회적 규범을 만들었다. 우리는 새로운 기준으로 허용 가능한 즐거움과 허용 불가능한 즐거움을 구분한다. 새로운 사회적 규범으로 감각을 규제하고 있는 것이다.

유용한 쾌락

새 규범을 가장 쉽게 만나고 싶다면, 한여름에 집 근처 공원으로 나가 보라. 여성들이 스포츠 브라와 몸에 착 달라붙는 레깅스를 착용한 채 달리는 모습을 볼 수 있을 것이다. 청교도 시대에 이런 모습을 본다면 어땠을까? 속옷만 입고 밖에서 달리는 꼴이 아닌가! 아마 소돔과 고모라를 들먹였을 것이다. 에드워드 기번 같은 국제적인 역사가조차 그런 여성들을 보고 제국의 멸망까지 걱정했을지도 모른다. 하지만 좀 더 자세하게 관찰해 보라. 그들의 얼굴에서 당신은 퇴폐적인 향락주의의 표정을 볼 수 없다. 그들은 남에게 보여 주기 위해 자신을 노출하는 게 아니다. 누드에 가까운 모습이 에로틱한 효과가 있다 해도 그것은 그들의 결연한 표정에 상쇄되고 만다. 그들은 운동을 하는 중이다. 그들은 근육을 튼튼하게 만드는 중이다. 그들은 목표를 정한 후 그 목표를 달성하려 애쓰는 중이다. 당신은 그들이 웃는 모습도 잘 볼 수 없을 것이다. 고통스러운 표정을 짓는 여자도 있다. 반나체의 젊은 여성들은 자기통제의 전형을 보여 준다. 고생하지 않으면 얻는 것도 없다. 누드에 가까운 차림새를 한 이유는 (그들의 주장에 따르면) 힘들게 운동할 때 그런 실용적인 차림이 좀 더 편하기 때문이다. 우리가 공원에서 보는 그와 같은 반나체는 일종의 성취를 위한 것이다. 쾌락의 신인 디오니소스와 근로의 신인 프로메테우스를 절묘하게 결합시킨 셈이다.

보보스는 쾌락에 대해 실용적인 관점을 갖고 있다. 정신을 고양시키고 삶을 확대하는 거라면 어떠한 감각적 쾌락도 좋은 것이다. 반면에 비생산적이거나 위험스러운 쾌락은 어떤 것도 나쁜 것이다. 그래서 운동은 좋은 것이지만 흡연은 십계명 가운데 적어도 다섯 계명을 범하는 것보다 더 나쁜 죄악으로 여겨진다. 커피는 정신을 날카롭게 하기 때문에 당대의 음료가 되었지만 술은 판단력을 저해하기 때문에 인기가 없다. 당신이 비키니 수영복을 입고 해변에 가는 것은 정상적인 일이지만 피부암을 방지하는 자외선 차단제를 바르지 않는 것은 경악스러운 일이다. 건강한 식품을 먹는 것은 존경받을 일이지만 그렇지 않은 식품(고지방, 고염분, 고칼로리의 식품)을 먹는 것은 거의 죄악에 가깝다. 오랜 목욕 같은 사색적 쾌락은 존경받을 일이지만 오토바이 질주 같은 위험한 쾌락은 경멸스러운 일이다. 그리고 안전벨트를 매지 않고 운전하는 것은 너무도 부도덕한 일이다. 스키나 롤러블레이드 같은 유산소 운동은 인기를 얻지만, 볼링이나 탁구처럼 심장을 강화하지 못하는 운동은 인기를 얻지 못한다. 심지어는 아이들과 함께 노는 것도 좋은 일로 간주된다. 그렇게 하면 아이들이 무언가 기술이나 능력을 개발하는 데 도움을 주기 때문이다.

우리 보보스는 노력과 성공이라는 부르주아의 가치를 새로운 감각을 경험하려는 보헤미안의 충동과 결합시켰다. 그 결과가 바로 육체적, 영적, 지적 면에서 유용한 쾌락을 권장하고 그렇지 않은 쾌락을 억제하는 일련의 사회적 규제들이다. 이렇듯 '신교도 근로 윤리'는 '보보 놀이 윤리'로 대체되었으나 후자의 윤리도 전자의 윤리만큼이나 규제적이다. 우리가 하는 모든 일은 자기 계발과 발전이라는 삶의 소명에 부합해야 한다.

보보 시대에 번창한 두 여가 활동 기관을 꼽으라면 헬스장과 박물관이 있다. 두 곳 모두 바람직한 환경에서 감각적인 만족을 제공한다. 헬스장에서는 근육을 강화시키고 몸매를 가꾸면서 상쾌한 기분을 맛볼 수 있다. 박물관에서는 감각적인 행복감 속에서 그림과 사물의 모양과 색깔을 즐기고, 박식한 가이드나 벽에 걸린 학문적 설명을 통해 지식도 쌓고, 아래층에 있는 멋진 서점에 들를 수 있다. 헬스장과 박물관은 우리 시대의 예배당이요, 성당이다. 헬스장에서는 몸을, 박물관에서는 마음을 발전시킨다.

보보스는 디오니소스적 해방감의 궁극적 상징인 파티 역시 일과 결합시켰다. 제임스 아틀라스는 뉴요커에 「재미의 상실」이라는 글을 발표했다. 이 에세이는 문인들이 여는 파티의 변화를 아주 정확하게 묘사하여 교육받은 계층의 새로운 파티 방식을 조명했다. 아틀라스에 따르면 종래의 소설가, 시인, 수필가들과 달리 오늘날의 창조적인 사람들은 매우 온순한 편이다. 그는 자신이 하버드대에 다닐 때 흠모했던 문단의 거장들은 난잡할 정도로 술을 마시고 떠들었다고 회상한다. "내가 존경하던 문인들은 그 시대의 유명한 술고래들이었다. 퀸시 하우스에서 열린 한 세미나 석상에서 술이 덜 깬 채 줄담배를 피워 대던 로버트 로웰, 샌더스 극장에서 만취 상태로 위스키병을 휘두르며 관객을 끌어들이던 노먼 메일러, 시그니트 협회의 만찬장에서 마리화나에 취해 자작시를 풍금 연주에 맞추어 낭송하던 앨런 긴즈버그 같은 이들. 전후의 시는 한마디로 과도함에 대한 예찬이었다."

그들은 보헤미안 방식으로 살던 예술가들이었다. 아틀라스는 술에 취한 문인들의 모임, 담배 연기가 자욱한 파티, 당혹스러운 순간들, 시끄러운 말다툼, 그리고 뒤를 이은 이혼들에 대해 얘기했다. 평소에는 엄숙한 에드먼드 윌슨의 일기조차도 간음과 방탕한 음주로 가득 차 있다. 심지어 소파에서 세 사람이 나뒹군 날도 있었다. 사실 그들 대다수는 스스로 무덤에 일찍 도착하려고 그렇게 살았다. 델모어 슈어츠는 52세에 죽었고 존 베리먼은 57세에 자살했고 셜리 잭슨은 45세에, 그리고 로버트 로웰은 60세에 죽었다. 그래도

이들은 다른 동료 문인들에 비하면 비교적 오래 산 편이다.

하지만 요즘 그렇게 술을 마시고 멋대로 살았다간 병원으로 끌려가기 십상이다. 병원에서 그들은 알코올 중독이나 마약 중독, 혹은 우울증 진단을 받을 것이다. 예전에 보헤미안들의 지역이었던 곳에서도 제임스 아틀라스가 기막히게 묘사한 술과 난잡함의 시절은 끝이 났다. 이제는 파티도 업무로 인식된다. 한두 잔의 백포도주, 편집자나 대리인들과의 간단한 사교, 그 후에는 집에 가서 아이들을 돌본다. 이제는 점심을 먹을 때 반주를 곁들이는 사람이 거의 없다. 주방 식탁에 모여서 밤새도록 술을 마시며 얘기를 나누는 사람들도 별로 없다. 모두가 더 건강하고, 더 질서 정연하고, 더 성공 지향적이다.

이런 패턴은 다른 분야에서도 똑같이 일어나고 있다. 예전만 해도 언론인들은 담배를 피우고 술을 마시는 것으로 유명했다. 하지만 이제는 취재 차량에 생수병을 들고 타서 물이나 마시는 유순한 대학 졸업생들만 가득하다. 누구도 언론인 파티에서 술에 취하지 않으며 아마 취한 사람은 낙인찍힐 것이다. 학계 생활도 『크로니클 오브 하이어 에듀케이션』의 기사처럼 20년 전에 비하면 훨씬 더 건조하고 단조로워졌다. 진즉에 향락주의의 중심지가 되었을 법한 할리우드에서조차 건강과 경력과 상대적으로 온건함을 추구하는 경향이 압도적으로 우세하다. 이제는 좀 더 많은 보보스가 탁자가 아니라 파티장에서 업무용 명함을 건네고 있다.

알코올 소비에 대해 사회 전반적인 차원에서 살펴보면, 어쩌면 우리는 금주법 이후 미국 역사상 가장 금욕적인 생활을 하고 있는지도 모른다. 우리 시대에는 술에 관한 모든 단어들, 예를 들어 사워, 슬링, 하이볼, 나이트캡, 샴페인 같은 말이 시가cigar를 들고 마티니를 한 모금씩 마시던 술집에 대한 아련한 향수만을 남겨 두고 서서히 사라져 가고 있다. 최근에 나는 케이블 TV를 보다가 1973년의 퀴즈 게임에서 일어난 에피소드를 알게 되었다. 당시 게임에 출연한 6명의 유명 인사들 중 4명은 '절반half'이라는 단어를 듣고 '반쯤 취한half-drunk'이란 답을 냈다는 것이다. 오늘날에는 똑같은 경우에 대다수가 '반반half-and-half'이라고 답할 것이다.

과거에 보헤미안이 그토록 거칠고 자유분방했던 한 가지 이유는 그들이 점잖은 부르주아 관습에 반항했기 때문이다. 하지만 일단 부르주아가 1960년대의 자유주의적인 문화에 동화되자, 보헤미안이 굳이 반항할 대상이 눈에 잘 띄지 않았다. 막상 보헤미안의 상징들이 주류 문화 속으로 흡수되자 그들은 반문화적 성향을 상실했다. 헨리 밀러의 소설들이 한때 점잖은 중산층을 당혹스럽게 했을 때는 멋져 보였었다. 하지만 이제 그의 작품들은 그리 대단한 것으로 여겨지지 않는다. 누드 행위 예술은 한때 강렬한 인상을 줬지만 이제는 그조차 주류 문화 속으로 흡수되어 특별한 관심을 끌지 못한다. 70년대와 80년대에 퀸스 지역의 춤꾼들과 월가의 여피들이 마약을 알게 되었을 때, 그들은 자연스럽게 그것이 마음을 확장시키는 도구가 아니라 지저분한 놀잇거리에 불과하다고 생각했다. 즐거움을 위해 사는 것은 예전과 달리 더 이상 반항적인 문화 행위가 아닌 것이다.

더욱이 예전의 '노는 시간'은 말 그대로 '해방의 시간'과도 같았다. 당시 사람들은 지루한 업무에 매여 있었기 때문에 밤에는 난잡하게 놀고 싶어 했다. 창의적인 사람들은 자신들이 지루한 사회에 묶여 있다고 생각해서 노는 시간만큼은 규칙을 깨뜨리고 싶어 했다. 하지만 보보스에게는 일이 조금도 지루하지 않다. 도전적이고 흥미롭다. 그들이 일과 놀이를 결합시키는 것은 놀랄 일도 아니다. 보보들은 결합과 조화의 명수들이다. 그러니 그들이 업무와 유희를 분명하게 구분 짓지 않는 것도 당연하다. 보다 즐거운 업무와 보다 온건한 유희를 추구하기에.

유용한 휴가

당신은 지금 이탈리아 토스카나 지방의 한 산골 마을 광장에 있는 노천 카페에 앉아 있다. 일반적인 관광 코스에서 멀리 떨어진 한 보석 같은 작은 성당을 둘러보며 20분 동안 황홀경에 빠져 있다가 방금 막 돌아온 참이다. 철제 탁자를 두어 개 끌어당겨 합석할 자리를 만들고 성당 안에서 만난 몇몇 점잖은 부부들과 환담을 하려 한다. 고향에서라면 아마도 감기약으로 사용될 것 같은 시럽을 마시면서 여행담을 나누기 시작한다. 누군가 최근에 터키 중부에 있는 괴레메 계곡에 갔던 얘기를 꺼내면서 그 화산재 바위 속에 히타이트인들이 깎아 만든 멋진 동굴들을 언급한다. 그때 갑자기 주머니가 엄청나게 많은 셔츠를 입은 신사가 몸을 뒤로 젖히면서 끼어든다. "아, 그렇죠. 하지만 그 카파도키아 지역은 관광객들이 너무 많이 몰려오는 바람에 다 폐허가 되고 말았어요."

잠시 후 탁자에 앉은 다른 사람이 벨리즈 남부에서 환경 여행을 할 때 여행 가이드에게 들었던 멋진 이야기를 꺼낸다. "그곳은 전기가 들어간 후에 크게 변했습니다." 주머니가 많은 신사가 한탄한다. 당신은 방금 여행 속물을 만난 것이다. 세상에는 전에 가 본 곳을 훈장처럼 달고 다니는 닳고

닮은 여행자들이 많다. 그들이 삶에서 찾는 주된 즐거움은 당신이 방금 갔던 모든 곳을 자신들은 이미 가 보았다고 넌지시 얘기하는 데 있다. 그들이 어떻게 시간을 내서 그런 곳에 갈 수 있었는지 알기란 쉽지 않다. 어쩌면 일부 못된 자선 사업가들이 그들에게 세계 여행에 필요한 경비를 대주어 다른 여행자들이 그들 앞에서 주눅 들도록 만든 것인지도.

그들은 견디기 힘든 질문의 달인들이다. "다마스쿠스의 아타베그가 1139년에 그곳에 들르지 않았나요?" 그들 중 한 사람은 어딘가 먼 곳에 있는 오아시스 얘기를 물은 후 탁자 주위를 둘러보며 누가 나서서 자신의 그런 자랑을 확인해 줄 것인지 기웃거릴 것이다. 그들은 저녁마다 고대의 이름 모를 인종들을 연구하는 모양이다. "한때는 모바비 부족이 그곳에서 고기를 잡았을 겁니다. 콘투티스가 그들을 상류 쪽으로 몰아내기 전까지는 말이죠." 그리고 말할 필요도 없이 그들은 또 하나의 역겨운 부류인 언어 속물들과 한데 어우러질 것이다. "당신은 치누크어를 좀 하시지요?" 그들은 이런저런 언어를 안다고 얘기하지 않는다. 대신에 이렇게 얘기한다. "나는 포르투갈어를 좀 할 줄 알죠." 혹은 이렇게 얘기한다. "물론 나는 로망스어를 조금 할 줄 알죠." 그러면서 그들은 한껏 거만한 표정을 짓는다. 당신이 몽둥이로 흠씬 두들겨 패고 싶어질 정도로 말이다.

아쉽게도 실제로 몽둥이를 집어 드는 고상한 충동을 따르는 사람은 거의 없다. 이제 그런 사람이 나타났으니 곧 베트남 증후군이 뒤따르게 생겼다. 이 심리적인 병은 모든 대화를 하나의 여행지만으로, 즉 자신의 삶을 바꾼 베트남 여행만으로 몰아가는 증상이다.

여행 자랑꾼은 천천히 얘기를 시작한다. 처음에 그는 자신의 엄청난 문화적 자본을 조금씩만 보여 준다. 그러다가 대화가 무르익으면 약간 더 용감해진다. 그는 점차 장황한 말을 늘어놓으며 당신을 붙잡고 놓아주지 않는다. 누군가 에베레스트산에 대해 얘기하기 시작하면 약간의 희망이 보일 수도 있다. 하지만 그 이야기도 그렇게 오래가지 못한다.

이윽고 그 사람이 다시 얘기를 시작한다. 그는 호치민 트레일을 따라 올라간 이야기나, 후에에서 에어컨도 없는 혼잡한 기차를 타고 기차여행을 한 이야기를 떠벌린다. 베트남 북부의 묘한 매력으로 화제가 이어진다. 장뇌(의약품·좀약·비닐 제조 등에 쓰이는 하얀색 화학 물질)의 알싸한 냄새나 수많은 자전거 행렬 따위 등 이야기는 끝도 없이 계속된다. 갑자기 당신은 늪에 빠졌음을 알게 된다. 많은 고통을 겪게 될 것이 불 보듯 뻔하지만 이제는 그 대화에서 우아하게 빠져나올 수가 없다.

"나는 거위에게 먹이를 주는 일이 그렇게나 놀라운 영적

체험이 될 줄 미처 몰랐습니다." 그 사람은 그렇게 말하면서 미라이 근처의 밭에서 지역민들과 함께 찍은 사진을 보여 줄 것이다. 사진 속에서 그는 선글라스를 쓰고 있다. 또 그는 베트콩 출신이 모는 우마차를 타고 홍하의 골짜기를 지나갔다고 자랑할 것이다. 이야기 속에서 그는 자신이 선교사이자 탐험가였던 리빙스턴 박사라도 되는 양 으스댈 테지만, 우리는 그가 마을에 들어섰을 때 지역민들이 그를 지폐가 가득 든 돈지갑으로 보았을 것임을 눈치챌 수 있을 것이다. 그러므로 그가 갑자기 목에 칼을 맞고 죽은 채로 발견된다면 바야흐로 한 권의 애거사 크리스티 소설이 되는 것이다. 즉, 그가 죽은 데는 그만한 이유가 있는 것이다.

그럼에도 우리가 그 여행 자랑꾼의 얘기를 제지하지 못하는 것은, 우리 가운데 누구도 순수하지 않기 때문이다. 교육받은 계층인 우리도 정도의 차이는 있지만 모두 여행 속물들이다. 큰 버스에서 우르르 내려 노트르담 성당으로 들어가는 살찐 관광객 무리를 향해 우리가 잘난 척하듯, 그 여행 자랑꾼도 우리에게 잘난 척을 하는 것일 뿐이다. 즉, 그 사람이 그저 우리보다 좀 더 고상한 여행을 많이 할 뿐이라는 말이다.

공리주의적 쾌락의 규범에 따르면, 휴가 기간 동안 성취한 것이 휴가의 평가 기준이 된다. 휴가 중에 우리가 배운 것, 우리가 깨달은 영적 또는 감정적 고양, 혹은 우리가 경험한 새로운 감각 등이 평가 대상이다. 그러니 점수를 얻는 유일한 방법은 낯선 곳을 찾아가 평균 이상의 즐거움을 얻는 것이다. 때문에 보보스는 관광버스를 타고 무리 지어 다니는 수동적이고 게으른 관광객들과 자신이 다르다는 점을 강조하기 위해 기를 쓴다. 그런 관광객들은 카메라를 들고 다니기 때문에 보보스는 카메라를 들고 다니지 않는다. 관광객들은 가장 유명한 곳들만 찾아다니기 때문에 보보스는 한적한 곳으로 가서 현지 주민들과 어울리며 많은 시간을 보낸다.

관광객들은 한 곳에서 다른 곳으로 빠르게 이동하기 때문에 매사에 열심인 보보 여행자들은 이 경우에는 가능한 한 가장 느린 교통수단을 이용한다. 보보 여행자들은 바지선을 타고 루아르 계곡을 둘러보면서, 승용차로 빠르게 움직이는 떼거리 관광객들을 경멸한다. 그들은 자전거로 뉴질랜드를 일주하면서, 기차를 타고 가는 관광객들을 비웃는다. 그들은 뗏목을 타고 노를 저어 코스타리카를 여행하면서, 비행기로 쌩하니 날아가는 사람들보다 우월하다고 느낀다. 관광객들이 한 곳에 떼를 지어 몰려가는 것 같으면 보보들은 반드시 다른 곳으로 가려 할 것이다. 잡지 『내셔널 히스토리』의 편집자인 브루스 스텃츠는 교육받은 보보 여행

자처럼 다음과 같이 말했다. "탄자니아에 온 대부분의 관광객은 세렝게티 국립 공원에 가지만 셀루스 동물 보호 구역이 더 크고 덜 혼잡하다." 셀루스 동물 보호 구역이 세렝게티 국립 공원보다 볼 것이 없어도 별문제는 되지 않는다. 보보 여행자들이 더 부지런하게 여행함으로써 얻는 즐거움이 그것을 보상하고도 남기 때문이다.

루이스와 클라크의 경우를 되돌아보자. 태평양 연안으로 가는 루트를 개척해 미국의 서부 시대를 연 두 사람은 여행에서 돌아와 "음, 우리는 북서 항로를 찾지는 못했지만 우리 자신을 찾았다"라고 말하지는 않았다. 하지만 이게 바로 보보식 여행 정신이다. 우리의 여행 경비는 우리 자신이라고 하는 인적 자본에 들어가는 투자다. 우리는 단순히 유명한 곳을 구경하려는 게 아니다. 우리는 다른 문화 속으로 들어가기를 원한다. 우리는 다른 사람들의 삶을 함께해 보고 싶어 한다.

하지만 보보들이 아무나의 삶을 살고 싶은 것은 아니다. 당신은 보보 여행의 패턴과 여행 기록을 관찰할 때, 일련의 뚜렷한 취향을 발견할 것이다. 보보들은 늘 그렇듯이 조용한 곳을 좋아한다. 그들은 사람들이 뿌리를 내리고 단순한 의식ritual을 반복하는 곳을 찾는다. 다시 말해서 보보 여행자들은 대개 자신들의 여유롭고 고상한 자아에서 벗어나 영적으로 더 높은 세상, 성취 위주의 세상에 많은 영향을 받지 않은 세상으로 들어가려 한다. 보보들이 좋아하는 사람들은 '사는 법을 정말로 아는 사람들'이다. 그러니까 민속 공예품을 만들고, 민속 전래담을 얘기하고, 민속춤을 추고, 민속 음악을 듣는 사람들 말이다.

그래서 보보들이 매료되는 사람들은 칙칙한 옷을 입은 평민들, 나이가 든 농부들, 구릿빛의 어부들, 오지의 장인들, 혹은 뚱뚱한 몸집의 현지인 요리사들이다. 그러니까 항공사의 마일리지 프로그램 같은 것은 사용해 보기는커녕 들어보지도 못한 사람들 말이다. 그래서 보보들은 너무나도 '단순한' 사람들이 풍요롭게 사는 다양한 민속 지역들로 몰려가거나 그곳에 관한 글을 읽는다. 프로방스의 언덕 마을, 토스카나 지방, 그리스, 혹은 안데스산맥이나 네팔의 작은 마을 같은 곳에서는 현지 원주민들이 신용카드 빚도 없고 마이클 조던 티셔츠를 입는 일도 거의 없다. 그러므로 그들의 삶은 고대의 생활 방식 내지 세월이 빚어낸 지혜에 연결되어 있는 것 같다. 그들 원주민들은 우리 보보들 다음으로 평온한 삶을 사는 것 같다. 그들은 우리보다 가난하지만, 삶은 우리보다 더 풍족한 것 같다.

그래서 올리브 숲이나 조그마한 예배당 같은 작은 것들이 휴가여행을 떠난 보보스에게 더 큰 의미를 갖는다. 이상적으로 보보 여행자들은 매일같이 일정한 시간을 내서 그냥 감상만 하기를 원한다. 그들은 복잡한 문명 세계에서 멀리 떨어져서, 빌 게이츠에 대한 의견을 가질 필요조차 없는 시골 마을의 작은 식당에서 한가로운 시간을 보내려 한다. 그들은 그곳에서 마을 사람들의 고풍스러운 생활과 따스한 인정을 느끼고 싶어 한다. 그곳에서 그들은 젖소에게서 갓 짜내 만든 크림을 커피잔에 가득 담아 마시며, 부엌에서 일하는 농부 아낙네의 듬직한 건강미와 군데군데 칠이 떨어져 나간 인상적인 벽, 자신들의 문화 속으로 들어와 준 것을 환영하는 듯한 옆 테이블 주민들의 미소를 즐길 것이다.

그런 곳에서는 삶이 다분히 인간적이고 맛깔나게 느껴진다. 그러나 주어진 휴가 기간은 단 2주. 보보 여행자들은 영적인 성취를 보다 빨리 달성할 필요가 있다. 대다수 보보스는 전통적인 농부들의 삶을 찰나의 순간이라도 맛보려고 여러 가지 수를 쓴다. 때로는 지역 주민의 결혼식장 주변을 서성이는 방법도 효과적이고, 대화를 나눌 때 핏줄 같은 연결성을 과장하는 것도 일종의 기술이다. "사실 저희 할머니의 전남편도 포르투갈 출신이랍니다." 여러 방법을 잘만 활용하면, 아침에는 6번의 절대로 잊을 수 없는 순간, 점심에는 2번의 황홀한 순간, 오후에는 (평균적으로) 1.5번쯤의 소중한 통찰력을 얻은 순간, 해 저문 저녁에는 0.667번쯤 삶이 바뀌게 될 만한 경이로운 순간을 맛볼 수 있다.

고행의 쾌락

여가-지위 시스템의 맨 꼭대기에 있는 것은 상당한 고통과 고행을 수반하는 휴가이다. 꼼짝없이 빙벽을 등반해야 하거나, 알렉산더 대왕의 군인들도 목숨의 위협을 받으면서 지나갔을 법한 길을 따라 메마른 사막을 횡단하는 종류의 휴가다. 벌레가 우글대는 열대 우림에 들어앉아 환경을 생각해 볼 수도 있다. 그런 여행은 그다지 재미있진 않겠지만, 교육받은 계층의 보보스는 재미를 추구하지 않는다. 그들이 원하는 것은 지적으로 그리고 정신적으로 자신을 키우는 방식이다. 얼마든지 스스로를 고문하면서 소중한 휴가 기간을 보낼 수 있는 것이다. 여행사들은 이들이 원하는 여행지를 찾기 위해 전 세계를 뒤지고 다닌다. 그런 유의 모험 휴가와 환경 여행이 교육받은 계층 사이에서 성행 중이다.

이전의 세대들에게 '자연주의'는 야망과 사회적 승진의 포기를 의미했다. 하지만 보보스는 자연주의를 야망과 결합시킨다. 그들은 그냥 숲속에 앉아 있지 않는다. 그들은 산길을 걷고, 열대 우림을 뚫고, 빙벽을 오르고, 자전거로 오지를 누빈다. 산에 오르는 쉬운 길이 있어도 더 험한 길을 택한다. 어딘가로 가는 편리한 기차가 있어도 굳이 자전거로 가려 한다. 그들은 그렇게 해서 성취감을 맛보려 한다. 보보스는 자연 속으로 들어가 비자연적으로 행동한다. 자연 속에서 동물들은 추위를 피하고 온기와 포만감을 찾는다. 하지만 보보들은 자연 속에서 편안함을 피하고 추위와 기근을 택한다. 그들이 그렇게 하는 것은 더욱더 살아 있음을 느끼기 위해서다. 그들에게는 삶이 일종의 '적성 시험'이기 때문이다. 그러니 그들의 모험 휴가도 그런 것이 되어야 한다.

예전에는 기업체의 중역들이 자신들의 참전 경험을 얘기하길 꺼렸다. 하지만 오늘날 교육받은 중역들은 그런 얘기를 하는 것을 좋아하고, 나중에는 결국 무용담으로 사람들을 지루하게 만든다. 마치 그들 가운데 4분의 1은 저 즉각적인 빙벽 등반에서 막 돌아왔거나, 아니면 그런 곳에 가기 위해 혹독한 훈련을 받는 중인 것 같다. 당신이 만찬회에서 샐러드를 먹으며 생각에 몰두하고 있을 때, 갑자기 누군가가 '베이스캠프'니 '로프'니 하는 단어를 입에 올릴 것이다. 이야기를 하는 사람은 신이 나지만, 다른 사람들은 지루하기 짝이 없다. "그것은 육체뿐 아니라 정신적으로도 고된 일이었습니다." 그 사람은 자랑스러운 표정으로 얘기할 것이다. 그들의 얘기는 종종 피어리(Robert Edwin Peary, 최초로 북극점에 도달한 미국의 탐험가)가 북극에 도착하는 데 걸린 시간보다 더 오래 이어지는데, 먼저 현지인 가이드들에 대해 자세히 설명하고(그들은 타고난 지혜의 화신이다), 장비를 버릴 수밖에 없었던 상황("한마디로 절망적이었지요. 오죽했으면 3온스짜리 에스프레소 커피메이커를 다 버려야 했겠습니까?")과 발가락이 동상에 걸린 일화(그런 얘기에는 언제나 일행을 잃어버린 동료가 등장한다)가 나오고, 무시무시한 강풍이 휘몰아치는 시계視界 제로의 날씨가 며칠씩 계속되는 가운데 비좁은 텐트 속에서 참고 견딜 수밖에 없었다는 얘기가 이어진다. 듣다 보면, 해발 3천 미터 이상 되는 지점마다 불그레한 혈색의 백만장자들이 희박한 공기의 고행을 즐기고 있는 것이 아닌가 하는 착각마저 들 것이다.

그런 무용담을 들을 때면, 나는 종종 의아하다는 생각이 든다. 일부러 힘든 휴가 여행을 원한다면, 왜 미네소타에 가지 않을까. 그곳에는 자연 속 고행을 통해 대중에게 봉사하는 프로그램이 있기 때문이다. 하지만 당연히 그들, 보보 여행자들은 대중에게 봉사하기 위해 고행을 하는 것이 아니다. 그들이 원하는 것은 미적 경험이다. 그들이 원하는 것은 아이맥스 영화에 나오는 생생한 장면을 실제로 체험하는 것이다. 그냥 고생만 하는 것으로는 충분하지 않다. 아름다움을 위해 고생해야 한다. 고통을 통해, 잔혹한 자연의 장엄함이 정신을 고양시키는 것을 경험하기 위함이다. 그래서 얼어붙은 산 정상이나 병균이 득실대는 열대 우림으로 간다. 그들은 육체를 혹사시켜 자연을 초월하려고 한다.

같은 맥락으로 그런 여행들은 영적인 경험을 하기 위한

육체적 고행이라 할 수 있다. 다만 그들은 예전 고행자들이 금식을 하거나 자기 몸을 묶어 수행한 것과는 달리, 돈을 모아 비행기를 타고 전 세계의 오지를 다니면서 자신의 몸을 혹사시켜 나름 영적인 초월을 맛보려 한다. 높은 산 깊은 곳에 금욕적인 수도원을 차린 수도승들도 같은 종류의 고행을 하려 했다. 하지만 그들은 적어도 자신들이 있는 곳에서 몇 년 동안 생활했기 때문에, 그 지역을 잘 알고 있었다. 반면에 오늘날 보보 고행자들은 딱 2주짜리 휴가 기간에 맞추어 오지에서 힘든 경험을 한 후에 다시 사무실로 돌아와야 한다. 그래도 그 동기는 역시 같은 것이다. 우리는 우드스톡의 향락주의에서 오늘날 보보 고행자들의 영적 초월주의로 발전했다.

진지한 놀이

모험을 떠나는 보보들만이 그와 같은 충동을 과시하는 것은 아니다. 나머지 보보들도 실생활에서 그런 고행을 보여 주려 한다. 우리가 신는 등산화는 히말라야산맥에 오를 때나 신으면 좋을 것들이다. 우리가 가을철 주말에 입는 파카는 영하 40도의 온도를 견디도록 제조된 것이다. 우리가 옷을 사는 랜즈 엔드 같은 곳의 카탈로그에는 에베레스트산 정상에 서 있는 등반객들의 사진이 표지에 실려 있다. 나는 최근에 워싱턴주 레드먼드에 있는 마이크로소프트의 본사에 간 적이 있다. 그런데 그 회사의 직원들은 모두 마치 빙벽 등반이라도 떠날 것처럼 등산복 차림에 등반화를 신고 허리에는 등반용 벨트에 휴대전화를 달고 다녔다.

그런 후에 나는 차를 몰고 마이크로소프트 직원들이 그런 복장과 장비를 사는 상점으로 갔다. 그곳은 시애틀에 있는 8만 평방피트의 REI 매장으로, 여가 시간을 힘들게 보내려는 사람들, 혹은 적어도 그러는 것처럼 보이고 싶어 하는 사람들을 위한 여가 용품을 팔고 있었다.

그곳에 물건을 사러 온 손님들은 모두가 건강한 사람들이자 교육받은 자연주의자들로서 규칙적으로 운동하고, 세심하게 음식을 먹고, 적절히 파티에 참석하는 것처럼 보이는 사람들이었다. 그들은 그곳에서 파는 복잡하고 수많은 물건들에 대해 세세하게 잘 알고 있었으며, 입고, 신고, 갖고 다니는 옷과 신발과 장비들도 각자의 개성을 반영하는 것들이었다. 또한 동네 서점에서 산 책들도 그들의 환경적 관심을 반영했다. 그들은 자연과 환경을 보호하는 공동체를 이루면서 지구와 자신들을 보호하는 사람들이었다. 예전에는 자연이 야생과 미개함을 뜻했다. 하지만 보보들은 세심하게 자연 속으로 나가 자연의 미묘한 균형을 깨뜨리지 않으려 하며, 그 속에서 휴가를 보내고 놀이를 하면서 무언가를 배우고 깨달으려 한다.

APEX의 조심스러운 사도마조히즘 그룹에서부터 환경을 의식하며 REI에서 옷과 장비를 구매하는 유식한 고행자들에 이르기까지, 우리 보보들이 즐거움을 얻는 방식에는 나름대로 공통된 원칙이 있다. 우리는 자유를 추구하지만 책임도 잊지 않는다. 우리는 단순하게 먹고 마시고 떠드는 것을 좋아하지 않는다. 대신에 우리는 무엇이든, 여가 시간에도 남들보다 뛰어나기 위해 애를 쓴다. 이 모든 원칙과 자기 통제에서 마지막으로 놀라운 사실 하나는, 그것이 어떤 종류의 공식적인 규칙에도 근거하지 않는다는 점이다.

다른 집단이나 옛 엘리트 계층은 성스러운 도덕적 규범에 복종하거나 적어도 경의를 표했을지 모른다. 예를 들어 '자위는 죄악이다', '음주는 악행이다' 같은 것들에 말이다. 하지만 보보들은 즐거움을 규제하려는 보편적인 도덕 법칙을 편안하게 여기지 않는다. 보보들은 더 평범한 자기통제 방식들을 선호한다. 보보들에게 금지되는 것은 건강하지 못하거나 안전하지 않은 행위들이고, 보보들에게 권장되는 것은 영혼을 살찌우거나 성취감을 높이는 행위들이다. 다시 말해, 우리는 육신의 욕망을 도덕 규범이 아닌 건강 규범으로 규제한다.

보보들은 술을 악마의 유혹이라고 비난하지 않는다. 대신 음주 운전의 위험에 대해 경고한다. 우리는 순결이 신성한 덕목이라고 예찬하지 않는다. 대신 안전한 섹스에 대해 얘기하고, 가장 안전한 형태의 섹스는 절제와 금욕임을 강조한다. 칼럼니스트 찰스 크라우트해머가 말했다시피 "현대적 성 규범의 핵심은 질병 예방"인 것이다. 마찬가지로 TV의 아침 프로들은 악마와 죄악에 관한 이야기를 하기 위해 설교자를 출연시키지 않는다. 그보다는 매일 아침 건강 분야의 전문가들을 초대해 철저한 운동, 식단 관리, 충분한 수면 취하기와 생산적인 삶의 풍요로움을 보여 주며 건강한 생활을 통한 도덕적 규제를 권장한다. 이 같은 방식으로 생활하는 사람들은 절제되고 자기통제적인 삶을 살지만, 그들은 영적인 측면보다 육체적인 측면에서 그렇게 한다.

물론 만약 성생활과 여가 생활이 주로 건강, 안전, 혹은 공리주의적인 관점에서 평가받는다면, 많은 사회 비평가들은 교육받은 계층의 도덕적 삶을 빈곤하다고 말할 것이다. 만일 불경스러운 얘기를 하는 것은 용인하면서도 임신부가 흡연하는 것에 화를 내는 사회에 살고 있다면, 당신이 사는 세상은 성스러운 것보다 세속적인 것을 더 가치 있게 생각하는 세상일 테다. 당신이 하느님의 계명을, 특히 삶의 가장 밀접한 영역을 규제하는 계명을 무시한다면 그분을 진정으로 알 수 없게 된다. 당신은 책임감이 있고 건강한 사람일지 몰라도 동시에 천박하고 속물적인 사람일 것이다.

늘 그렇듯 보보스는 이런 비판도 무심하게 넘기지는 않는다. 그들이 공식적인 계명에 복종하는 데 어려움을 겪는 것은 자율성을 매우 소중히 여기기 때문이다. 하지만 그들도 영적인 동경과 초월에 대한 관심이 아주 높다. 이들은 무해하다 느끼는 즐거움이라면, 특정 종교적 권위가 금한다는 이유만으로 포기하지는 않는다. 하지만 그들도 일상생활에서 영적인 의미를 찾아내려 애쓴다. 자율성과 복종, 물질주의와 영적인 삶 사이의 갈등이 바로 다음 장의 주제다.

6

넓고도 깊은 영적인 삶을 찾아서
Spiritual Life

나는 지금 몬태나주 서부에 있는 빅 블랙풋 강변의 바위에 앉아 있다. 수면 위로는 햇빛이 반짝이고 둑에 난 풀은 가을 햇살 속에서 반짝인다. 공기는 상쾌하고 조용하다. 완전히 혼자이며, 근처에는 하늘을 맴도는 독수리와 물에서 가끔 나타나는 송어가 있을 뿐이다. 이곳은 바로 노먼 매클린이 원작을 쓰고 로버트 레드포드가 메가폰을 잡은 영화 「흐르는 강물처럼」의 무대였던 곳이다. 나는 이곳에 앉아 시간이 멈춘 듯, 나 자신이 자연과 신비스럽게 하나가 되는 완전한 순간을 기다리고 있다.

하지만 아무 일도 일어나지 않고 있다. 이 장엄한 무대에 30분이나 앉아 있었는데도 승화된 의식의 그런 순간을 경험하지 못하고 있다. 창조의 무한한 리듬이 내 주위를 온통 감싸고 있다. 상쾌한 공기가 속삭인다. 나뭇가지들이 떨고 있다. 오리들이 조용히 날갯짓을 한다. 존 뮤어가 이곳에 있다면, 아마도 그러면 황홀경을 느낄 것이다. 강은 노먼 매클린과 깊은 대화를 나눌 것이다. 그리고 알도 레오폴드는 근처에 있는 나뭇가지의 아름다움에 도취하여 땅바닥에서 즐겁게 뒹굴 것이다. 하지만 나에게는 어떤 일도 일어나지 않는다. 그래서 나는 초월을 느끼기에 계절적으로 지금은 너무 늦은 것이 아닌가 하는 생각도 한다.

전에는 몰랐는데, 그러고 보니 영적인 사람들이 몬태나에 와서 더 깊은 자연의 조화로움을 탐구하는 때는 늘 여름인 듯하다. 「호스 위스퍼러The Horse Whisperer」 같은 영화를 찍거나 부유한 도시 사람들이 몬태나에 와서 영혼을 회복시키는 때는 늘 한여름이다. 하지만 지금은 10월이지 않은가. 그래서 이곳의 영적인 느낌도 사그라들었나 보다.

"결국에는 모든 것이 하나로 합쳐지고, 그 모든 것을 통해 강물은 흐른다." 노먼 매클린은 그렇게 썼다. 몇 달 전에 거실에서 그 책을 읽었을 때 그 말은 너무도 심오하게 다가왔다. 하지만 지금은 그 말이 무슨 뜻인지 알 수가 없다. 하나로 합쳐지는 것이 있다면, 추위 때문에 한 덩어리의 살점으로 얼어붙고 있는 내 손가락들뿐이랄까. 혹독한 기후 조건은 늘 감흥을 불러일으키는 것이어서 모험 책들에서는 중요한 요소가 된다. 하지만 이곳의 서늘한 바람은 내 감각을 마비시킬 뿐이다. 이곳의 고독은 나를 심오하게 이끄는 대신 나를 힘들게 만들 뿐이다.

자연을 예찬하는 작가들은 모든 피조물이 나와 강물과 송어 같은 두세 가지 요소로 환원되는 순간을 음미한다. 아마 여기서 10마일 이내에는 나 외에 다른 어떠한 인간도 없을 것이다. 갑자기 사고라도 당하면 어떨까. 다리가 부러지거나, 자동차가 고장 나거나, 알레르기 발작이라도 일어나게 되면 여기보다는 공중전화와 긴급 구조 요원들이 가까이 있는 곳이 내적인 평화를 찾기가 더 쉽겠지. 나는 나뭇가지가 바람에 부러질 때마다 회색곰이 나타나는 착각에 빠진다. 손목시계를 보고 이제는 슬슬 신의 창조물과 고요한 하나 됨을 느낄 때가 되었다고 생각했다. 여섯 시에 미줄라에서 저녁 약속이 있기 때문이다.

소울 러시 The Soul Rush

어떤 종류의 러시rush이건 맨 나중에 오는 사람들은 늘 있게 마련이다. 1850년대에 캘리포니아로 몰려갔던 금광업자들은 너무 늦는 바람에 도처에 깔린 금맥을 놓치고 말았다. 요즘에는 몬태나의 소울 러시가 초월의 금맥을 놓고 벌이는 경쟁을 그 못지않게 치열하게 만들고 있다. 몬태나는 이제 미국 사회에서 영혼의 초월을 위한 우월적 위치를 점하고 있다. 몬태나는 진실하고 정직한 삶이 펼쳐지는 그런 장소들 가운데 하나가 되었다.

1948년에 레슬리 피들러는 『파르티잔 리뷰』에 「몬태나의 얼굴」이라는 제목의 에세이를 썼는데 이 글에서 그녀는 몬태나 사람들을 과거의 단순한 생활 양식에 낭만적인 매력을 느낀다고 조롱했다. 하지만 오늘날 우리는 50년 전처럼 용감하게 살 수가 없고 그래서 이제는 그와 같은 단순함에 매력을 느낀다.

몬태나는 도시에서 각박하게 살아가는 우리에게 하나의 해독제이자, 도시인들의 고단하고 분주한 삶을 위로하는 하나의 청량제로 새롭게 등장했다. 그곳은 아름다운 곳, 금단의 지역, 느리고 단순한 곳이다. 로빈 윌리엄스의 영화 「천국보다 아름다운」의 제작진은 천국에 해당하는 무대를 물색하다가 몬태나를 선택했다.

그래서 자연스레 업계의 거물들과 할리우드의 스타들이 전용 제트기를 타고 줄지어 몬태나로 오게 되었다. 테드 터너, 제인 폰다, 톰 브로코우, 데이비드 레터맨, 스티븐 시걸을 비롯해 수많은 유명 인사들이 이곳을 찾았다. 뿐만 아니라 시카고의 자상해 보이는 심장병 의사, 애틀랜타의 억센 부동산업자, 새너제이의 유언 전문 변호사들도 이곳을 찾아왔다. 이곳에서 그들은 자신들의 고갈된 원기를 재충전하고 솔잎 냄새를 맡으며 외로움과 혹독함에 잠시나마 몸을 담그려 했다. 시기는 한결같이 여름철이었다. 그리하여 매년 2백만의 사람들이 홀로 글레이셔 국립 공원을 찾아와 그 장엄함을 앞에 두고 영적인 신선함을 들이마시게 되었다.

「호스 위스퍼러」 같은 영화는 중상류층 사람들에게는 일종의 신화로서 기능한다. 대단히 박식한 뉴욕의 잡지 편집자가 몬태나에 와서 말들과 소통하는 소박하고 정직한 사람을 만난다. 그녀는 그 사람의 도움을 받아 삶에서 중요한 것들을 재발견하게 된다. 중상류층 사람들은 실제 몬태나 위에, 자신들이 찾아올 때마다 항상 존재하도록, 가상의 풍요로운 몬태나를 건설했다. 그들의 영적인 몬태나는 자신들이 상상하는 몬태나의 이상과 아름다움을 보여 주지만 실제로 그곳에 사는 사람들의 일상적인 어려움은 거의 보여 주지 않는다.

소울 러시는 문학에 관심이 많은 몬태나 주민 몇몇이 운명적인 발견을 하면서 시작되었다. 그들은 자신들에게 '장소감a sense of place'이 있다는 사실을 발견했다. 물론 모두들 나름대로 어딘가에 살고 있지만, 그 모든 곳에 우리가 장소감이라고 부르는 영적인 기운이 존재하는 것은 아니다. 야망을 품을 수 없는 곳만이 그런 기운을 품을 수 있다. 우리가 장소감과 같은 표현을 사용하는 것은 저 먼 곳에 위치해, 변화가 더디고, 새로운 방식보다 과거의 방식으로 살아가며, 재산과 명성을 쌓을 기회는 드문 그런 곳을 묘사할 때다. 작가들은 그런 곳을 답답한 촌구석이라고 불렀다. 야심찬 고등학생들은 답답한 촌구석에서 뛰쳐나갈 꿈을 꾸었다. 하지만 많은 기회와 함께 많은 의무도 지는 교육받은 계층의 구성원들에게는 변화가 더딘 그런 곳이 마치 사막의 오아시스와도 같았다. 적어도 대서양과 태평양의 양안에 밀집하여 바쁘게 사는 보보스에게 그런 곳의 사람들은 평정 속에 살다가 죽는 것으로 비쳤다.

"몬태나의 특별한 선물은 '공간'이다." 지역 문인인 글렌 로는 그렇게 썼다. 이곳에서는 풍경이 인간을 낳는다. 공간이 저 멀리 지평선까지 뻗어 나갔다가 다시 돌아와 우리의 피부 속으로 들어간다. 우리의 몸속에서 그것은 영혼을 포근히 감싸서 배양하고 성장시킨다. 이처럼 장소감을 발견한 사람들은 이 지역의 문인들이었다. 몬태나는 인구는 적고 시적인 풍경은 많다. 그래서 노먼 매클린, 월러스 스테그너, 리처드 포드, 윌리엄 키트리지, 그리고 아이번 도이그 같은 작가들이 이곳에서 살며 몬태나에 관한 글을 썼다. 그리고 수많은 무명의 저자들과 프리랜서 작가들도 이곳 사람들의 삶을 묘사했다.

한편 몬태나에 진정한 지역 문인들이 있다는 사실이 알려지자, 여러 재단에서 그들의 진정성 어린 목소리를 듣기 위해 이곳을 찾아왔다. 록펠러, 포드, 맥아더 같은 재단의 관리들이 마차 행렬로 몬태나 전역을 훑으며 아직 전속계약으로 때가 타지 않은 새로운 시인들을 발굴하러 다녔다. 또한 『트리쿼터리TriQuarterly』를 비롯한 고급 잡지들은 일제히 서부 출신 작가 특집을 마련하기도 했다. 그리고 몬태나 인문과학위원회에서는 지역 문인 십여 명의 진정한 목소리를 모아 1,000쪽이 넘는 방대한 앤솔러지anthology를 한 권 펴냈다. 『마지막 최상의 장소The Last Best Place』라는 제목의 이 책은 저 로키산맥 현자들의 영적 측면에 대한 하나의 간증이었다.

요즘에는 몬태나에서 강독에 갔다가 명언을 한 보따리 들고 돌아오지 않는 사람이 없다. 낚시꾼들은 철학자가 되어 한 손에는 낚싯대를, 다른 손에는 수첩을 들고 가서 멋진 글을 써 갖고 돌아온다. 그에 따라 『노던 라이트Northern

Lights』 같은 문학 잡지들이 우후죽순으로 발간되었으며 그밖에도 수많은 토론 그룹, 민속 단체, 창의적인 글쓰기 프로그램, 도자기 워크숍들이 생겨났다. 다른 한편으로 이 지역에는 갑자기 외지의 도자기 업자들, 독립적인 영화 제작자들, 그리고 재택근무가 가능한 시나리오 작가들이 몰려들었고, 이 외지인들을 대상으로 당연히 부동산 업자들도 찾아와 계곡 사이를 돌아다니며 호사스러운 통나무집을 팔거나 세주기 위해 분주했다.

나는 이따금 보즈먼에서 남쪽으로 60마일 떨어진 곳에 있는 회원제 목장에 가곤 한다. 80년대에는 이런 목장에서 관리인이 말 한 마리를 갖고 나가 회원들을 태워 줄 때, 말을 타다가 떨어져 죽지 않으려면 어떻게 해야 하는지 10분 동안 안전 강의를 했다. 하지만 요즘은 그 소울 러시의 열기 속에서 관리인들이 회원들을 70분 동안 앉혀 놓고 말의 영적인 삶, 말에게 귓속말하는 기술, 말의 심리적 특성이 진화해 온 과정, 그리고 산길을 따라 말을 몰다가 문득 깨달을 수 있는 선의 경지 따위를 강의한다. 이제는 모든 말 관리인이 나름대로 헤르만 헤세의 방식을 개발해서 사용하고 있는 것이다.

플렉시독시 Flexidoxy

오래전, 몬태나의 한 신문에 랍비 거숀 윙클러가 이끄는 미줄라의 유일한 유대인교회에 관한 기사가 실렸다. 미줄라에 온 유대인들이 LA, 뉴욕 등 다양한 지역의 출신인 점을 감안해 윙클러는 정통파든, 보수파든, 개혁파든, 혹은 재건파든 특정 교리를 강조하지 않았다. 대신에 그는 자신의 혼성적인 방식을 '플렉시독시'라고 일컬었다.

그 용어는 우리가 몬태나에서 보는 종류의 영적인 특성, 즉 한쪽으로는 자유와 탄력성이 혼재되어 있고 다른 한쪽으로는 엄격함과 정통성을 동경하는 특성을 요약해 주는데, 나쁜 말이 아니다. 어쨌거나 몬태나 사람들은 늘 유연성, 자유, 그리고 독립성을 예찬했다. 몬태나는 최근까지도 고속도로에서 속도 제한이 없던 주이다. 그래서 이 지역의 주민들은 자신들에게 이러저러하게 살아야 한다고 설교하는 권위에 대해서는 일단 의심하고 본다. 그러니 반권위적 충동을 가지고 있는 교육받은 계층의 구성원들이 이곳에 와서 영적인 고향을 찾는 것도 놀랄 일은 아니다.

하지만 몬태나는 흐느적거려도 좋은 뉴에이지의 낙원도 아니다. 우선 이곳의 혹독한 기후가 한가하고 실험적인 생활 방식을 허용하지 않는다. 몬태나의 작가들은 송어가 뛰

노는 강물의 영적인 측면에 관해 얘기할 때 감상적이 될 수도 있다. 하지만 정작 그들이 흠모하는 것은 물고기를 잡는 주민들의 강인함과 절제력이다. 그들이 흠모하는 것은 이곳의 오래된 사냥 전통, 끝없이 반복되는 생활, 힘센 자들에게 순종하는 생활 방식이다. 노먼 매클린과 월러스 스테그너는 60년대와 70년대의 나긋나긋한 뉴에이지 작가들이 아니다.

몬태나 사람들은 잠시 이곳에 와서 자연과 교류하는 척하다가 금방 도시로 돌아가 매연 속에서 사는 풋내기 아마추어들을 경멸한다. 이곳에 실제로 휴가용 별장을 구입한 사람들 가운데 2, 3년 넘게 그 집을 유지하는 경우는 절반에 불과하다. 그들은 이곳의 웅장한 자연이 오로지 혹독함을 이겨 내는 사람에게만 의미가 있음을 알게 된다. 이곳의 원주민들, 그리고 원주민이 되기를 원하는 사람들은 몬태나의 혹독함을 경험해 보지 않은 사람, 그러니까 적어도 몇 차례씩 말에 차여 보지도 않고 또 이곳에 얼마 살아 보지도 않아서 고통스러운 외로움을 맛보지도 않은 사람과 자신들을 차별화한다. 여전히 몬태나는 초월적인 명상 그룹이 아닌, 카우보이들과 픽업트럭 운전기사들의 지역인 것이다. 창의적인 글쓰기 강사들이 이곳을 찾아오는 이유도 평범하고 현실적인 원주민들과 함께 살기 위해서다.

그리고 몬태나 정신 중 또 다른 하나는 '너도 좋고 나도 좋고'라는 사고방식을 꺼린다는 것이다. 이는 몬태나 사람들이 땅과 자신들의 연결 관계에 대해 이야기하기 시작할 때 가장 두드러진다. 그때 당신은 몬태나의 정신이 무언가 가시적인 것에 바탕을 두고 있음을 알 수 있다. 몬태나 사람들이 자신들의 장소 감각에 대해 이야기하기 시작할 때, 당신은 미국보다 유럽에서 더 일반적인 신토불이 국가주의를 느끼게 될 것이다. 그것은 보수적이고 반동적이기까지 한 연대감이다. 그것은 그 지역의 땅과 사람 사이의 관계가 합리성이나 선택보다 훨씬 더 깊다는 관념에 바탕을 두고 있다. 그런 연대감은 여러 해, 나아가 여러 세대 동안의 노고를 통해 힘들게 얻어지는 것이다. 토지에 피와 땀이 배어야만 얻어질 수 있다는 말이다. 그것이 보수적인 이유는, 사랑하는 장소의 풍경이나 성격을 바꿀 수 있는 어떠한 변화에도 반발하기 때문이다. 몬태나 사람들은 자신들이 이곳에 얼마나 오래 있어 왔는지, 가족이 이곳에서 얼마나 오래 살았는지 힘주어 말한다.

그리고 몬태나 주민들과 몬태나로 몰려드는 엘리트들에게 몬태나의 매력은 최첨단 도시가 아니라는 데 있다. 몬태나는 뉴욕이나 캘리포니아가 아니다. 이곳은 기후와 오지성, 그리고 전통으로 묶여 있는 느린 곳이다. 몬태나 문학의 많은 부분은 우수적인 분위기에 복고적인 경향을 보인다.

하나의 상징으로서 몬태나는 넓이보다 깊이를 표현한다. 그것은 똑같은 일을 매년 반복하는 것, 하나의 생활 방식을 쉽게 바꾸지 않는 것을 의미한다. 그것은 끝없이 다양한 생활 방식을 실험하기보다 몇 가지 의식만으로 만족하는 것을 의미한다. 그렇게 먼 곳에서 산다는 것은 특정한 기회, 말하자면 돈을 벌거나 다양한 삶을 사는 기회를 포기한다는 뜻이다. 스콧 히바드는 『몬태나 공간』이라는 앤솔러지에 "목장 일에 승진이란 없다"라고 썼다. 스물다섯 살에 목장 주인이 되고, 일흔다섯이 되어서도 똑같은 보수에 기본적으로 똑같은 일을 하게 된다. 하지만 몬태나 사람들은 그 현실을 기꺼이 인정하는 것 같다. 그들은 대도시 지역에서 살며 부수적으로 얻을 수 있는 오락이나 기회가, 자신들이 뿌리를 내리고 있는 지역에서 경험할 수 있는 영원하며 심오한 연결 관계를 대신하지 못한다고 생각한다.

그렇기 때문에 '플렉시독시'라는 말은 적절하다. 몬태나의 영적인 윤리가 갖는 혼합적 특성을 잘 나타낸 말이다. 그것은 '유연성flexibility'과 '자유', 그리고 '권위를 버리고 자율적으로 살고자 하는 열망'에서 시작된다. 그러나 또한 두 번째의 반대되는 충동, 즉 '정통성orthodoxy을 지향하는 충동'도 나타낸다. 다시 말해 '실재하는 현실', '엄격한 규칙', 그리고 '합리성과 선택보다 더 깊은 유대를 기반으로 하는 구속력 있는 연결성'에 '영적인 삶'을 뿌리내리게 하려는 욕망이다.

자유로움과 뿌리내림을 조화시키고자 하는 이 욕망은 교육받은 계층의 영적 추구에서 핵심이 아닌가? 이 계층은 이전 엘리트의 권위에 반항하면서 성년이 된 계층이다. 1950년대부터 시작해 교육받은 계층에 가장 큰 영향을 준 책과 영화들은 순응주의, 권위주의, 그리고 맹목적인 복종에 반기를 들었다. 자유와 평등을 옹호했던 교육받은 계층의 구성원들은 표현적인 개인주의의 규범을 형성했다. 그들은 계층구조를 무너뜨리는 데 성공했다. 그들이 일구어 낸 정신은 끝없는 혁신, 자기확장, 그리고 개인적 성장을 예찬하고 나아가 요구한다. 교육받은 계층이 주도한 그런 개혁 덕분에 사람들은 이제 더 많은 선택을 할 수 있게 되었다. 여자들은 어디서 일하고 어떻게 살지를 놓고 더 많은 선택을 할 수 있다. 다양한 인종 그룹들은 학교에 가거나 클럽에 갈 때 더 많은 선택을 할 수 있다. 자유와 선택은 곳곳에서 승리하고 있으며 그 결과, 우리는 어떤 종류의 빵을 선택할지 혹은 어떤 부류의 파트너와 동침할지에 대해서도 자유롭게 선택할 수 있다.

하지만 오늘날 교육받은 계층을 둘러보면 자유와 선택이 전부가 아님을 알 수 있다. 영적인 자유는 영적인 게으름으로 이어질 수 있고, 종교성은 종교를 위장할 수 있고, 뉴에이지 운동은 자아도취에 빠질 수 있다. 과거 권위의 몰락은 영광스러운 새벽으로 이어지지 않았고 대신에 사회 제도와 기관들에 대한 믿음 상실과 영적인 혼란, 사회적 무질서를 야기했다. 그래서 당신은 보보스의 세상을 둘러볼 때 사람들이 연결성을 재건하기 위해 애쓰는 것을 보게 된다. 펜실베이니아 웨인 지역의 상류층들이 전통적인 의식과 단순한 생활 방식을 고취하는 가구들을 사들이는 것. 버몬트의 벌링턴에서 상류층 사람들이 그들과 연고가 닿는 작은 마을로 이사해 오는 것. 엘리트 계층이 휴가를 보내기 위해 전통과 농촌의 생활 방식이 살아 숨 쉬는 작은 마을로 몰려가는 모습. 몬태나 같은 곳에서 대도시의 유식한 사람들이 자신의 고향이라 부를 곳을 찾기 위해 애쓰는 광경도.

보보들은 많은 분야에서 진보적인 태도를 갖고 있지만, 영적인 분야에서는 반동적이다. 그들은 더 단순한 생활 방식을 찾기 위해, 그들에게는 없는, 오래도록 정착해서 살아가는 사람들에게서 옛 지혜를 찾기 위해 많은 시간을 소비한다.

교육받은 계층이 물어야 할 질문은 이것이다. 당신은 케이크를 먹기도 하고 갖기도 할 수 있는가? 당신은 자유도 누리고 뿌리도 지닐 수 있는가? 왜냐하면 교육받은 계층의 구성원들은 아직도 자유와 개인적 선택을 중요하게 생각하기 때문이다. 그들은 아직 복종과 존경심의 세상으로 돌아가지 않았다. 그들은 아직 지난 수십 년 동안의 문화적·정치적 혁명을 되돌릴 생각이 없다. 그 혁명은 개인의 자유를 확대하는데 많은 역할을 했다. 대신에 그들은 새로운 접점을 찾으려고 애를 쓴다.

그들이 직면한 도전은 이런 것들이다. 당신은 성경의 많은 가르침이 잘못된 것이라고 판단을 내리면서도 여전히 하나님을 섬길 수 있는가? 당신은 더 좋은 일자리가 생기면 이사를 갈 것임에도 당신이 속한 공동체에 고향과 같은 소속감을 느낄 수 있는가? 당신은 끊임없이 새로운 것을 실험하고 싶은 내적 충동에 의해 움직이면서도 당신의 삶에 의식과 질서를 만들 수 있는가? 지금까지 나는 보보스가 이룬 그 놀라운 조화들에 관해 이야기했다. 하지만 이러한 영적 조화를 이루기는 매우 어렵다. 보보스는 선택이라는 초석위에 복종이라는 집을 지어 올리려 하고 있다.

제한된 삶

교육받은 계층의 구성원들은 '지역 유대의 중요성'과 '깊은 연결성이 개인의 영적인 삶에 필수적인 역할을 한다는 것'을 재발견했다. 그러자 공동체와 시민 사회에 대해, 그리고 사람들이 서로를 지원하고 자신의 '지역'을 찾을 수 있도록 해 주는 중개 기관들을 재건하는 방법에 대해 쓴 책과 기사들이 쏟아져 나왔다. 그런 책들 중 아주 유명한 책이 알란 에렌할트가 1955년에 출간한 『잃어버린 도시The Lost City』이다. 에렌할트는 1950년대 시카고의 일부 보수적인 지역들의 생활을 우호적이고 담담한 필체로 묘사했다.

중산층과 근로자 중심의 지역들은 오늘날 많은 사람이 동경하는 공동체적 가치를 잘 보여 주었다. 예를 들어 시카고의 남서 지구에 있는 세인트 닉 성당의 교구에서 아이들은 자유롭게 집에서 집으로 뛰어다녔고, 늘 많은 어른들이 그 아이들을 지켜보았다. 여름밤에는 모두가 밖에 나와 이웃들과 어울려 말하고 농담을 건넸다. 대부분의 쇼핑은 온 가족이 운영하는 가게에서, 이를테면 베르투치의 정육점 같은 곳에서 이루어졌다. 닉 베르투치는 고객 대부분과 친밀한 사이였고, 고객들은 그의 가게에서 어슬렁거리며 잡담을 나누곤 했다. 지역에 사는 많은 주민들이 근처의 나비스코 공장에 안정된 일자리를 갖고 있었다. 때로는 2, 3세대가 그 공장에서 함께 나란히 일을 했다. 지역 주민의 대다수는 천주교 신자였고, 일요일이면 대부분 세인트 닉 성당에서 열리는 미사에 참석했다. 그 교구 사람들은 어디 출신이냐는 질문을 받을 때면, 시카고라든가 남서 지구 출신이라고 말하지 않았다. 그 대신, 개별 구역으로 대답했다. "난 59번가와 풀라스키 거리가 만나는 지역에서 왔습니다." 정말이지 멋진 지역 공동체이고, 주민들은 그 점을 자랑스럽게 여겼다.

하지만 에렌할트가 주저 없이 지적하듯, 그 모든 공동체의 뿌리에는 고통이 묻어 있었다. 그 가운데 일부는 물질적인 것이었는데, 사람들이 여름밤에 거리로 나온 까닭은 부분적으로 에어컨이 전혀 없기 때문이었다. TV는 그 당시 막 인기를 얻기 시작하고 있었고, 그래서 집 안에서 할 만한 특별히 재미있는 놀이가 없었다. 더욱이 온 가족이 모여 사는 집은 너무 작았으며, 그나마도 일부는 응접실로 사용해야 했기 때문에 공간은 더욱 제한될 수밖에 없었다. 결국 주민들에게는 사생활이라고 할 만한 것이 많지 않았다.

『잃어버린 도시』의 첫 번째 장은 제목이 "제한된 삶"이다. 실제로 세인트 닉 교구에 살던 사람들은 여러 다른 측면에서도 제한된 삶을 살았다. 인종적으로 균질적이었던 만큼, 인종 차별적인 농담이나 모욕, 편견이 조장되었다. 지역 밖으로 나가 시카고 중심부의 경제권이나 주류 미국 사회에서 활동할 기회도 많지 않았다. 대부분의 남서 지구 사람들에게는 올바른 매너와 올바른 억양을 익힐 기회, 혹은 올바른 사회적 관계를 맺을 기회가 없었다. 그러니 비즈니스 세상의 더 높은 단계로 올라갈 수도 없었다. 시카고 중심부의 대도시 생활은 그 교구에 사는 대다수 사람들에게 너무나 요원한 일이었다. 시내로 나가기 위해서는 버스를 세 번이나 갈아타야 했다. 많은 가족이 1년에 한 번, 크리스마스 시즌에나 시내에 나가 윈도쇼핑이라도 할 수 있었다.

제한은 또 있었다. 여자들은 일자리 선택에 제한을 받았다. 이런 제한이 그 지역의 학교에는 좋은 일이었겠지만, 교사 말고 다른 직업을 원했을 유능한 여자들에게는 그렇지 않았을 것이다. 이 책에서 에렌할트는 학교에서 찍힌 사진 한 장을 소개한다. 똑같은 제복을 단정하게 차려입은 학생들이 길게 줄을 서서 똑같은 표정을 짓고 있는 사진이다. 그 사진은 다음 10년 동안에 대대적인 공격을 받게 될 일률적인 교육 실태를 잘 보여 준다.

더욱이 지역 근로자들은 나비스코에서 안정된 일자리를 갖고 있었지만, 급료와 관련해서는 그렇지 않았다. 그들의 노조는 부패했으며 회사와 담합했다. 근로자들은 그 사실을 알고 있었지만 다른 곳에서 일자리를 구할 선택지가 많지 않았다. 정치적으로도 선택권이 별로 없었다. 지역 자치 정부는 기득권층이 운영했으며, 지도자들은 기득권층에 충성을 다짐했다. 에렌할트는 존 G. 페리라는 시카고의 한 정치인을 소개한다. 그는 평생 리처드 J. 데일리의 지시를 충실하게 수행했는데, 그 결과 오랜 충성심의 보상으로 데일리는 그를 연방 의회로 보냈다. 페리는 기자들에게 이렇게 말했다. "나는 21년 동안 의회에서 데일리 시장을 대변했는데, 그분은 늘 옳았다." 권위에 대한 충성심은 1950년대 공동체 사회에서는 드물지 않은, 하지만 오늘날에는 대부분 지역에서 낯설게 여겨지는 사고방식을 잘 보여 준다. 이 세계관 안에서는 복종이 바람직한 미덕일 수밖에 없고, 권위와 질서 및 오래 지속되는 관계가 자유와 창의성 및 끊임없는 변화보다 더 소중히 여겨진다.

에렌할트의 책은 그 지역의 종교적 삶도 다룬다. 세인트닉 성당에는 1,100개의 좌석이 있는데, 일요일에는 전 좌석이 미사 시작 전에 꽉 찬다. 당시는 2차 바티칸 공의회 전이었기 때문에, 천주교 미사가 라틴어로 진행되었다. 신부들은 신자들에게서 등을 돌리고 선 채 제단을 마주 보았다. 신부는 악마가 늘 활동하고 있으며, 그래서 죄악과 유혹이 늘 우리 곁에 있다고 설교했다. 1950년대에는 성직자들이 사탄의 활동적인 역할에 대해서 지금보다 훨씬 더 공공연하게 이야기했다고 에렌할트는 지적한다.

영적인 삶은 경제적인 삶이나 정치적인 삶만큼이나 질서 정연하고 계층적이다. 진리로 가는 길은 하나뿐이지만, 잘못된 길은 여러 갈래다. 그러므로 곧고 좁은 길로 가는 것이 가장 좋다. 그리스도는 우리를 진실의 길로 인도했다. 사탄은 우리를 그 길에서 유혹했다. 죄악과 미덕 모두 자세히 분류되어 서술되었다. 그 교구는 대교구 속에, 그리고 대교구는 교회의 더 큰 구조 속에 자리했다. 가장 중요한 영적 질문은 우리 교육받은 계층의 구성원들이 곧잘 묻는 그런 것—"나는 무엇을 찾고 있는가?"—이 아니라 더 권위 지향적인 것—"하느님께서는 무엇을 명령하시고 사랑하시는가?"—였다.

기억할 것은 주기도문이 1인칭 복수 '우리'로 기술되었다는 점이다. 하나의 공동체로서 함께 말하는 것이다. 그리고 주기도문의 첫 구절은 하느님의 권위와 계획을 상기시킨다. "하늘에 계신 우리 아버지, 이름을 거룩하게 하옵시고, 나라에 임하옵시고, 뜻이 하늘에서 이루어진 것같이 땅에서도 이루어지이다." 간단하게 말해, 영적인 우주는 물리적인 우주만큼이나 질서 정연하고 계층적이라 할 수 있다.

에렌할트가 강조하듯이, 1950년대 시카고에서는 이런 스타일의 천주교가 번창했다. 대략 2백만 천주교 신자와 4백 개 교구, 2천 명의 신부와 9천 명의 수녀 및 30만가량의 교구학교 학생들이 있었다. 1948년부터 1958년까지 미국 천주교 대교구는 평균적으로 1년에 6개의 새로운 교구를 열었다. 비단 근로자 계층에서만 조직화된 종교에 대한 연결성이 강한 것도 아니었다. 1950년대 삶의 한 가지 특징은 교육 수준이 높을수록 종교적인 성향이 높았다는 점이다. 대학 졸업이나 그 이상의 학위를 가진 사람들은 그렇지 못한 사람들보다 더 오래 교회나 유대인 교회에 다녔다.

해방된 삶

1950년대에 이르러 현대성은 존경과 순종, 위계를 중요하게 생각하는 정신에 도전했다. 작가와 비평가들은 복종 정신의 세상을 보며 미국이 너무 질서 정연하고, 수동적이고, 집단 지향적이라고 생각했다. 1950년대 사회 비평의 전반적인 경향은 (윌리엄 화이트의 『조직인간』에서도 그랬고, 데이비드 리스먼의 『고독한 군중』에서도 그랬는데) 억압적인 복종 정신이 미국을 지배한다는 데 초점을 맞추었다. 온갖 성향의 작가들이 순응성과 수동성, 그리고 복종성을 공격했다. 윌리엄 화이트는 '소속감'과 '집단이 창의성의 원천이라는 믿음'을 강조하는 사회적 윤리를 비판했으며, 데이비드 리스먼의 책은 '남의 지시를 받는 사람', 자신이 소외될지도 모른다는 두려움 때문에 타인들과 똑같이 맞추려 불안해하는 사람을 비판하는 것으로 해석되었다. 개신교 신학자인 폴 틸리히는 미국인들이 "내적 및 외적 안정감의 강렬한 욕망, 어떤 대가를 치르더라도 집단에 속하려는 자세, 개인적인 특성을 보이지 않으려는 태도, 심각한 위험 없이 제한된 행복에 만족하는 경향"을 보인다고 지적했다.

이런 작가들은 철학자 존 듀이가 토대를 마련한 구분, 즉 '관습적인' 도덕성과 '사변적인' 도덕성의 구분을 사용했다. 먼저 관습적인 도덕성은 부족·집단·고향의 도덕성이자 절대 도전받지 않는 부모들의 규칙이며, 오랜 세월에 걸쳐 확립된 규칙과 영원불멸의 격언들에 대한 존중을 기반으로 한다. 사변적인 도덕성은 의식적인 사고에 기반하고, 각 개인이 다양한 행위의 결과들을 곰곰이 생각하기 시작할 때 시작된다. 이는 더 실험적이고 사변적이며, 각 개인은 과거의 규칙에 의문을 던지고 나름대로 결론을 내린다. 1950년대에 대부분의 작가들은 미국인들이 관습적인 도덕성에서 사변적인 도덕성 쪽으로 성숙하게 성장해 나가기를 희망했다. 고향과 종교에서 자율성과 심리학으로 가는 이런 이동은 진보의 길로 간주되었다.

때문에 대부분의 사회 비평가들은 보다 개인주의적인 형태의 영적인 삶을 촉구했다. "우리는 여러분이 개성을 발휘하기를 희망합니다. 그건 당신을 위하고, 국가를 위하고, 인류를 위하는 길입니다." 틸리히는 1957년에 한 대학에서 청중들에게 그렇게 설교했다. 사실상 작가들은 (사회학자이든, 프로이트파이든, 신학자이든, 혹은 비트족 시인이든 간에) 청년들에게 그들의 공동체와 집단, 그리고 종교적 질서를 깨고 나오라고 강조한 것이었다. 영적인 충만함은 자신의 길을 갈 때 비로소 찾을 수 있다는 것이었다.

지식인 계층의 습관과 행동은 변하기 시작했다. 작가와 학자들은 자녀들에게 더욱 개인주의적인 정신을 불어넣으려 했다. 그들은 복종보다 자기탐구를 더 권장했다. 시카고의 남서 지구에서는 아이들이 권위에 복종하도록 가르침을 받을 수 있었다. 하지만 그곳에서 호수 쪽으로 몇 마일 떨어진 시카고대학이나 하이드 파크 지역의 문화는 상당히 달랐다.

아이작 로젠펠드는 1957년에 『코멘터리』지에 기고한 「시카고에서의 삶」이란 에세이에서 이렇게 말했다. "당신이 방문한 가정이 학구적인 가정인지 비학구적인 가정인지를 알아보는 한 가지 확실한 방법은 그 집 아이들의 행동을 보는 것이다. 당신이 아이들의 대화에 얼마나 끼어들 수 있는지 그 정도를 보아라. 당신이 웬만큼 아이들의 대화에 끼어들 수 있다면, 그 집은 비학구적인 가정이다."

당시에 지배적이던 사회사상의 흐름은 개인적인 자기표현을 지향하고 본래 공동체의 집단 충성심과 복종심을 지양하는 것이었다. 각 개인은 영적인 충만함으로 가는 자기만의 독특한 길을 찾을 수 있고 또 찾아야 한다고, 교육받은 계층의 작가들은 이야기했다.

다원주의

그들의 관점이 승리를 거두는 데는 오랜 시간이 걸리지 않았다. 이제는 전통보다 비전통이 더 우대받는다. 순응주의보다 비순응주의가 더 대접받는다. 복종하는 보병보다 반항아가 더 멋진 것으로 보인다. 개인주의적인 다원주의가 보보스의 영적인 삶을 이루는 토대가 되었다.

영적인 다원주의자는 우주가 하나의 자연적 질서, 하나의 신성한 계획으로 귀결될 수 없다고 믿는다. 때문에, 구원으로 가는 길이 하나만 있는 것은 아니다. 다양한 종류의 행복, 도덕성, 덕목들이 있다. 뿐만 아니라, 누구도 가장 심오한 질문이나 믿음에 대한 완전한 답에 도달할 수는 없다. 일종의 항해다. 우리는 영원히 불완전하며, 선택하고, 탐구하고, 창조한다. 우리는 여러 가지를 할 수 있다.

그러니까 적절한 영적 자세는 새로운 선택과 새로운 길에 열린 마음을 갖고, 새로운 의견과 세계관에도 관심을 보이는 것이다. 제인 제이콥스는 『미국 대도시들의 성장과 소멸』이라는 책의 서두를 영적 다양성을 강조하는 올리버 웬델 홈스의 문구로 시작하고 있다. "문명의 으뜸가는 가치는 그것이 삶의 방식을 더 복합적으로 만든다는 데 있다." 홈스는 그렇게 말했다. "왜냐하면 더 복합적이고 치열한 지적 노력은 더 충만하고 풍요로운 삶을 뜻하기 때문이다. 그것은 더 많은 삶을 의미한다. 삶은 그 자체로 목적이며, '삶이란 살 가치가 있는 것인가'에 대한 질문은 당신이 삶을 충분히 살고 있는지를 묻는 것이나 마찬가지다." 이것은 전과 다른 종류의 가치이다. 그러니까 다양성, 복합성, 탐구, 자기탐구 등이다.

이런 가치는 오늘날 수백만의 사람들에게 수용되고 있다. 철학자 리처드 로티는 『미국 만들기Achieving Our Country』에서 그 점을 잘 설명하고 있다. 로티에 따르면 각 사회의 목표는 "더 크고, 더 충만하고, 더 상상력 넘치고 과감한 개인들의 더 많은 다양성"을 창출하는 데 있다. 그는 이어서 이렇게 말한다. "우리는 미래가 끝없이 확대되는 그런 나라를 이룩하기 위해 노력해야 한다. 새로운 형태의 개인적 및 사회적 삶에 대한 실험은 서로를 강화시킨다. 개인적인 삶은 말할 수 없이 다양해지고, 사회적 삶은 말할 수 없이 자유로워진다."

이것은 낙관적인 신조다. 끝없이 자기확장을 하면 영적 충만을 얻을 수 있다. 나아가 자유는 질서로 이어진다. 우리가 모두에게 자신의 삶을 가장 잘 살 수 있도록 최대한의 자유를 주면, 그들의 노력이 상호 작용을 하면서 섞여 역동적이고 복합적인 조화를 이룬다(제인 제이콥스가 도시의 '거리'에 대해 말한 내용을 기억하라). 이때 필요한 것은 좋은 믿음을 가진 사람들이 열린 마음과 관용적인 자세로 자신들의 길을 찾아가면서, 남들에게 자신들의 길을 강요하려 애쓰지 않는 것뿐이다.

영적인 자유

새로 발견한 영적 자유를 탐구할 기회가 주어지자, 교육받은 계층의 사람들은 이제 더는 두 번 물을 필요가 없어졌다. 그들 중 일부는 제도화된 종교의 절차와 의식들에서 벗어나 즉시 개인적인 영적 탐구에 들어갔다. 당시 변화의 상징적 인물이었던 제리 루빈은 자신의 회고록 『서른일곱에 서기』에서 이렇게 회상했다. "1971년부터 1975년까지 5년 동안 나는 다양한 경험을 했다. 심신 통일 훈련, 게슈탈트 심리 치료, 생물 에너지학, 롤프식 물리치료법, 마사지, 조깅, 건강식품, 태극권, 에살렌, 최면술, 현대 무용, 명상, 실바 마인드 컨트롤, 아리카, 침술 요법, 섹스 치료법, 라이히식 치료법 등등을 다 해 보았다."

뉴에이지의 전도사들은 추종자들에게 "자신을 사랑하라"라고 가르쳤다. 그러면서 그들은 다양한 형태의 자기탐구적인 영적 수행법을 가르쳤다. 물론 모두가 그런 가르침에 따른 것은 아니었다. 미국은 복합적인 사회이기 때문이다. 하지만 70년대와 80년대 초에 걸쳐 사람들이 한결같이 '자아'를 입에 올리고 심리 치료법이 도처에서 승리를 거두는 듯한 시기가 있었다. 영적 개인주의의 절정기였다. 교육받은 계층의 구성원 대다수는 자신과 자유를 강조하는 새 시대의 영적 생활을 추구했다. 그들의 영적 생활은 무엇보다 의무감과 복종에서 벗어나는 것이었다.

로버트 벨라와 그의 연구팀은 1985년 『마음의 습관』을 출간할 즈음에, 자기탐구에 몰두하고 더 이상 권위에 복종하지 않으려는 국민, 혹은 교육받은 계층을 발견했다. 예를 들어 벨라와 그의 팀은 실라 라슨이라는 젊은 간호사를 인터뷰했는데, 그녀는 자신의 믿음을 '실라주의'라고 표현했다. 그녀는 자기 나름대로의 종교를 창안하고 자신의 욕구를 충족시키는 것이면 무엇이든 '신'이라고 규정했다. "이건 단지 나 자신을 사랑하고 스스로에게 다정해지려는 것일 뿐이에요." 실라는 그렇게 얘기했다. "더불어, 서로를 소중히 하려는 것이고요."

『마음의 습관』은 중요한 책이다. 교육받은 계층이 영적 개인주의의 더욱 극단적인 형태에서 후퇴하려는 초기 징표이기 때문이다. 그 책의 저자들은 다음과 같이 썼다.

우리는 교육받은 미국인들의 '자아'에 대한 생각, 우리 대학들과 상당수 중상류층 사람들 사이에서 주류가 된 그 생각이 부적격한 사회과학, 빈약한 철학, 그리고 공허한 신학에 바탕을 둔 것이라고 믿고 있다. 우리가 과격한 개인주의의 언어를 사용할 때 보지 못하는 진실이 있다. 우리는 다른 사람들과 제도로부터 독립되어 있지 않고 연결되어 있다. 우리는 절대로 혼자서 자아를 발견할 수 없다. 우리는 일과 사랑, 그리고 배움에서 남들과 얼굴을 맞대고 나란히 걸을 때 우리가 누구인지 알 수 있다. 우리의 모든 행동은 제도적인 구조들이 지시하는 관계, 집단, 협의체, 그리고 공동체 안에서 일어나며 그들에 의해 해석된다.

벨라와 그의 동료들은 개인주의에 기반한 영적 자유를 극단적으로 추구할 때 발생할 수 있는 문제들을 지적했다. 이러한 비판은 보보 계층에서 하나의 통념이 되었다. 첫째, 삶을 구성하는 모든 외적 유대에서 분리시킬 수 있는 '진정한 자아' 같은 건 없을지도 모른다. 점점 더 깊이 자아 안으로 들어가는 사람은 공허함 속으로 여행을 떠나는 것인지도 모른다. 둘째, 개인주의자들이 삶에 구조를 제공하고 삶의 중대한 변화인 출생, 결혼, 죽음 같은 것에 의미를 주는 의식과 의무 패턴을 만드는 것은 어려운 일이다.

나아가 오래된 의식들이 없으면, 자신의 믿음 체계를 후세에 전달하기는 극히 어렵다. 조직화된 종교들은 일련의 안정된 의식들을 통해 아이들의 영적인 삶을 안내하고 발전시킨다. 반면에 자아의 종교는 그렇지 못하다. 그래서 처음에는 뉴에이지의 자아 탐구에 가장 적극적이었던 사람들 중에서도 많은 사람들이 점차 (때로는 마지못해서) 자신들이 거부했던 제도화된 믿음들로 돌아왔다. 무엇보다 그들은 자기 아이들을 위해 그렇게 했다.

하지만 영적인 자유의 궁극적인 문제는 그것이 절대로 끝나지 않는다는 점이다. 로티가 지적했듯이, 자유는 끝없이 넓어진다. 자유는 늘 자신의 선택을 열어 둔다는 뜻이다. 절대로 진리에 안주할 수 없고, 절대로 도달할 수 없음을, 절대로 쉴 수 없음을 의미한다. 영적 절정에 달한 경험을 축적하는 것은 욕심쟁이들이 돈을 축적하는 것과 같다. 더 많이 얻을수록 더 많이 얻고 싶어 안달하는 것이다. 끝없는 선택의 삶은 끝없는 동경의 삶이다. 늘 다음번의 새것을 바라는 꺼지지 않는 욕망에 사로잡히기 때문이다.

하지만 영혼이 갈구하는 것은 궁극적으로 다양한 흥미로

움과 새로움이 아니라, 하나의 보편적인 진리일 것이다. 도스토옙스키는 『카라마조프 가의 형제들』에서 '대심문관'을 통해 이렇게 말했다. "인간이라는 존재의 비밀은 그저 살기만 하는 것이 아니라, 살아갈 목적도 있어야 한다는 데 있다. 삶의 목표에 대한 안정된 인식이 없으면, 사람은 살면서 만족할 수가 없다."

오늘날 도스토옙스키의 대심문관은 보보스가 자유와 다양성에 대한 끝없는 욕망 때문에 스스로 노예가 되었다고 말할지도 모른다. 그는 보보스의 다양한 경험도 무언가 자신들보다 큰 것에 복종하지 않는 한 공허한 것이 될 수 있다고 경고할지도 모른다. 다원주의의 최종적인 결과는 점점 더 가벼운 아이디어들로 끝없이 움직이는 것이고, 그렇게 해서는 핵심적인 질문의 답을 얻을 수 없을 것이라고 얘기할지도 모른다. 다원주의 정신은 탐구에는 좋은 것이지만, 그보다 융통성이 덜한 전통 종교나 믿음이 가져오는 안정감이나 편안함을 얻기에는 좋지 않은 것이다.

질서의 회복

보보스는 개인적인 선택도 포기하지 않았고 다원주의적인 사고방식도 포기하지 않았다. 하지만 이제는 반대 흐름도 거세지고 있다. 오늘날 작가와 사회 비평가들은 1955~1965년의 시기에 그랬던 것처럼 비순응주의를 그렇게 열렬히 옹호하지는 않는다. 그들은 최대한의 개인적 자유가 역동적이면서도 건강한 질서를 만든다고 낙관적으로 생각하던 경향에서 후퇴하고 있다. 오늘날에는 미국인들이 너무 집단 지향적이고 너무 질서 정연하다고 주장하는 작가들이 거의 없다. 그들은 '조직인간'이나 남의 지시에나 따르는 구성원들에 대해 전처럼 그렇게 불평하지 않는다. 오히려 지금은 대부분의 사회 비평가가 더 많은 공동체, 더 많은 시민 사회, 더 많은 사회적 응집력을 요구한다. 오늘날 작가들은 40년 전에 비평가들이 그렇게도 열렬히 지지했던 개인주의적 사고방식을 거둬들이려 애쓰는 편이다. 오늘날 작가들은 대체로 교육받은 계층의 대대적인 해방 운동 속에서 너무도 약화된 예전의 의식과 제도·구조들을 되살리기 위해 노력한다.

지난 10년간 많은 책과 신문 기사들이 공동체주의에 대해, '중개 기관들'과 이웃 간 유대의 중요성에 대해 강조했다. 힐러리 클린턴은 자신의 책『집 밖에서 더 잘 크는 아이들』을 통해 관계가 안정된 작은 마을의 좋은 점을 예찬했다. 콜린 파월은 더 많은 이들이 공동체에 참여하도록 유도하는 자원봉사 활동을 전개했다. 하버드대 사회학 교수 로버트 퍼트넘은『나 홀로 볼링』이라는 에세이에서, 볼링 서클들의 쇠락은 미국인들이 서로에게서 멀어지고 교회나 사친회 같은 공동체적 조직에 덜 참여하고 있다는 증거라고 주장했다.

글쎄, 당신이라면 1960년대의 어떤 작가가 볼링 서클이 건강한 공동체 참여의 상징이라고 주장하는 광경을 상상할 수 있겠는가? 당시의 교육받은 계층의 구성원들은 볼링 서클이란 우스꽝스럽고 반동적인 모임이라고 생각했다. 1960년대라면 볼링 서클이 사라진다고 눈물 한 방울 흘리는 지식인은 아무도 없었을 것이다.

시민 사회 옹호자들과 공동체주의자들은 자신들이 미국을 휩쓸고 있는 과격한 개인주의에 무언가 한계를 설정해야겠다고 생각했다. 많은 시민 사회 활동을 지원한 브래들리 재단의 마이클 조이와 윌리엄 샴브라는 이렇게 얘기했다. "미국인들이 특히 걱정하는 것은 그들이 전에 건설할 수 있었던 질서 있고, 응집력 있고, 권위 있는 도덕적 공동체가 해체되는 상황이다." 자유주의자들은 글로벌 시장이 질서 있고 응집력 있는 도덕적 공동체를 해친다고 강조하는 경향이 있다. 보수주의자들은 그것이 전통적인 도덕성의 붕괴라고 주장하는 경향이 있다. 양쪽의 관심은 같은 방향을 향한다. 즉, 양쪽 모두 다시 지역 공동체와 작은 규모의 권위 있는 연결 관계로 돌아가서, 개인적 선택이 다른 모든 가치를 짓밟는 시스템에서 벗어나자는 것이다.

부활, 재건, 회복

보보스의 영적 측면에서 가장 두드러진 한 가지 특징은 아주 복고적이라는 점이다. 어떤 그룹은 미래의 이상향에서 영적인 충만함을 찾으려 한다. 하지만 우리 보보들은 미래에서 초월을 찾지 않는다. 우리가 찾는 것은 과거이자, 오래된 전통이고, 의식과 제전 같은 것이다. 우리가 하는 많은 일, 그리고 우리가 보는 많은 영화와 책의 바탕에 암묵적으로 깔린 우리의 기본적인 생각은 다음과 같다. 우리는 그동안 위로 올라가려고 애쓰는 과정에서 무언가 중요한 것을 빠뜨렸다. 우리는 그동안 너무 바쁘게 살면서 정말로 중요한 것을 깨닫거나 이해하지 못하게 되었다. 우리는 그동안 너무 풍요롭고 피상적인 것들에만 빠져 살았으며 이제는 과거를 되돌아보면서 세상과 연결하는 더 단순하고 자연적인 방식들을 재발견해야 한다. 이제 오래된 가치들—끈기 있고 근본적이고 난잡하지 않은—을 재발견할 때가 되었다고 보보들은 얘기한다.

이 같은 열망은 우리가 물리적인 환경을 구축하려는 방식에서 분명하게 나타난다. 보보들은 영적인 만족감을 발산시키는 작고 안정된 공동체의 유산들로 주변을 채우려고 한다. 우리가 이미 제2장에서 언급했듯이 고풍스러운 가구, 과거의 전통을 반영하는 의자, 허름한 옷장, 나무로 만든 탁자, 혹은 그 밖에도 옛날의 작은 공동체 생활을 보여 주는 물품들로 말이다. 다시 한번 교육받은 계층을 고객으로 하는 소매체인인 포터리반이나 크레이트&배럴 같은 곳에 들어가 보자. 이런 상점들은 무언가 오래전에 잊힌 안정감과 질서의 세상을 다시 복원하려고 애쓰고 있다. 스타벅스 커피숍처럼 전국의 고급 쇼핑몰에 속속 들어서고 있는 새로운 가구 체인 '레스토레이션 하드웨어'는 예전에 우리의 할아버지와 할머니들이 사용하던 가구와 물건들로 상류층 고객들에게 다가선다. 예전의 공동체 생활을 기억에서 되살리는 것이다.

교육받은 계층의 영적인 특성은 레스토레이션 하드웨어가 1998년 기업공개IPO를 하기 전에 잠재적인 투자가들에게 보여 주기 위해 만든 비디오에서 멋지게 표현되었다. 비디오는 내레이션을 통해 자사의 철학을 이렇게 설명했다. "우리의 집단 무의식 속에 숨어 있는—아이젠하워와 도나 리드, 조지 베일리 같은 사람들의 이미지 속에 숨어 있는— 것은 더 잘 만든 물건이 더 중요하다는 생각이다." 그러한 해설과 함께 40년대와 50년대의 이미지들이 비디오 화면 을 가득 채운다. "어떤 일이 일어났을까? 천천히, 하지만 확 실하게 우리는 생산과 소비에 사로잡힌 나라가 되었다." 그 순간, 우리는 대규모 교외 지역의 개발지와 대형 쇼핑몰의 이미지를 보게 된다. "이것은 아주 흥분되고 아주 좋은 일이 다. 우리는 물건을 만드는 데 매우 뛰어나기에 무제한의 선 택과 수없이 많은 종류의 상품을 갖게 되었다." 이어서 영화 「졸업」의 속물적인 장면들이 나타난다. "소매 업계에서도 그런 사고방식을 반영하게 되었다. 더 넓은 매장, 더 많은 물 건, 더 많은 것들. 그러다가 어느 날, 사람들은 그 모든 것에 지루함을 느끼고 무언가 다른 것을 찾기 시작했다."

바로 이것이다. 무제한의 선택지를 지녔던 세대가 아직도 다른 무언가를 찾고 있는 것이다. 이제 우리는 여러 분야에 서 영적으로 안정된 구조를 갖췄던 그 어느 시점의 잃어버 린 시절로 돌아가고 싶은 것 같다. 우리는 새로 자유를 발견 한 대신 다른 사람들과의 연결성, 그리고 참된 공동체와의 연결성을 잃어버렸다는 것을 자각하고 있다. 새롭게 전통을

재창조하고 싶다. 그러면서도 제한의 시대, 즉 우리의 선택
을 좁히는 시대로 돌아가려고 하지는 않는다.

위대한 융합

그 결과, 당신은 이제 위대한 영적 융합을 보고 있다. 당
신은 자율성과 공동체의 혼합을 보고 있다. 당신은 젊은 보
보들이 교회나 단체 활동에 적극적으로 참여하는 것을 보고
있다. 하지만 그들은 외적인 권위가(교황, 신부, 혹은 랍비가) 어
떻게 살아야 하는지 얘기하는 것에는 관심이 없어 보인다.
과거의 세속주의는 더 이상 진군의 나팔을 울리지 않는다.
이제 사람들은 다시 종교로 돌아가고 있다. 하지만 그들은
대체로 하나의 종교에 만족하지 않으며 여러 종교를 동시에
골고루 맛보려 한다. 프린스턴대 사회학 교수 로버트 워드
나우는 26세의 장애인 카운슬러를 소개한다. 감리교 목사
의 딸인 그녀는 스스로를 이렇게 정의한다. '감리교도, 도교
도, 미국 원주민, 퀘이커교도, 러시아 정교도, 불교도, 유대
교도'라고.

모두가 그렇게 많은 종교에 관심이 있는 것은 아니다. 하
지만 전통적인 교계에서도 다시 종교 활동에 참여하는 사람

들이 원하는 것은 종교뿐 아니라 활동 그 자체 같다. 뉴욕타임스는 최근 종교에 관한 특집을 마련했는데 다음과 같은 기민한 표제가 붙어 있었다. "다시 돌아온 종교(따를 수 있는 믿음)". 프랜시스 후쿠야마는 1999년에 출간된 『대붕괴 신질서The Great Disruption』에서 보보들의 종교적 기풍을 다음과 같이 멋지게 요약했다.

엄격한 믿음 체계의 부산물로서 공동체가 나타난 것이 아니라 공동체에 대한 욕구 때문에 사람들은 종교적인 믿음으로 돌아간다. 다시 말해, 사람들이 종교적 전통으로 돌아가는 것은 반드시 어떤 종교의 교리를 믿기 때문이 아니라, 세속적인 세상에서 맞닥뜨린 공동체의 부재와 사회적 유대의 덧없음으로 인해 종교 의식과 문화적 전통에 대한 갈망이 커졌기 때문이다. 그들이 가난한 사람이나 이웃 사람들을 돕는 것은 종교적인 교리가 그렇게 하도록 가르치기 때문이 아니라, 공동체에 봉사하고 싶은데 종교적인 조직이 그리할 수 있는 가장 좋은 길임을 알게 되었기 때문이다. 그들이 전통적인 기도를 반복하고 오래된 의식들을 재현하는 것은 하느님의 지시이기 때문이 아니라 자녀들이 적절한 가치를 갖기를 바라기 때문이고, 그런 것에서 비롯되는 공유된 경험의 감각과 의식의 편안함을 즐기고 싶기 때문이다. 어떤 면에서 그들은 종교 그 자체를 진지하게 여기지 않을 수도 있다. 종교는 의식과 행사가 사라진 사회에서 의식의 원천이 되었으며, 모든 인간의 본성인 사회적 유대감에 대한 자연적 욕망의 합리적 확장이 되었다.

그렇다고 보보 신자들이 열성적이지 않다는 말은 아니다. 그들은 일종의 규제인 다이어트 같은 것에 엄청난 열성을 보이곤 한다. 하지만 그것은 말하자면 복종하지 않는 열성이다. 이전 시대의 믿는 자들은 역설적으로 하느님의 뜻에 완전히 복종할 때 자유를 얻을 수 있다고 보았지만, 보보스는 그와 같은 식의 맹목적인 복종을 받아들이지 않는다. 예를 들어, 유대인들 사이에서는 젊은이들을 중심으로 히브리어를 배우고 토라를 공부하고 율법에 따라 음식을 가리자는 정통파 운동이 확산되고 있다. 그들은 열성적인 준법자들이지만 동시에 자유도 존중하는 사람들이다. 따라서 자신들의 현대적인 감각에 맞지 않는 고대의 규칙들, 여자들의 역할을 제한하는 규칙 같은 것은 따르지 않는다. 나아가 그들은 성경의 가르침이 문화적 다원주의와 충돌할 때(예를 들어, 유대교만이 진정한 종교이고 다른 종교들은 열등하거나 잘못된 것이라고 가르칠 때) 그런 가르침을 기꺼이 포기한다. 복종하지 않는 정통주의이며, 달리 표현하면 플렉시독시다.

조직화된 종교는 과거에는 지나치게 낡았다든가 아니면

마음이 약한 사람들을 지탱해 주는 역할이나 하는 것으로 폄하되었지만 이제는 분명한 권위를 행사하고 있다. 보보들은 만찬회장의 대화에서 교회에 출석하는 일을 언급하면서 나름대로 도덕적인 만족감을 느끼는 경향이 있다. 그들이 이제 자아도취적인 개인주의자가 아니라 도덕적인 공동체의 구성원임을 반증하는 것이다. 그렇지만 오늘날의 종교적 태도는 분명히 과거와 달라졌다. 과거에 신학자들의 기력을 그렇게도 많이 소진시켰던 분파적 논쟁은 이제 다소 어리석은 행동으로 여겨지고 있다.

물론 나는 종교 전문가가 아니다. 바츨라프 하벨은 『문명』이라는 잡지에서 그렇게 말했다. 그러나 내가 볼 때 세계의 주요 종교들은 우리가 아는 것보다 더 공통점이 많은 것 같다. 주요 종교들은 기본 출발점—이 세상과 우리의 존재는 우연의 장난이 아니라, 그 근원과 방향 그리고 목적을 전부 온전히 이해하기는 어려운 신비로우면서도 전체적인 행위의 일부라는—을 공유한다. 주요 종교들은 그 신비로운 행위가 함축하는 복잡한 도덕적 측면들을 공유한다. 내가 볼 때, 그들 종교에 어떠한 차이가 있다고 해도 그것은 근본적 유사점만큼 중요한 것이 아니다. 다시 말해, 종교적인 믿음의 동기는 유연하고 탄력적인 것으로서 문화에 따라 다양한 모양으로 나타날 수 있다.

중요한 것은 근본적인 종교적 믿음 그 자체이지 분파나 종교가 강조하는 특정한 믿음 체계가 아니다. 따라서 여러 종교를 둘러보고 몇몇 종교를 실험한 후에 믿음을 갖거나, 혹은 그 순간의 욕구나 선호에 따라 다양한 종교 사이를 오가는 것조차 나쁜 일은 아니다. 말하자면 선택과 믿음을 통합시키는 것이다.

원대한 통합

대부분의 사람들은 그와 같은 통합이 먹혀들 수 있다고 생각한다. 혹은 적어도 한번 시도해 볼 만하다고 생각한다. 그리고 그것은 실제로 먹혀들 수 있다. 로버트 니스벳은 시민 사회에 대한 오늘날의 믿음을 선도한 책인 『공동체의 추구』를 1953년에 발표했는데, 그는 최상의 삶은 공동체에서 찾을 수 있기는 하지만 사람들은 하나의 공동체에만 자신들을 국한시켜서는 안 된다고 믿었다. 대신 그는 많은 공동체를 경험해야 한다고 주장했다. "자유는 권위의 간극 사이에서 발견되고 권위 간의 경쟁에서 촉진된다." 니스벳은 그렇게 썼다. 그래야 사람들은 소속감도 느끼면서 동시에 유연성과 자유도 즐길 수 있다. 니스벳은 프랑스의 사상가 피에르 조제프 프루동의 구절을 인용했다. "당신의 연합 세력을 많이 만들라. 그래서 자유를 얻으라."

하지만 최대한의 자유가 영적인 충만함과 그렇게 쉽게 통합될 수 있다고 믿지 않는 사람들도 있다. 그들은 협조적인 개인주의자들이 만들어 낸 통합은 공허한 것이라고 주장한다. 그런 개인주의자들은 전통과 뿌리, 그리고 공동체에 관해 이야기하지만 그와 같은 이야기는 그러한 덕목들에 대한 립서비스에 불과하다. 결단의 순간이 되면 그들은 늘 개인적인 선택을 우선시한다. 그들은 더 좋은 일자리가 생기면 공동체를 떠난다. 그들은 어떤 전통이나 규칙에 지루함을 느끼면 그것을 포기한다. 그들은 회사가 지겹다고 생각되면 회사를 떠난다. 그들은 교회나 단체가 지루하거나 보람이 없는 것으로 느껴지면 빠져나온다. 그것은 자기패배적이다. 왜냐하면 그 모든 이동과 자유 그리고 자기탐구가 끝난 후에, 그들은 그 어떠한 것도 그들이 오래 지속적으로 그리고 깊게 고수하지 못한다는 사실을 깨닫게 되기 때문이다. 우리 자신들의 삶을 시카고 남서 지구의 공동체적 삶과 비교하면서 알란 에렌할트는 이렇게 얘기했다. "즉, 우리는 TV 앞에 앉아 리모컨을 끊임없이 만지작거리는 그런 사람들과 비슷하다. 그들에게 개인적 선택이란 궁극적인 무기를 사용해 한 시간 내내 수도 없이 여러 채널을 들락거리면서 무언가 더 좋은 프로가 없는지 끊임없이 탐색하는 것과 같다." 에렌할트는 계속해서 다음과 같이 얘기했다.

> "우리가 살면서 겪는 크고 작은 문제와 수많은 선택지가 채널 서핑처럼 되어 버렸다. 우리는 하나의 선택에서 또 다른 선택으로 끊임없이 이동하며 그 어떤 결론에도 도달하지 못하게 된다. 선택할 것은 너무도 많고 도와줄 사람은 전혀 없기 때문이다."

이러한 에렌할트의 주장에는 일리가 있다. 우리는 넓고 다양한 삶을 살아가는 동안 소속감을 잃을 위험이 있다. 하나의 공동체나 한 사람의 배우자에게만 전념하는 사람은 삶에서 다양한 실험을 하는 사람보다 하나의 공동체나 한 사람의 배우자와 더 깊은 유대감을 느낄 수 있다. 하나의 종교에만 복종하는 사람은 호기심 많은 삶을 살면서 방황하는 불가지론자보다 더 깊은 믿음을 가질 수 있다. 수도원에 있는 수도승은 실험적인 삶 대신 더 깊은 삶을 살아갈 것이다.

그래서 우리 보보스는 많은 선택이 있는 세상에 살지만, 목숨까지 거는 신념의 삶은 살지 못할 것이다. 그리고 가장 심오한 진실, 가장 깊은 감정, 혹은 가장 높은 소망에 접근할 수 있는 삶 또한 살지 못할 것이다. 종국적으로 자유와 신념, 덕행과 풍요, 자율성과 공동체를 조화시키려는 이와 같은 시도의 문제는, 그것이 무언가 끔찍한 분열이나 부도덕한 퇴폐주의로 이어진다는 점이 아니다. 그보다는 너무 많은 타협과 영적인 애매성으로 이어진다는 점일 것이다. 끝없이 선택만 하려는 사람은 결국 신념도 아니고 자유도 아닌 애매한 상태에 직면할지 모른다. 그들은 결국 중도적이지만 아무 쪽도 아닌 삶을 살게 될지 모른다. 때로 나는 주위를 둘러보면서 우리는 비록 그런 통합을 달성할 수 있었지만, 그 대신에 우리 자신은 더욱 피상적이 되었고 깊고 높은 경지에는 도달하지 못했다는 생각을 하게 된다. 그리고 때로는 우리가 우리 자신에게 너무 관대하다는 생각도 하게 된다.

7

정치와 그 너머의 이야기

Politics and Beyond

당신은 지금 자리에 앉아 책과 에세이를 읽고 있다. 글의 제목은 대개 이 시대의 정신 같은 것들이다. 당신은 그 글이 언제 쓰인 것이든 간에 다음과 같은 문장이 대부분 들어 있음을 발견할 것이다. "우리는 지금 변화의 시대에 살고 있다." 1780년대이든, 1850년대이든, 혹은 1970년대이든 당대 사람들은 자신들이 급격한 변화의 시대에 살고 있다고 느끼는 경향이 있다. 과거의 규정과 삶의 방식들은 낡은 것이 되었지만 새로운 방식과 관념들도 아직 형성되지 않은 것이다.

우리 보보스는 특별해야 한다. 우리는 지금 변화의 시대에 살고 있지 않다. 우리는 지금 한 세대 동안 미국을 뒤흔들었던 문화 전쟁 직후에 살고 있다. 1960년대와 1980년대 사이에 보헤미안군과 부르주아군이 피차 마지막 공격을 감행했다. 보헤미안의 반문화주의자들은 기득권층, 교외 지역, 그리고 나중에는 레이건의 80년대를 공격했다. 보수적인 정치인과 작가들은 60년대를 공격하며 그 10년의 세월이 미국인들의 삶 속 많은 부분에 병폐를 만들었다고 비난했다. 좌파적인 보헤미안의 각 부대는 우파인 부르주아 계층의 반격을 촉발시켰다. 두 진영의 오랜 갈등에서 마지막 결전에 해당한 그 시기는 고통스러운 시간이었다. 그 시기 사람들은 시위, 폭동, 대중 운동, 그리고 사회 질서의 심각한 붕괴를 경험했다.

하지만 그 혼란의 정점에서 새로운 화합이 이루어졌다. 새로운 질서와 기득권층이 정착되었는데 이 장에서 설명하려 한다. 이 새로운, 그리고 무정형의 기득권층은 그 문화 전쟁의 양쪽 모두를 흡수했다. 그들은 60년대와 80년대 모두에서 배움을 얻었다. 그들은 부르주아 가치와 보헤미안 가치의 새로운 균형을 창출했다. 이 균형 덕분에 우리는 수십 년간의 파괴와 격변으로 인해 잃어버렸던 사회적 평화의 일부를 회복할 수 있었다.

극단주의를 넘어서

이 새로운 시대에 성공하는 정치인들은 보헤미안의 60년대와 부르주아의 80년대를 결합시켰고 양쪽의 가치 체계를 조화시켰다. 그 정치인들은 과거 문화 전쟁 당시의 수사법을 사용하지 않는 경향이 있다. 그들은 대결의 시절에 유행했던, 연단을 주먹으로 치면서 확신을 강조하는 정치인들이 아니다. 대신 서로 다른 접근법을 한 곳에 엮는다. 그들은 삼각 측량을 한다. 조화를 이룬다. 다양한 집단에 호소해야 함을 잘 알며, 좌파와 우파의 오래된 구분을 넘어 제3의 길을 추구한다. 온정적 보수주의, 실용적 이상주의, 지속 가능한 개발, 성장과 배분, 목적이 있는 번영 등과 같이 조화를 강조하는 깃발을 들고 행진한다.

클린턴과 고어 행정부의 가장 큰 특성은 보보 문화의 핵심에 있는 타협 정신을 잘 구현한 것에 있다 해도 과언이 아니다. 우선 클린턴 행정부의 인사들은 1960년대 반전 시위자들이면서 동시에 1980년대 증권가의 선물 트레이더들이다. 그들은 보헤미안의 이상과 부르주아의 야망을 고루 갖춘 채 백악관에 입성했다. 그들은 좌파와 우파의 고루한 구분에 반대하는 캠페인을 벌였다. 1997년 빌 클린턴은 민주당의 지도자 모임에서 자신의 정책 기조를 잘 설명했다. 그는 이렇게 말했다. "우리는 이제 과거의 잘못된 구분에서 벗어나야 합니다. 우리는 자유주의자인가 아니면 보수주의자인가를 따지는 진부한 논쟁에서 탈피해야 합니다. 그런 논쟁은 미국을 분열시키고 우리를 후퇴시키는 데만 성공했을 뿐입니다."

전통적인 가치와 자유주의적인 가치를 대립시키는 문화 전쟁에 직면한 클린턴 행정부는 통합과 조화로 대응했다. 클린턴 행정부의 인사들은 3가지 핵심 단어를 선택했다. 기회, 책임감, 공동체. 그들은 이 세 단어를 중심으로 선거 운동을 펼치면서 이 단어들 사이에 모순이 있는지에 대해서는 생각하지 않았다. 그들은 교복을 입는 것과 같은 전통적인 행위를 옹호하면서도 학생들의 콘돔 소지 같은 자유주의적 조치들도 끌어안았다. 클린턴은 좌파와 우파의 결연한 전사들을 아우르며 부드럽고 편안한 통합을 제시했다. 그는 고통스러운 예산 삭감 없이 균형 예산을 편성할 수 있고, 인색해지지 않고도 방만한 사회 복지를 개혁할 수 있고, 마약과의 전쟁을 강화하면서도 재활에 더 많은 돈을 쓸 수 있고, 공립학교를 유지하면서도 사립학교도 육성할 수 있다고 선언했다. 일찍이 군대의 동성애 사건에 관한 문화 전쟁의 전투를 겪은 클린턴 행정부는 "묻지 말고, 말하지 말라"라는 해결책을 제시했다. 그것은 평화로운 중간 지대를 찾으려는 제3의 길 방식을 아주 잘 표현한 구호였다.

대립되는 정책을 절충하려는 클린턴의 시도 중에서 상당수는 실현이 어려운 것이었다. 그럼에도 불구하고 클린턴 행정부는 영향력이 크고 보보 문화에 부합하는 정치적 방식을 탄생시켰다. 그 제3의 길 방식은 자유주의와 보수주의 어느 쪽에도 치우치지 않은 것으로서 양쪽의 균형을 달성하려는 시도였다. 그리고 이제 전 세계의 선진국에서는 제3의 길 옹호자들이 정권을 잡고 있다. 20~30년 전에 이론가들은 예측하기를, 이른바 새로운 계층의 구성원들이 이전 계층의 구성원들보다 이데올로기적이고 이상주의적인 비전과 추상적인 개념들에 의해 움직일 가능성이 더 클 것이라고 했다. 하지만 실제로 1960년대의 그 아이들이 권력을 잡았을 때 그들이 만들어 낸 정부의 스타일은 중도적이고 통합적이며 나아가 반이데올로기적이었다.

그들이 그런 스타일의 정치를 추구한 것은 그것이 부유한 교외 지역 주민들, 즉 오늘날 미국에서 돈과 매체와 문화를 통제하는 사람들에게 어필하였기 때문이다. 현재 미국에는 연간 수입이 10만 달러를 넘는 가구 수가 900만에 달하는데, 바로 이들이 정치적으로 가장 적극적인 집단이다. 그리고 미국의 양당 정치에 통제력을 행사하는 이 새로운 기득권층은 경직된 이데올로기와 교조주의를 거부한다. 보보

민주당원들은 때로 돈을 많이 버는 투자은행에서 일하며, 보보 공화당원들은 때로 자유주의적인 대중음악을 듣는다. 그들은 문화 전쟁식의 치열한 대결을 원하지 않으며 대통령 선거를 양극단적인 것으로 몰고 가지 않는다.

신교도 기득권층은 대체로 보수적인 공화당원들이었던 반면, 새로운 보보 기득권층은 중도적이고 독립적인 경향이 있다. 1998년에 『내셔널 저널』이 미국에서 가장 부유한 261개 지역의 투표 성향을 조사한 적이 있는데 조사 결과, 그들은 중도적인 성향 쪽으로 이동하고 있는 것으로 나타났다. 그런 지역에서 민주당원들의 투표율은 지난 20년 동안 선거 때마다 높아졌다. 교육받은 계층의 구성원들이 펜실베이니아의 웨인 같은 부촌으로 이사했기 때문이다. 민주당은 1980년에 부유층 표의 25%를 얻었지만 1996년에는 그 비율이 41%로 높아졌다.

부유한 교외 동네들은 온건한 공화당원이나 온건한 민주당원을 의사당으로 보낸다. 그리고 그곳 출신의 정치인들은 의회에서 덜 부유한 지역 출신의 동료들이 보이는 과격주의를 비판하는 데 많은 시간을 들인다. 그들은 왜 자신들의 보수적인 동료들과 진보적인 동료들이 투쟁에 중독된 것인지 이해하지 못한다. 덜 부유한 지역 출신의 극단주의자들은 집중포화를 퍼붓는 데 익숙하다. 그들은 가령 국세청을 해체하라, 의료보험을 공영화하라 등과 같은 과격하다 못해 제정신인지 의심스러운 아이디어를 끊임없이 생각해 낸다. 그들은 상대방을 소외시킬 때 가장 기분이 좋은 것 같다. 하지만 보보 정치인들에게는 이러한 행태가 낯설기만 하다. 보보 유권자들처럼 보보 정치인들도 정복보다는 합의, 투쟁보다는 시민성에 더 관심이 있다.

사실 보보 시대에는 양당 간의 갈등보다 각 당의 내부 분쟁이 더 심한 것 같다. 상황이 그러한 이유는 시카고대 철학 교수 마크 릴라가 지적했듯이 오늘날의 핵심 갈등은 60년대와 80년대의 갈등이 아니기 때문이다. 오늘날의 갈등은 60년대와 80년대를 통합한 사람들과 그런 통합을 거부하는 사람들 간의 갈등이다. 공화당에서는 온건파와 현대적인 보수파가 한편이 되어 60년대와 다시 싸움을 벌이려는 보수파들에 대항하며 전투 중에 있다. 민주당에서는 새로운 민주당원들이 1980년대의 대처-레이건 개혁을 받아들일 수 없는 사람들과 전투를 벌이고 있다.

한편 과격하고 극단적인 정치를 갈망하는 좌파와 우파의 정치인들은 미적지근한 보보 정치 때문에 머리가 돌 지경이다. 그들은 사회의 중차대한 문제들을 보고 있으며 그래서 그들은 근본적인 변화를 촉구한다. 그런데 새로운 중도적 기득권층은 그들의 과격한 아이디어를 무시하고 억누른다. 이 새로운 파워 엘리트와 맞서 싸우기가 쉽지 않다. 보보 기득권층은 좀처럼 공격할 빈틈을 보이지 않는다. 무엇보다 공격할 구실을 제공하지 않는다. 상대방이 논쟁하고 반박할 만한 일관된 주장을 하는 일이 없다. 대신에 무엇이든 껴안고 영합하는 것 같다. 당신이 자유주의자이든 보수주의자이든 보보 정치인들은 당신의 구호와 정책 제안을 받아들인 다음, 거기서 모든 과격한 요소를 빨아낸다. 때로는 좌파이고 때로는 우파이다. 절대로 싸움을 하지 않으려 한다. 그냥 즐겁게 살면서 통합하고 조화시키고 절충하면서 행복하게 지내려 한다. 좌파나 우파가 대결과 변화를 갈망할 때 보보들은 그들의 장식용 쿠션에 적힌 금언을 따르는 것 같다. "잘 사는 게 최고의 복수다Living Well Is the Best Revenge."

정치적 프로젝트

하지만 그렇다고 해서 보보 정치에 방향 감각이 없는 건 아니다. 보보들에게도 향후 정치의 지형을 바꿀 프로젝트가 있다. 그들의 정치적 프로젝트는 자신들을 권좌에 올려놓은 저 두 가지 사회 혁명의 과도함을 수정하는 일이다.

보헤미안의 60년대와 부르주아의 80년대는 여러 면에

서 극단적인 대립을 보였다. 하지만 그것들은 두 가지 근본적 가치들을 공유하고 있었다. 즉, '개인주의'와 '자유'였다. 60년대와 80년대의 작가들 모두 말로는 공동체 활동과 공동체적 조직들을 예찬했지만, 그들의 주된 노력은 개인들을 자유롭게 하는 데 있었다. 60년대 보헤미안의 반항은 문화적 자유에 관한 것이었다. 표현의 자유, 생각의 자유, 성의 자유에 관한 것이었다. 사회적 억압과 순응주의적 태도를 벗어던지고 거대한 관료주의 및 위압적인 권위에서 탈출하려는 시도였다.

한편으로 80년대 부르주아의 부흥은 경제적인 자유와 정치적인 자유를 확대시켰다. 그들은 경제 규제 완화와 사유화를 통해 기업가의 에너지를 발산하려 했다. 복지 국가의 개념을 공격했고 어떤 경우에는 복지 정책을 철폐했다. 기업들에 대한 각종 지원도 종식되었고 거대 관료 조직의 군살도 뺐다. 1994년 후반까지도 의회의 공화당원들은 스스로를 '홀로서기 연합'이라 부르며 권력을 행사했다. 국민의 등에서 정부를 떼어내 개인의 자유를 극대화시키려 했다.

60년대와 80년대에 사회 운동을 주도한 사람들 중에는 과거와 같은 규제를 제거하면 개인들은 해방되고 그러면 삶의 방식도 저절로 더 나아질 것이라고 순진하게 믿는 경우가 많았다. 하지만 삶은 그렇게 쉬운 것이 아니다. 낡은 사회적 기준들을 종식시키려 하면 머지않아 시민성과 예절 같은 좋은 가치도 약화된다. 사회적 연결을 풀어서 개개인의 자기표현을 확대시키려 하면 머지않아 소중한 공동체적 유대감도 상처를 입게 된다. 억압적인 권위를 약화시키려는 시도는 결국 모든 권위를 약화시키는 결과를 초래한다. 경제적 역동성은 엄청난 부를 창출했지만 많은 사람들이 소중하게 여기는 작은 공동체와 사회적 안정도 위협했다. 90년대 미국인들은 무언가 수정의 노력이 필요하다고 점점 더 느끼기 시작했다. 60년대와 80년대가 자유와 개인주의를 확대시켰다면, 보보들은 이제 과도한 자유와 과도한 개인주의에 대처해야 하는 입장에 서게 되었다.

그러므로 오늘날 보보들의 정치 프로젝트에서 가장 핵심적인 두 단어는 우리가 제6장에서 잠시 보았듯이, '공동체'와 '통제'다. 우리는 미국 사회 전반에서 사회적 응집력을 재건하고, 권위를 회복하고, 지난 25년 동안 흩어져 분출되던 그 에너지를 다시 모아 통제하려는 시도를 보게 된다. 대학들은 지도적인 권위를 회복하고자 통금 시간을 다시 부과하고 동거, 음주, 허가되지 않은 파티, 기숙사에서의 자유분방한 행위, 성적인 행동 등에 대한 통제에 나섰다. 콜린 파월은 대대적인 자원봉사 활동을 통해 수백만 명이 나서서 아이들의 행동을 감독하고 각종 성인 활동을 조직하고 무질서

한 동네를 청소함으로써 조금이라도 질서를 되찾을 수 있도록 하는 일들을 지원했다. 전국의 자치 의회들은 인터넷상의 외설물, 총기 사용, 담배 광고, 폭력적인 TV 프로와 비디오 게임을 통제하거나 완화시키는 데 주력했다. 사회 복지 분야에서도 복지 수혜자들에 대해 더 엄격한 규칙과 제한을 부과하려는 전국적인 개혁 노력이 이루어졌다. 미국 전역의 도시들에서는 걸인과 부랑자를 집중 단속하고 공공장소에서의 음주와 쓰레기 투기 행위를 엄격하게 처벌했다. 또한 각 지역의 경찰 조직들은 우범 지역에서 근무하는 경찰관들에게 더 많은 권한을 주었다.

당연히 정치인들은 새로운 언어를 사용하기 시작했다. 공화당원들은 더 이상 우리의 등에서 정부를 떼어내야 한다고 얘기하지 않는다. "저의 첫 번째 목표는 책임감의 시대를 여는 것입니다." 조지 W. 부시는 대통령 선거전에 나서면서 그렇게 선언했다. 그로부터 몇 달 후 부시는 파괴적인 사고방식, 즉 정부가 우리 일에 간섭하지만 않는다면 모든 문제가 해결될 것이라는 사고방식, 홀로서기 외에는 아무런 더 높은 목표, 아무런 고상한 목적도 없는 사고방식을 공격했다. 한편 앨 고어 역시 한때 자기 당에 영향을 주었던 몇몇 반권위적 충동들로부터 자신을 분리시키려 했다. "우리가 먼저 우리의 삶을 통제할 수 있어야만 도덕적인 권위를 가지고 우리의 자녀들을 이끌어 줄 수 있습니다." 그는 대선 출마를 선언하면서 그렇게 말했다. "궁극적인 결과는 어느 한 대통령이 아니라 우리 모두의 손에 달려 있습니다. 우리 모두 자신과 다른 사람들에게 책임 있는 행동을 해야 합니다."

권위를 회복하려는 가장 극적인 노력 가운데 일부는 가정과 지역에서 나타났다. 1960년대에 영국의 서머힐에서 A. S. 닐이라는 사람이 한 학교를 운영했는데, 그 학교에는 아이들 스스로 만든 규칙 말고는 사실상 아무런 규칙도 없었다. 그러한 서머힐 교육법에 대한 닐의 책이 미국에서 200만 부 이상 팔렸는데, 이는 당시 아이들에게 탐구하고, 창조하고, 혹은 "자연스럽게" 성장할 수 있도록 최대한의 자유를 주기 위한 운동의 일환이었다. 그 당시에 학교를 다녔던 사람이라면 누구나 학생들의 자유를 신장하고, 그럼으로써 더 폭넓은 개인주의를 장려하기 위해 실시됐던 프로그램과 진보적인 개혁 조치들에 무엇이 있었는지 가리킬 수 있다. 이를테면 담벼락이 없는 학교, 열린 교실, 열린 교정 같은 것들 말이다. 심지어 미성년 흡연이 불법이었음에도 불구하고 일부 공립학교에는 흡연실까지 구비되어 있었다.

하지만 요즘에는 상황이 완전히 바뀌었다. 이제 양당의 정치 지도자들은 공립학교의 교복 부활을 옹호한다. 아이들은 감시와 감독을 받으며 규칙과 규정에 둘러싸여 있다. 아이들의 안전에 전례 없는 관심을 보이면서 아이들을 보호함과 아울러 규제하려는 과도한 노력도 나타나고 있다. 아이들이 자전거를 타고 동네를 돌아다니는 걸 허락하는 부모들이 점점 줄어들면서, 자전거 제조 회사들의 매출이 떨어지고 있다. 오늘날의 아이들이 도덕적 교훈 속에서 보내는 시간은 19세기 빅토리아 시대의 절정기 때보다도 오히려 더 많다. TV의 어린이 프로는 자원 재활용부터 인종주의에 이르기까지 온갖 주제들에 대해 끝없이 설교하고 있다. 교사들은 마약부터 시민정신에 이르기까지 온갖 것들에 대해 지시하고 또한 모범도 보일 것을 요구받고 있다. 1999년 콜로라도 리틀턴에서 총기 난사 사건이 발생한 후 수많은 사람들이 그 문제에 대해 격론을 벌였다. 하지만 한 가지 주제에 대해서는 모든 사람이 완전한 의견 일치를 보이고 있다. 즉, 부모들은 자녀들에게 더 많은 권위를 행사할 필요가 있다는 것이다. 자유로운 해방의 시대는 이제 끝났다.

이에 못지않게 눈에 띄는 변화는, 부유한 동네 주민들이 자기 동네의 성장과 발전을 통제하려고 노력하는 데서 찾을 수 있다. 레이건 시대에는 자유방임의 미덕이 예찬되었는지 모르지만 그와 같은 접근법은 오늘날 보보들이 사는 대부분의 교외 지역에서 완전히 인기를 잃고 있다. 요즘에는 보보 동네에 가면 강력한 주민 집단이 지역 계획 요건을 더 엄격히 요구하는 것을 볼 수 있다. 가령 건물 주인이 자신의 땅에 있는 기존 건물을 헐고 더 큰 건물을 짓는 것을 반대하거나, 이른바 다른 "개선"들에도 맞서 싸우는 식이다.

부유한 동네의 주민들은 진보적이고 미래 지향적이 아니라, 오히려 과거 지향적이 된 것 같다. 그들은 자신들의 안정되고 질서 정연한 과거를 보존하려고, 혹은 적어도 예전과 같이 안정되고 질서 정연한 방식으로 자신들의 공동체를 설립하려고 한다. 보보들은 새롭고 실험적인 제도를 새로 만들기보다 잃어버린 보물을 되찾고, 낡은 건물을 보수하고, 있던 구조를 보존하는 데 더 많은 시간을 보내는 경향이 있다.

보보들의 자동차에는 세 대에 한 대꼴로 다음과 같은 문구의 스티커가 붙어 있다. "○○을 구하자." 그렇다. 보보들은 낡은 극장을 구하고, 낡은 동네를 구하고, 낡은 공장과 창고를 구하고, 심지어는 역사적인 의미가 깃들어 있는 간이 식당들까지 구하려 한다. 보보들은 건물 신축을 허락할 때도 그것이 과거의 패턴에 부합해야 한다고 주장한다. 앞으로도 그들은 지역의 특성을 보존하고 무절제한 성장에 맞서 싸우고 삶의 질을 높이는 일을 놓고 고심할 것이다. 요컨대 그들은 질서와 안정을 유지하고 공동체적 통제를 회복하려 애쓰는 것이다.

친밀한 권위

보보 정치의 핵심 명제는 친밀한 권위의 유대감을 회복하자는 것이다. 보보들은 거대한 규모의 권위를 내세우려는 원대한 노력에는 별 관심이 없다. 100년 전에 허버트 크롤리는 전국을 하나의 공동체로 묶어 강력한 중앙 정부를 세우고자 하는—그리고 미국인들의 삶을 합리적으로 개선하고 조직화할 기술관료적 전문가들이 그 정부를 이끄는—혁신 시대의 야망을 대변했다. 당시는 합병의 시대였다. 작은 단위들이 한데 합쳐져 큰 단위들(대형 트러스트, 대규모 관료 조직, 대도시들)을 형성하는 것은 불가피한 시대적 추세인 듯했다.

하지만 더 이상 우리는 합병의 시대에 살고 있다고 느끼지 않는다. 오히려 이제는 탈합병이 시대의 흐름인 듯하다. 그래서 중상류층 미국인들은 다른 대다수 미국인들과 마찬가지로 일련의 대대적인 정치적 운동(진보주의자들의 가난과의 전쟁이나 보수주의자들의 문화적 부패와의 전쟁 따위)을 새로 시작하고 싶은 생각이 거의 없다. 그들은 위에서 내려오는, 저 높은 곳에 앉아 신처럼 권위를 행사하려는 사람들이 보내는 공식적 계층 구조를 불신하는 경향이 있다. 그들 대다수는 전국적인 정치에 환멸을 느낀다. 그들은 이전 세대 사람들과 달리 원대한 프로젝트를 영광스러운 시도로 보지 않는 듯하다. 거창한 이상주의는 사실상 소멸했다. 그들은 정치를 조심스러운 희망과 약간의 우려를 안고 시행하는, 실제 행위 자체로 보려 한다.

아울러 그들은 지역 단위에서 수행되는 정치적 행동을 가장 높게 평가한다. 지역 차원에서는 얼굴을 맞댄 의사소통이 일어나고 토론도 덜 이데올로기적이다. 가난이나 교육 같은 까다로운 전국적 문제를 직면할 때 보보들은 권한 위임을 선호하는 경향이 있다. 그들은 권력을 탈집중화해서 가장 낮은 곳으로 내려보낸다. 그렇게 해서 각각의 개인이나 공동체가 나름의 고유한 방식으로 문제를 해결하도록 하는 것이다.

친밀한 권위는 강요되는 것이 아니라 자발적으로 부여되는 것이다. 그것은 부모와 이웃이 제공하는 그런 종류의 지속적이고 온화한 압력이다. 이를테면 누군가를 소개받을 때 정중하게 행동하라, 공원에 쓰레기를 버리지 마라, 상소리를 하지 마라, 무거운 짐을 든 사람을 도와주어라, 슬픔에 잠긴 사람을 위로하라, 혹은 혼란에 빠진 사람을 격려하라고 하지 않는가. 친밀한 권위는 공식적인 규범과 법률을 작성하는 것이 아니다. 그것은 패턴을 정립하고, 습관을 확립하고, 맥락을 만들어서 사람들이 개인의 책임하에 행동하도록 유도하는 것이다. 새로운 사람들도 따뜻하게 맞아들여 상호적인 공동체의 일원이 되도록 하는 것이며, 청년 센터에서 자원봉사를 하며 십 대들이 놀고 쉴 수 있는 장소를 제공하는 것이다. 혹은 상점의 계산대에 동전 항아리를 비치해 놓아 다음 사람이 필요하면 동전을 꺼내 쓸 수 있도록 하는 사소한 것일 수도 있지만, 새로운 도시화 운동 같은 거창한 것일 수도 있다.

정말로 조화로운 방식의 친밀한 권위는 과도한 개인주의와 공식적인 권위 사이의 제3의 길이라고 할 수 있다. 그것은 하나의 강력한 물체가 더 작은 물체에 압력을 행사하는 물리학적인 권위가 아니다. 그것은 생태계의 모든 구성체가 서로에게 점진적이고 은근한 압력을 행사해 전체적인 네트워크가 번창하도록 하는 생물학적인 권위인 것이다.

이런 은근하지만 지속적인 압력을 과거의 보헤미안들은 억압이라 생각했다. 그래서 그들은 작은 마을을 떠나 대도시의 익명성과 자유를 찾아갔다. 하지만 이제 대부분의 보보들은 공동체를 추구하며, 해방과 자유보다 통제를 더 선호한다. 그들은 이제 보수주의자가 되었다.

청바지 보수주의

공화당이 감세, 덜 간섭적인 정부, 더 많은 국방 예산을 지지하는 말을 한다고 해서 교육받은 계층이 강성 보수주의자라는 뜻은 아니다(물론 많은 보보들이 이러한 것을 지지하긴 하지만 말이다). 오히려 대부분의 보보들을 묶어 주는 정신은 보수주의의 더 오래된 의미다. 이데올로기보다 기질로서의 보수주의다.

에드먼드 버크는 그가 살던 당시의 자산가들을 가리켜 '국가 공동체라는 선박에서 안전장치의 역할을 하는 사람들'이라고 표현했다. 여러 면에서 그와 같은 역할은 오늘날의 중상류층 자산가들에게도 적용된다. 오늘날의 보보스는 자신들이 이룩한 이 세상, 부르주아와 보헤미안 문화가 조화된 세상을 보존하려 한다. 그래서 그들은 시민성을 소중하게 여기고, 물을 흐리는 분파주의를 혐오한다. 시간의 시험을 통과한 단순한 것들을 보존하려 한다. 온화한 권위를 회복하려 한다. 맹신이 아닌 온건함의 정신을 유지하는 한 종교를 귀하게 받아들인다. 예절을 존중하고 소소한 관습과 전통을 소중히 여긴다. 에드먼드 버크가 지칭한 작은 분대, 그러니까 이웃과 마을을 구성하는 작은 중개 기관들을 높이 평가한다. 질서를 회복하려 하며 과격한 변화를 원하지 않는다.

19세기의 보수주의자 월터 배젓은 이렇게 썼다. "진정 중요한 것은, 더 풍요롭고 편안한 계층에 일찍부터 절제와 성실의 습관을 훈련받은 사람들이 좀 더 많아야 한다는 점이다." 그리고 요즘에는 보보들이 절제와 성실을 배운 것이 틀림없이 보인다.

기질적으로 보수주의적인 보보들은 거의 언제나 원대한 합리주의적 계획을 거부한다. 그들은 세상이 너무도 복잡해서 현실을 재규정하려는 그 어느 누구의 계획으로도 세상을 효과적으로 바꿀 수는 없다고 생각한다. 그들은 다름 아닌 바로 자신들이 다른 무엇보다 교육에 바탕을 두고 있는 엘리트이긴 하지만 전문가의 능력에 특별히 감동받지는 않는다. 오히려 그들은 가장 뛰어난 지성도 이 세상에 대해 아는 바는 너무도 적으며 현실은 우리의 이해 수준과 비교할 것도 없이 훨씬 더 복잡하다는 사실을 잘 알고 있다. 베트남 전쟁 같은 사건들 덕에 기술관료적인 의사 결정이 지역적인 맥락을 고려하지 않을 때 끔찍한 결과를 초래할 수도 있음을 잘 알고 있다. 동유럽 계획경제의 파탄을 보면서 복잡한 시스템은 중앙의 통제로 운영할 수 없음을 알게 되었다.

다시 말해 보보들은 인식론적으로 온건한 입장인데, 그러한 그들의 인식론은 에드먼드 버크나 마이클 오크쇼트 같은 보수주의자들이 그들에게 권할 만한 것이다. 그들은 이미 나름의 유용성이 입증된 불완전한 제도를 보존하는 것에 더 관심이 있으며, 아직 검증되지 않은 어떤 미래의 비전에는 별 관심이 없다. 혁명에는 언제나 반동이 따르기 때문에 사회의 변화를 위해서는 지속적인 개혁이 가장 좋은 방식이라고 생각한다. 많은 보보스는 자신들이 보수주의자라는 지적에 크게 반발할 것이다. 하지만 말총머리에 청바지 차림의 당사자들은 흔히 가장 보수적인 태도를 보여 주고는 한다. 오늘날 버클리나 버몬트주의 벌링턴 같은 곳을 가 보면 자유주의 대신에 그와 같은 보수주의가 지배적이라는 것이 느껴진다.

보보의 성취

상당 부분 보보 기득권층의 영향 덕분에 지금 우리는 비교적 평화로운 사회에 살고 있다. 정당들은 (적어도 상층부에서는) 중도 쪽으로 이동했다. 1950년대 이후 처음으로 정당들 간에 커다란 이데올로기적 차이가 없다고 말할 수 있게 되었다. 이제 다시 1950년대식으로 이 당이나 저 당이나 그게 그거라고 얘기할 수 있게 되었다. 또한 대학 캠퍼스도 더 이상 성난 시위 때문에 화염에 휩싸이지 않게 되었다. 지적인 삶은 다양하지만 좌파나 우파의 과격주의는 사라졌다고 말할 수 있다. 열정은 사그라들었고 워싱턴은 다소 지루한 곳이 되었다(내가 여기에 살고 있기 때문에 그 점을 잘 안다). 지난 30년은 고통스러운 사회적 변화의 시기였다. 이제 미국에 약간의 평온이 필요한 때가 되었다. 그래야만 새로운 사회적 기준들이 형성되어 굳어질 수 있고, 새로운 보보의 합의가 자리를 잡을 수 있다.

지금까지는 그렇게 되고 있는 것 같다. 60년대와 70년대에 산불처럼 번지던 사회적 변화들 가운데 많은 것들이 완화되기 시작했다. 범죄율, 이혼율, 낙태율, 마약 복용, 십 대들의 음주와 임신도 줄어들었다. 한편 미국의 경제는 (미국의 문화와 무관한 것이 아닌데) 날로 부강해지고 있다.

보보들은 자신들이 조국에 기여한 공헌에 대해 자부심을 느낄 충분한 이유가 있다. 그들은 어디에 살든 그곳의 삶을 더 즐거운 것으로 만들었다. 상점들은 더 흥미롭고, 잡화점과 식당의 음식은 훨씬 더 좋고, 훨씬 더 다양하다. 지역 사회에는 곳곳에 모임 장소와 만남의 장이 들어서 있다. 집은 덜 공식적이고 더 쾌적하다. 더욱이 보보들은 미국식 자본주의의 세상에 멋진 업적을 보탰다. 보보 사업가들은 정보화 시대에 부합하는 기업 스타일을 창출해 낸 것이다. 창의성과 단순한 위계 구조, 유연성, 그리고 열린 표현을 강조하는 스타일이다. 지난 10년 동안 미국의 정보화 시대 산업들이 거둔 놀라운 성공을 부정하기란 불가능한 일이다.

지적인 삶도 개선되었다고 할 수 있다. 물론 일부 지적인 치열함은 사라졌다. 이제는 예전 파르티잔 리뷰의 논객들처럼 사상을 위해 사는 사람들은 거의 안 보인다. 그 탈속적인 세상은(그곳 주민들은 자신들이 근로 계층을 위해 싸운다고 생각했지만) 일종의 섬이었다. 그들은 일상의 정치나 사회 현실과 괴리되어 있었다. 오늘날 경력을 추구하는 지식인들은 세속적인 일상사에도 발을 들여놓고 있으며 그래서 그들은 다른 대부분의 사람들과 비슷한 경험을 하고 있다. 다시 말해, 오늘날의 지식인들은 과거의 지식인들과 달리 공허한 사상에 사로잡히는 경우가 훨씬 더 적다. 예를 들어, 그들 가운데 마르크스의 이상주의에 빠지는 사람은 거의 없을 것이다. 체 게바라식의 혁명가를 숭배하는 사람도 거의 없을 것이다. 대체적으로 볼 때 합리적이고 세속적인 지식인 계층이 치열하지만 파괴적인 지식인 계층보다 더 낫다고 할 수 있다.

여가 생활도 개선되었다. 열대 우림으로 가는 환경 여행이나 토스카나 지방의 농촌 마을을 찾는 역사 기행을 조사해 보면 상당한 정도의 모방을 목격할 수 있다. 하지만 고상한 경험을 흉내 내려는 충동은 기본적으로 존경할 만한 것이다. 더욱이 보보들은 문란한 성행위와 엄격한 청교도주의를 합리적이고 깨끗하게 조화시켰다. 그들은 많은 성적 행동을 순화시켜서 사회 질서를 위협하지 않고도 즐길 수 있도록 했다. 이것도 결코 작은 업적은 아닐 것이다.

다시 앞으로 돌아가 보보들의 예절과 도덕을 돌아보면 그들이 만들어 낸 예절과 도덕 역시 이전 세대보다는 합리적이고 사회적임을 알 수 있다. 보보들은 새천년에 받아들여질 만한 새로운 규범과 관습들을 만들기 시작했다. 한마디로 보보들의 세상에서 사는 것은 살만한 일이다.

자만심의 새로운 시대

나는 보보들의 모든 것을 칭찬만 하면서 이 책을 끝내고 싶지는 않다. 영적인 삶은 미적지근하고 애매하다. (사실 다음 세대가 우리의 절충주의와 실용적인 애매성, 그리고 이쪽 반 저쪽 반인 우리의 태도에 따분해할 것이라고 상상할 수도 있다. 그들은 약간의 깨끗한 순수성, 우리의 물질주의를 대신하는 약간의 열성을 동경하면서 우리의 소시민적인 도덕성 대신에 정통성을 요구할지도 모른다.)

더욱이 우리가 성취한 비교적 평온한 삶은 결코 무시할 수 없는 것이기는 해도, 여러 대안들을 감안할 때 그것은 잘못된 평온함이라고 지적할 수도 있다. 우리는 애매한 통합자인 정치인들을 선호하고 지역 공동체의 실용주의를 위해 국가적이고 이데올로기적인 논쟁을 회피함으로써, 미국을 언제나 다른 나라들과 구분해 주었던 저 높은 이상과 원대한 야망을 상실하고 말았는지도 모른다. 나는 이 책의 서두에서 90년대 초에 4년 반을 유럽에서 보냈다는 이야기를 했다. 돌아와서 나는 친구들에게 (농담 반 진담 반으로) 벨기에의 문화적 헤게모니의 위험성에 대해 경고한 적이 있다.

그때 내가 지적하려 한 것은 풍요로움에 수반되는 유혹들이었다. 우리는 사적이고 지역적인 삶의 편안함을 즐기지만 반면에 국가 통합이나 특유의 역사적 사명감을 잃어버린 국민이 될지도 모른다. 내가 우려하는 것은 미국이 감당할 수 없는 수준의 과도한 팽창이 아니라, 애국적인 봉사에 수반되는 고통과 도전보다는 넓은 부엌이 더 큰 즐거움을 준다고 생각하는 지도층의 속물적 태도 때문에 미국이 쇠락할지도 모른다는 점이다.

어쩌면 토크빌도 미국의 미래에 대해 생각하면서 바로 그와 같은 점을 염려했는지도 모른다. 그는 『미국의 민주주의』에서 이렇게 얘기했다. "내가 가장 걱정하는 것은, 사적인 삶의 사소한 집착들 속에서 야망이 힘과 위대함을 잃을지도 모른다는 점이다. 인간의 열정은 더 온건해지면서 동시에 더 저속해질 수도 있기 때문이다. 그렇게 되면 미국 사회는 일상적인 측면에서 더 조용해지겠지만, 국가적인 측면에서는 야망을 잃을지도 모른다."

이제 더 이상 미래 예측은 없다. 토크빌의 시나리오는 나름대로 설득력을 갖는다. 오늘날 우리들 대부분은 전국적인 정치가 너무도 당파적이고 추하기 때문에 이와 깊이 관련되는 것을 원하지 않는다. 그 결과, 대부분의 미국인들은 공적인 삶에서 괴리된 채 자신과 직접 관련이 없는 것은 무엇이든 경멸과 무관심으로 대한다. 우리는 그동안 정치인들은 모두가 사기꾼이고 모든 공적 노력은 무의미한 것이라는 간편한 '준(準)냉소주의'로 우리의 정치적 견해를 훼손시켰다. 여론 조사 결과가 분명하게 보여 주듯이, 우리는 공적인 제도와 많은 사적 제도에 대한 믿음을 잃었다. 우리는 정부 활동에 대한 건강한 비판을 타락한 냉소주의로 바꾸었다. 우리는 부끄러운 정치적 관행들과 정책들에 대해서도 수동적인 자세를 취하고 있다. 다시 말해, 우리의 국가적 삶은 위축되었고, 우리의 공공정신은 냉소주의로 훼손되었으며 위대한 것을 성취하는 우리의 능력은 무반응으로 약화되었다. 우리는 이 같은 자만심의 새로운 시대로부터 위협받고 있으며, 이는 제국주의적 행태나 전쟁에서의 패배 못지않게 미국에 대한 우리의 꿈에 손상을 입힐 수도 있다.

보보스의 과제는 그동안 우리가 성취한 개인의 자유나

오늘날 회복 추세에 있는 친밀한 권위의 유대감을 깨뜨리지 않으면서 동시에 통합적인 정치 감각, 국가적인 단결의 감각을 재건하는 데 있다. 다시 말해, 우리는 개인과 공동체 차원에서 성취한 것들을 통합하고, 동시에 국가적인 정치에 다시 활력을 불어넣어야 한다. 에드먼드 버크가 가족과 공동체의 삶인 "작은 분대"를 예찬한 저 유명한 대목에는 똑같이 중요하지만 훨씬 덜 인용되는 구절이 이어진다. 그는 이렇게 말했다. "지역에 대한 애정은 우리가 나라를 사랑하고 인류를 사랑하는 길을 가기 위해 가장 먼저 내디뎌야 하는 걸음이다." 국가가 부패되어 있으면 건강한 가족과 건강한 공동체만으로는 충분하지가 않다. 건강한 자기관심도 더 큰 국가적 내지 세계적 이상들과 연결되지 않으면 자아도취에 불과하다.

그러려면 안으로는 개혁의 길, 밖으로는 행동주의로 나가는 길이 필요하다. 부패의 온상이 된 정치 자금 시스템, 쓸데없이 복잡하고 납세자에게 소외감을 느끼게 하는 세법 체계, 관료주의로 덮여 있는 복지 정책 등 더 이상 우리를 자랑스럽게 하지 않는 제도와 관행을 개혁해야 한다. 그리고 동시에 국제적인 영역에서는 세계의 지도적인 국가로서 마땅히 해야 할 책임과 의무를 다해야 한다. 다시 말해, 전 세계에서 민주주의와 인권을 신장하기 위해 애써야 하고, 미국의 이상을 반영하는 방식으로 미국의 힘을 행사해야 한다.

미국인들이 다시 공적인 삶에 참여하고 공적인 제도들에 자부심을 가지려면 보보들은 그 밖의 또 다른 일을 해야 한다. 보보들은 리더십을 가져야 한다. 그들은 사회에서 가장 좋은 교육을 받은 집단이고, 가장 풍요로운 구성원들이다. 그럼에도 그들은 대개 아직까지 국가적인 삶에 자신들의 에너지를 그다지 쓰지 않았다. 물론 보보들도 정부와 정계에서 일하지만 공적인 분야는 교육받은 계층 전반의 큰 관심을 얻지 못하고 있다. 때문에 공적인 삶에 커다란 구멍이 뚫렸다.

그 구멍을 메우려면 전후 지배계층이 했던 일을 해야 한다. 공적인 봉사 정신을 개발해야 한다. 딘 애치슨, 존 매클로이, 조지 C. 마셜, 드와이트 아이젠하워 같은 사람들이 그러하였듯이 축복받은 사람이 더 많은 일을 해야 하며, 공적인 봉사는 속세에서 우리가 할 수 있는 최고 수준의 봉사라고 생각해야 한다. 우리는 전후의 지배 계층을 돌아보면서 그들의 실수와 잘못을 본다. 하지만 우리는 또 남녀를 불문하고 진심으로 조국에 헌신하면서 때로는 개인적인 이해까지 포기한 집단을 본다. 우리 중에 그와 같은 봉사 정신의 최신 버전, 새로운 형태의 애국심을 동경하지 않는 사람이 과연 있을까? 그리고 우리 중 그 모든 능력과 의지를 갖고 있는 보보들이 에너지를 올바른 방향으로 돌릴 때, 그러한 공헌은 불가능하다며 의심하는 이들이 있을까?

보보스는 젊은 엘리트로서 자신들이 엘리트임을 희미하게만 인식하고, 아직까지 자신들의 능력을 제대로 모른다. 보보스 구성원들은 '잠재력'이라는 단어를 수없이 들으면서 자란 사람들이다. 그리고 여전히 여러 면에서 그들의 잠재력은 그들의 성취보다 더 놀랍다. 그들은 훈련받았고, 양육받았고, 교육받았다. 그들은 과거의 규제로부터 자유로워졌으며 새로운 연대감을 만들어 냈다. 그들은 대체로 경제 공황과 전쟁의 상처를 입지 않았다. 그들은 많은 경우에 어리석어 보일 수도 있다. 하지만 그들이 눈높이를 높여 가장 중요한 질문을 던지면, 그들은 미국을 또 한 번의 황금시대로 이끈 계층으로 역사에 기록될 능력을 갖고 있다.

감사의 말

상류층 문화에 대해 잡지에 기고하면서 이 책의 바탕이라 할 수 있는 논지를 발견했다. 나는 지위-소득 불균형, 반문화적 자본주의자, 라떼 타운, 그리고 휴대전화 자연주의자들에 관해 『위클리 스탠더드』에 썼으며 그 내용의 많은 부분을 이 책에서 다루었다. 내가 기사들을 완성할 수 있도록 격려해 준 빌 크리스톨, 프레드 반즈, 존 포도레츠에게 감사의 말을 전한다. 그들이 나를 비롯한 많은 친구들에게 일을 권유해 준 덕분에 스탠더드지에서 기고를 시작해 볼 수 있었다. 우리가 함께 사무실에서 즐겁게 이야기한 시간들은 삶에 큰 활력소가 되었다.

감사의 인사를 드리고 싶은 편집자들도 있다. 뉴욕타임스의 웨딩 섹션은 예전에 내가 『시티 저널』에 기고한 에세이에서 가져온 내용인데 마이론 매그넛이 도와줬다. 부자들의 삶을 조명하는 작업은 워싱턴 포스트지의 아웃룩 섹션에서 다루었다. 여기에는 브라이언 켈리와 스티븐 룩센버그의 입김이 작용했다. 뉴요커의 헨리 파인더와 수잔 모리슨도 있다. 스스로 내 분야에 꽤 정통하다고 자만하던 시기에 업계에 느지막이 합류해서 경제문화에 관한 글들을 쓰기 시작했다. 하지만 그들은 내가 모르는 여러 가지를 알고 내가 미처 깨닫지 못한 패턴들을 읽어낼 정도로 직관적인 통찰력이 대단했다. 그 결과 레스토레이션 하드웨어 단락이 탄생했다.

그 밖에도 다른 많은 분들이 도와주셨다. 먼저 에릭 아히먼, 댄 캐시, 존 포도레츠가 원고를 읽고 귀중한 조언을 해주었다. 마이클 킹슬리, 잭 셰이퍼는 시애틀 문화를 이해하도록 도와주었고 심지어 마이크는 나를 캠프에 데려다주었다. 존 베이든은 내가 몬태나에서 무엇을 보고 무엇을 해야 할지 추천해 주었다. 어빙 크리스톨이 세사르 그라냐의 책인 『보헤미안 대 부르주아』를 권해 주어서 생각을 정립하는 데 도움이 되었다. 『샌프란시스코 매거진』의 토리 리치 덕분에 부엌의 문화적 중요성에 대해 대대적으로 고찰해 보았다. 글렌 하틀리와 린 추는 내 에이전트로, 우리는 십수 년을 친구로 지내 왔다. 직업을 떠나 그들은 내 작품에 엄청나게 공헌했다. 매리온 매네커는 사이먼 앤드 슈스터 사에 원고를 넘겼으며 그의 실력은 믿을 만하다. 매리온이 하퍼콜린스로 이직한 후에는 앨리스 메이휴가 일을 전담했으며 그녀는 원고의 모든 글자를 꼼꼼하게 읽고 발전에 도움이 되는 크고 작은 코멘트를 해 주었다. 그녀는 매우 바로바로 피드백을 해 주기 때문에 작가라면 누구나 선호하는 에디터다.

끝으로, 가족들에게 감사를 전한다. 루이스 멈포드가 1차 세계대전 이전의 교외 지역이 미국에서 가장 살기 좋은 동네라는 말을 하자, 부모님은 펜실베이니아의 웨인으로 이사하셨다. 나는 그곳에서 고등학교를 다니며 내가 사는 지역이 부르주아적이면서 동시에 반동적이라고 생각했고 실제로도 그랬다. 하지만 웨인은 변했고, 나도 변했으며, 이제 나는 웨인이 얼마나 근사한 공동체인지 깨닫게 됐다. 부모님과 남동생 대니얼 덕에 웨인에서 행복하게 살았다. 그리고 아내 제인과 조슈아, 나오미, 애런 세 아이들에게 이루 말할 수 없는 고마움을 느낀다. 탈고한다고 지하실에 은둔해서 좀처럼 나오지 않는 가장 때문에 고생이 많았다.